Für Richard
 Schwarzenauer
in gutem Angedenken
 [signature]
Hallein, 13.05.04

Dolores M. Bauer / Der lange Schatten des Adlers

Dolores M. Bauer

Der lange Schatten des Adlers

Menschenverachtung made in USA?

Eine Dokumentation

Der Verlag legt großen Wert darauf, daß seine Bücher der alten Rechtschreibung folgen. Die Entscheidung bezieht sich auf die Sinnwidrigkeit der meisten neuen Regeln und darauf, daß sie sich gegen die deutsche Sprache selbst richten.

Die Deutsche Bibliothek – CIP-Einheitsaufnahme
Ein Titelsatz für diese Publikation ist bei der Deutschen Bibliothek erhältlich und im Internet über http://dnb.ddb.de abrufbar.

© Copyright by Mag. Dr. Walter Weiss
EDITION VA BENE
Wien–Klosterneuburg, 2004

E-Mail: edition@vabene.at
Homepage: www.vabene.at

Das Werk einschließlich aller seiner Teile ist urheberrechtlich geschützt. Jede Verwertung außerhalb der engen Grenzen des Urheberrechtsgesetzes ist ohne Zustimmung des Verlages unzulässig und strafbar. Das gilt insbesondere für Vervielfältigungen, Übersetzungen, Mikroverfilmungen und die Einspeicherung und Verarbeitung in elektronischen Systemen.

Umschlaggestaltung: Johann Lurf, Wien
Satz und Druckvorlage: Mag. Franz Stadler, Königstetten
Druck: Druckerei Theiss GmbH, A-9431 St. Stefan
Produktion: Die Druckdenker GmbH, Wien

Printed in Austria

ISBN 3-85167-152-X

Inhalt

Vorwort von Franz Küberl 7

Einleitung – Wer schützt die Menschen vor George W.? 11

1. Ein böses Erbe 25
   Im Land des Quetzal 27
   Eine ethische Revolution, oder?. 54
   Widerstand in dünner Luft 60
   Die Saat geht auf 78

2. Echo eines Schreis 83
   Arm geboren im reichen Land 83
   Es ist unser Land 96
   Der Tod der Bienen. 106
   Nach den Bienen stirbt die Partei 117
   Ein Volk wie eine Muschel 128

3. Sterbendes Land 143
   Im Lager der Nächsten 143
   Der Bogen war einfach überspannt 157
   Frauen tragen die schwerste Last 167

4. Unter dem weiten Himmel Indiens 177
   Für Frauen ein Gefängnis. 181
   Die Hinausgeborenen Indiens 197
   Sklavenarbeit für Kinderhände 201

5. Fest im Griff. 211
   Den Preis bezahlen die Bauern 212
   Zu den Menschen gehen 223
   Die Kirche der Armen 236
   Wie man Terroristen züchtet 242

Schlußwort: Mit roten Zahlen zum roten Planeten 257

Eine Literaturliste für Leserinnen und Leser,
   die zum Thema USA weiterlesen möchten 262

Eine Liste von NGO's für Menschen, die bereit sind,
   sich zu engagieren. 263

Quellennachweis 264

Ich möchte dieses Buch meinen Kindern und Enkelkindern widmen, denen mein persönliches und berufliches Engagement sowie natürlich auch die vielen Reisen einen guten Teil unserer Miteinanderzeit genommen haben.

Vorwort

Beim Lesen dieses Buches wird man »unrund«, weil das Exklusive unseres Lebenszustandes als Widerspruch zu den Fakten, die Dolores Bauer in unnachahmlich präzise-berührender Art vorlegt, sich wie ein Grauschleier ums Herz legt.

Natürlich fragt man sich zunächst, warum denn die entsetzlichen Schicksale von so vielen Millionen Menschen in den Staatskanzleien des Nordens bestenfalls in den Gefrierfächern der Archive gelagert werden. Warum können sie nicht wenigstens als Beichtspiegel dienen für diejenigen, die in unseren Ländern Verantwortung in Politik und Wirtschaft tragen und ihnen so vor Augen führen, daß Armut, Unterdrückung, Gewalt, Unrecht, Opfer und Täter immer ein Gesicht haben?

Stimmt die bittere Frage einer Dame aus dem Norden Argentiniens, einer Angehörigen der Mchis, ob es denn Gott in zweifacher Ausfertigung gebe: einen für die Armen und den wirklichen für die Reichen? Eine Frage, die von uns Christen leider viel zu oft durch unser Leben, unser Handeln, unseren Lebensstil mit einem eindeutigen »Ja« beantwortet wird.

Leben wir nicht in vielen Teilen der Welt in einer vorzivilisatorischen, frühsteinzeitlichen Entwicklungsphase der Gesellschaft, wo die Willkür der Mächtigen Hunger, Rechtlosigkeit und Besitzlosigkeit – von den Satten, den Rechthaberischen und Besitzenden hergestellt – Apathie und Haß gebären? Liebe und Sorge als Reaktion darauf sind leider nur in Ausnahmefällen vorhanden.

Natürlich, die Strukturen der Sünde lassen sich schon festmachen:

- Gewalt und Korruption, die vergiftende Körpersprache der Reichen;
- entwicklungsknebelnde, eigennützige Handelsbedingungen des Nordens, die Armut und Elend vertiefen statt zu bekämpfen;
- Ausbeutung von Bodenschätzen und Durchsetzung der eigennützigen Interessen mit Waffengewalt.

Das alles ist Teil dieser Ausbeutungsstrategien. Normalsterbliche haben keine Möglichkeit, ein Stück Land, von dem sie sich und die Ihren ernähren können, zu besitzen. Dazu kommt, daß die USA – als Weltleitmacht – zwar eine klare Strategie der Gewaltanwendung gegen Diktatoren haben, aber selbstverständlich in Kauf nehmen, daß jene Menschen, die bereits unter den Diktatoren gelitten haben, nochmals leiden müssen (vergleiche Sanktionen und Streubomben im Irak). Selbstverständlich wird dabei in Kauf genommen – wie bei der Inquisition –, daß Menschenrechte im Kampf gegen das Böse außer Kraft gesetzt werden. Offensichtlich haben – so tragisch es ist – die USA, ganz im Gegensatz zur Zeit nach dem Zweiten Weltkrieg, keine Entwicklungs- und Zivilisierungsstrategie, wie sozial, medizinisch, kulturell, politisch, wirtschaftlich und religiös der Gesellschaftsaufbau vonstatten gehen könnte.

Allein, es wird nicht ausreichen, den USA die Wünsche nach einer anderen, besseren Entwicklung für die Menschen hinüberzuschieben. UN-Generalsekretär Kofi Annan hat in seiner Neujahrsbotschaft auf die drängenden zu lösenden Fragen, die die Menschen in der Welt beschäftigen, hingewiesen. Krieg, Hunger, Unterentwicklung sind Entsetzlichkeiten, die große Teile der Welt in Erstickungsgefahr halten. Das geht auch uns an, deswegen: Ein paar Dinge fordern uns heraus:

- das Bewußtsein, daß die Welt erst dann globalisiert ist, wenn die Lebensbedingungen der Menschen weltweit vergleichbar sind;
- die Erkenntnis, daß es keinen ungestörten Fruchtgenuß des Reichtums gibt, sondern unsere Zukunft und die Zukunft unserer Kinder auch davon abhängt, ob wir darauf achten, daß Handel, Urlaub, Konsum auch Kriterien der Menschenrechte, humaner Arbeitsbedingungen, gerechten Preisen, untergeordnet sind;
- Gewaltlosigkeit ist zwar Bergpredigtprinzip – aber immer noch im Lieblichkeitseck angeblich nicht ganz ernstzunehmender Menschen. Lesen Sie dieses Buch – wenn dieses Prinzip nicht gesellschaftsmächtig wird, ersticken Opfer wie Täter im eigenen Blut.
- Die Würde der Frau – in unseren Breitengraden immerhin ein Stehsatz – ist in vielen Ländern nicht existent. Sie muß im Sinne einer ganzheitlich humanen – und damit dauerhaf-

ten – Gesellschaft aber errungen, gewonnen und durchgesetzt werden.
- Eindämmen des Ökonomismus. Unser Leben steht nur auf zwei Beinen gut. Klarerweise braucht es materielle Voraussetzungen, damit man leben kann, es braucht aber auch immaterielle Voraussetzungen, die lebensspendend wirken, Sinn haben und ein Grundmaß an Tiefgang sowie Überblick über Werte, die einen selber – aber auch die anderen – leben lassen (Menschenrechte, Zivilcourage, Toleranz, Glauben, Demokratie, Freiheit).

Wenn Sie von den Menschen lesen, deren Wirken dieses Buch trägt, bekommen sie vielleicht wie ich einen Ruck, daß es sich auszahlt, die Welt ein wenig besser zu machen.

Franz Küberl
Präsident der österreichischen Caritas

Einleitung – Wer schützt die Menschen vor George W.?

»Vierzehntausend Polizei- und Sicherheitskräfte schützen den amerikanischen Präsidenten vor den Menschen, wer aber schützt die Menschen vor George W. Bush?« fragte ein frecher Londoner Kommentator während des Staatsbesuches, den der Mann aus dem Weißen Haus der britischen Metropole im November 2003 abgestattet hat. Nach seiner Abreise soll die Queen getobt haben, als sie den Zustand des hochheiligen königlichen Rasens im Park des Buckingham Palace in Augenschein genommen hat. Die Helikopter, die Autos, die Stiefel der Sicherheitsleute hatten ihn übel zugerichtet. Niemand hatte den Rasen geschützt, und niemand schützt die Menschen der Welt vor den Aktionen eines offensichtlich von Angst dominierten Systems, das sich vorgenommen hat, die Weltherrschaft anzutreten, das neue »Imperium« zu werden, als ob wir nicht schon genug »Imperien«, »Reiche«, darunter auch ein tausendjähriges, hinter uns gebracht hätten.

Die Weltpolitik der USA im vergangenen Jahrhundert war, wie der deutsche Historiker Detlef Junker in seinem Buch »Was Amerika antreibt« aufzeigt, von zwei Merkmalen bestimmt: »Von der Fähigkeit und dem Willen, weltweit Macht und Einfluß auszuüben, und das Versprechen der Freiheit einzulösen. Dazu kommt als dritte Säule: Jedes Sendungsbewußtsein braucht einen Feind, also das scheinbar konkrete Antiprinzip. Daher kommt wohl die Tendenz, die Welt in Gut und Böse einzuteilen.« Diese »Weltvorherrschaft«, von der die Herren im Weißen Haus besessen zu sein scheinen, gehört natürlich in den Bereich der Utopie, einer Utopie, von der Detlef Junker behauptet, daß sie »gegen alle Erfahrung und Wahrscheinlichkeit« entworfen worden ist.

»Ich denke überhaupt nicht, ich handle!« schnarrte die Stimme eines US-Militär-Commanders aus einem blauen Uniformkragen. Ich war an irgendeinem Samstagabend im vergangenen Herbst in einen der alten Western geraten, in dem die »good boys« gerade wieder einmal auf Jagd gegen die »bad boys«, die Apachen waren. Das habe ich ausgelassen, aber der schnell aufgeschnappte Satz blieb hängen, denn er erinnerte mich an so manches Gefühl aus den verflossenen zwei Jahren, in denen ich mir doch immer wieder die Frage stellte: Wissen die wirklich, was sie tun?

Niemand, der sie gesehen hat, wird die Bilder des 11. September 2001 je vergessen können. Der dicke grauschwarze Qualm, der aus den Zwillingstürmen des World-Trade-Center in New York drang, die Blitze der zahllosen Detonationen und dann das zweite Flugzeug, das den anderen Turm durchschlug. Und immer wieder menschliche Körper, ins Nichts stürzend. Die schreckensstarren Gesichter der Reporter und Kommentatoren und dann – nach einigen Stunden – die vor blinder Wut – wie bei jenem Commander aus dem Western – schnarrende Stimme des Präsidenten der Vereinigten Staaten von Amerika, der von Rache, von Vergeltung, von einem Kreuzzug gegen die Terroristen sprach und davon, daß man deren »Nester ausbrennen« werde.

Und sehr bald war dann auch von den Taliban in Afghanistan die Rede und vom Drahtzieher des Terrorismus Osama Bin Laden. Ich erinnere mich noch, daß mich dies befremdete: Wenn sie schon jetzt so genau zu wissen meinen, wo die Initiatoren des furchtbaren Anschlags zu finden sind, warum sind dann die berühmten US-Geheimdienste nicht fähig gewesen, Informationen vorher zu bekommen und diese Anschläge zu verhindern? So etwas fällt ja nicht vom Himmel. Attentate, die mit solcher Präzision und Perfektion ausgeführt werden, bedürfen einer langen Planung, einer genauen und aufwendigen Vorbereitung, eines präzisen Trainings der handelnden Personen, benötigen eine Logistik von hohen Graden, die nicht im Verborgenen entwickelt werden kann und wohl kaum in einer Höhle im Hindukusch ausgeheckt worden ist.

Man werde das Böse mit der Wurzel ausreißen, hieß es, und man nannte das Böse in einem Atemzug mit den radikalen Islamisten und mit dem Terrorismus der Taliban. »Americas New War« – Amerikas neuer Krieg – war unter den gräßlichen Bildern des Nachrichtensenders CNN eingeblendet, und das las sich so, als wäre man stolz darauf, den ersten Krieg des 21. Jahrhunderts anzuzetteln, einen »gerechten Krieg des Guten gegen das Böse«. Und dann hieß es, daß Amerika – God's own country – der Welt die Wahrheit vor Augen führen werde. Welche Wahrheit? fragte ich mich an diesem Abend, und ich habe nicht aufgehört, mir diese Frage zu stellen.

Wer weiß wirklich, was das Gute und was das Böse ist? Dieser Mann auf dem Bildschirm, George W. Bush jun., machte jedenfalls nicht den Eindruck eines Menschen, der so über den Dingen steht, daß er das objektiv beurteilen könnte, er machte eher einen dem Eingangszitat entsprechenden Eindruck: »Ich denke überhaupt nicht, ich handle.« Das Urteil über Gut und Böse wollte ich aber an jenem Abend und will es auch heute nicht jenen Islamisten überlassen, die schon bald danach ihre Botschaften aussandten, in denen sie sich als die wahren Gotteskrieger und den Westen als das »Reich des Bösen«, das »Reich des Unglaubens« und damit als ultimativen Feind bezeichneten.

Wer kann heute wirklich entscheiden, was Terrorismus, dieses inzwischen so in Mode und in aller Munde geratene Wort bedeutet? Ist diese Art Terrorismus nicht immer nur das, was die anderen tun? Kann Terrorismus nicht auch andere Gesichter haben als jene Kamikaze-Flieger vom 11. 09.? Ist nicht auch das Terrorismus, was der industrialisierte Norden dem Süden der Welt antut? – Ist nicht auch das Terrorismus, was die US-Einmischungspolitik in fast allen Ländern der Welt anrichtet, und was Papst Johannes Paul II. mit dem Begriff »Strukturen der Sünde« bezeichnet, jene wirtschaftlichen, politischen und sozialen Strukturen, die der Mehrheit der Weltbevölkerung das Recht auf ein Leben in Würde nehmen, Strukturen, die dazu führen, daß weltweit täglich etwa 100.000 Menschen vor der Zeit sterben, und daß pro Jahr an die zehn Millionen Kinder an den Folgen von Mangel- und Fehlernährung elend zugrunde gehen?

Solche Überlegungen stellte auch der deutsche Biologe und Politiker Ernst Ulrich von Weizsäcker an, der in jenen Septembertagen 2001 zufällig in Wien hängengeblieben war: »Es ist sinnlos, dem internationalen Terrorismus den Krieg zu erklären. Es geht in erster Linie darum, eine zunehmende Solidarisierung der Armen mit den Terroristen, welcher Art auch immer, zu verhindern. Dies aber ist nicht mit Bomben, Kriegsschiffen und Panzern zu bewerkstelligen, sondern nur mit den Waffen der Gerechtigkeit.« Unglaublich aber wahr ist die Tatsache, daß George W. Bush während seiner Stippvisite in einem Militärcamp in der Nähe von Bagdad, als er wie ein lieber Hausvater seinen GIs am Thanksgiving-Day im vergangenen November Truthahn servierte, unter anderem erklärte: »Wir bleiben hier, wir harren hier aus, weil wir mit den Waffen der Gerechtigkeit kämpfen.« Und nicht einmal diese Geste war echt, wie sich hinterher herausstellte. Die »Operation Truthahn«, wie die ganze Show bald genannt wurde, war nichts als Talmi. Der auf einem Tablett so schön angerichtete und in die Kameras gehaltene Vogel war aus Plastik, ein Dekorationsstück aus einem Schaufenster. Die GIs bekamen das ganz normale Kantinenessen. Das nur so nebenbei. – Jedenfalls hat Ernst Ulrich von Weizsäcker sicherlich die Bush'schen Waffen der Gerechtigkeit gemeint, wenn er sagte: »Die heutige, uns von den USA aufgezwungene Weltordnung bewirkt das genaue Gegenteil, sie treibt die armen, von einer globalisierten Wirtschaft ausgegrenzten Menschen den Terroristen nachgerade in die Arme.«

Solche politischen Gedanken fanden im Herbst 2001 keinen Eingang in die Köpfe der europäischen Regierungsteams. Sie schlossen sich ziemlich unisono – allen voran die Engländer, die Deutschen, die Italiener, die Spanier und die Österreicher – den Haßtiraden und Kreuzzugsfanfaren des amerikanischen Präsidenten und seiner Leute an und schworen »uneingeschränkte Solidarität« mit den USA: Solidarität nicht mit den Armen und Ausgegrenzten, sondern mit der stärksten Militärmacht der Welt.

Viel später erst, als der Widerstand des verbrecherischen Regimes der Taliban in Afghanistan unter dem US-Bombenhagel zu bröckeln begann, wurden langsam und zögerlich auch andere Stimmen laut. In der »Neuen Züricher Zeitung« etwa – der man nicht gerade politische Radikalität nachsagen kann – fand ich die Aussage eines Mannes, der allerdings aus eigenem Erleben einen speziellen Zugang zu diesen Fragen hat. Am 28. November 2001 zitierte Sieglinde Geisel in einem Artikel über die »Gefährlichkeit der Ränder« Azmi Bishara, einen arabischen Abgeordneten des israelischen Parlaments: »Wenn der Angriff tatsächlich von fundamentalistischen Muslimen initiiert und ausgeführt worden ist, dann war es ein Angriff auf die Moderne, eine Moderne, von der sie ausgeschlossen bleiben, eine Moderne, die ein McDonald's-Restaurant in Kairo oder sonst wo eröffnet, den Menschen aber die Mittel versagt, dort auch zu essen. Diese Moderne wirkt wie eine Besatzungsmacht.« Und weiter: »Sie dringt in die vertraute Lebenswelt ein, ohne daß deren angestammte Bewohner sie sich zu eigen machen können. Deshalb weckt die allgegenwärtige Amerikanisierung gleichermaßen Begehrlichkeit und Widerwillen. Die westliche Moderne drängt den Rest der Welt an den Rand. Diese Art der Globalisierung produziert globale ›nobodies‹; die nicht nur arm, sondern für diese Welt der Moderne bedeutungslos sind.«

Azmi Bishara erfährt – auch wenn er Parlamentsabgeordneter ist – diese Ausgrenzung täglich in seinem eigenen Land, wenn er als Araber den Staat Israel, so wie er sich heute geriert, überhaupt noch als sein Land begreifen kann. Die arabischen Israelis stehen auf der untersten Stufe der sozialen Leiter. Und von seinen arabischen Brüdern und Schwestern in den zerschossenen, zerbombten, zerstörten besetzten Gebieten weiß er, daß sie am Rande des Existenzminimums oder auch darunter wie in einem verminten, Tag und Nacht bedrohten Gefängnis vegetieren und zunehmend zornig werden. Aus diesen Gründen konnte Azmi Bishara Ende November 2001 wohl diese klare Sicht auf die Weltsituation in Zeiten der *Pax Americana* entwickeln.

Den anderen und vor allem denen im noch reichen Westen ist diese Sicht anscheinend nicht möglich gewesen. Es hätte für die USA selbst und für die Staaten des Westens eine Chance sein können, angesichts der qualmenden und implodierenden Zwillingstürme den Blick einmal nach innen zu wenden und sich nach dem *Warum*, nach den wahren Ursachen und Gründen dieser Schreckensinszenierung zu fragen, die mehr als 3000 Menschenleben gefordert hatte. Die zu Bomben umfunktionierten Zivilflugzeuge einer amerikanischen Airline trafen ins Herz des neoliberalen, kapitalistischen Systems und ebenso das Herz des US-amerikanischen Militarismus, das Pentagon. Vielleicht, so hätten weise und einsichtige Politiker sich fragen können, müssen wir zur Schadensminimierung der Globalisierung mit ihrer Maxime: Freiheit für das Kapital eine globale Solidarisierung mit den Verlierern entgegen setzen. Vielleicht sollten wir wirklich auch dafür sorgen, daß den Ausgegrenzten Gerechtigkeit widerfährt, daß für sie ein Leben in Würde möglich wird, zumindest das Überleben gesichert ist?

Nichts von alldem. Der Zug fuhr in die andere Richtung ab. Man zerschlug mit Tausenden Tonnen von Bomben und Raketen die radikalislamistischen Taliban und die Infrastruktur eines ohnehin am Boden liegenden Landes. In Kabul, in den Höhlensystemen der Berggebiete, in denen man die »Inkarnation des Bösen« Osama Bin Laden bis heute nicht gefunden hat, in den Dörfern und im Gefangenenlager Guantanamo auf Kuba wachsen indessen die neuen Taliban wie Pilze im warmen Sommerregen.

In diesem Sinne ist auch eine Äußerung von Benjamin Barber, Professor für »Civil Society« an der Universität von Maryland, zu verstehen, wenn er meint: »Die USA müssen sich entscheiden, ob die Welt an die Seite Amerikas, oder ob Amerika an die Seite der Welt treten soll.« Zum Thema Terror und Terrorbekämpfung kommt es dann auch in einem Interview mit dem ORF-Redakteur Peter Lachnit ganz klar zum Ausdruck. »Terroristen haben nur eine Waffe: Terror, Angst. Wenn die USA gegen den Terrorismus mit Angst, mit Terror kämpfen, dann arbeiten sie den Terroristen in die Hände. Sie schaffen ein Imperium der Angst.« Und »Imperium der Angst« hat Benjamin Barber auch sein neues Buch betitelt: »Wo die Angst regiert, werden aus aktiven Bürgern furchtsame Zuschauer. Angesichts der Größe der amerikanischen Gesellschaft sind die Anschläge vom 11. September wie ein Bienenstich für einen Grizzly-Bären, doch das Spiel mit den Kriegsalarmstufen, die Ausrufung von Code Gelb oder Code Orange ohne konkretere Informationen versetzt die Bevölkerung in hysterische Zustände.« Und er schließt: »Angst ist ein Feind der Demokratie, ein Feind zivilen Engagements. Menschen, die auf diese Weise verängstigt werden, versinken in Apathie, und das ist das letzte, was Demokratie brauchen kann.«

All diese Bestimmungen, die unter dem Titel »Patriot Act« in den letzten Monaten verstärkt und quasi alles regelnd erlassen worden sind, sind dabei, den »Welt-Polizisten« in einen Polizeistaat zu verwandeln. Die neuesten Zahlen sind besorgniserregend. Die Kriminalitätsrate schnellt in die Höhe. Immer mehr US-Amerikaner geraten in Armut. In manchen Landesteilen herrschen Zustände, die jenen eines so genannten Vierte-Welt-Landes entsprechen, was die soziale Sicherheit, was die Infrastruktur angeht. Die Gefängnisse platzen aus allen Nähten. Die USA haben inzwischen die weltweit höchste Pro-Kopf-Zahl an Häftlingen. Wohl nur zufällig sind etwa 80 Prozent davon schwarz und jung. Man spricht von drei Stockwerke tiefen Kellern, in denen Gefangene wie in alten, längst vergangen geglaubten Zeiten angeschmiedet sind. In verschiedenen Städten ziehen Häftlingstrupps als Säuberungskommandos durch die Straßen. Die Männer sind mit Fußketten aneinander gefesselt. Untergebracht sind sie nicht in Gebäuden, weil diese hoffnungslos überfüllt sind, sondern in Zelten, und das Sommer und Winter. Es gibt auch so etwas wie Umerziehungslager für schwierige Kinder, die pikanterweise »Patriot Camps« genannt werden.

Also meine Vorstellungen von Demokratie, von dem vielgerühmten »land of the free« schauen irgendwie anders aus. Dazu könnte man noch sagen, das ist ein internes Problem der Administration. Aber statt die Hausaufgaben zu machen, stürzt sich die Bush-Regierung als Supermacht, als Hegemon auf die ganze Welt, um ihr den »American way of life« aufzuzwingen.

Als Mittel dazu hat man eine neue, jedem Völkerrecht, allen internationalen Abmachungen Hohn sprechende neue Sicherheitsdoktrin erlassen, deren wesentlicher Bestandteil der Wille zum »Erstschlag«, zum Präventivkrieg ist. »Wir werden die Feinde der Zivilisation aufspüren, wo immer sie sind und wir werden sie vernichten« – das ist ein in den vergangenen Monaten so oder ähnlich immer wieder gehörter Satz, und dafür werden jetzt auch um wirklich enorme und nur noch schwer vorstellbare Summen neue Waffen entwickelt. Da hört man von der unbemannten »Superdrohne«, die jedes Ziel in nur zwei Stunden erreichen und zerstören kann, und dann unterzeichnete Georg W. Bush den Konstruktionsauftrag für nette kleine Mini-Nukes, die atomar bestückt werden sollen, um Bunkersysteme nicht zu sprengen, sondern zu verseuchen. Also eine neue atomare Gefahr ist am Horizont und soll einen Nuklearkrieg endlich wirklich führbar machen, weil bei diesen kleinen, leichten Waffen irgendwie die Grenzen verschwimmen, so heißt es, und das paßt ja durchaus ins Denkmodell der Bush-Clique.

George W. muß ja wirklich nicht selber denken. Hier hat Papa Bush vorgesorgt und eine respektable Gruppe zusammengeschweißt, die Rumsfelds, die Cheneys, die Wolfowitze und wie sie alle heißen, die über die Geheimwaffe der heutigen USA, die sogenannten »Think-Tanks«, die »Denkfabriken« verfügen, die die USA und damit die Welt zu beherrschen glauben. Sie alle gemeinsam sind das, was man die »Neuen Konservativen« nennt, und damit letztlich, so wie sie sich gerieren, ein sehr merkwürdiger überreligiöser Zusammenschluß fundamentalistischer Exponenten der jüdisch-christlichen Tradition amerikanischer Prägung. Was sie eint, ist das Milliardenvermögen, die beachtliche wirtschaftliche Macht. Den Konzernen dieser Herren und ihrer engsten Freunde sind nach der Zerstörung des Irak und Afghanistans auch die dicksten Wiederaufbaufische zugeschwommen. – Zusammenschließt sie schließlich auch noch der ungebrochene Wille zur Macht und zur Beherrschung der Welt.

Die Tatsache, daß die amerikanische Bevölkerung nach dem Irak-Krieg von 1991 und der immer offensichtlicheren Pleite der Sanktionspolitik gegen Saddam Hussein keine echte Sehnsucht nach einer Neuauflage von Bush verspürte und eher zu Al Gore tendierte, war nicht wirklich störend. Da halfen die schrottreifen Stimmenzählmaschinen, bis das Ergebnis knapp aber immerhin paßte, und George W. auf das Sesselchen im Weißen Haus gehievt werden konnte. Für die Clique und deren Interessen war er »der Mann«. Klar, denn er war auf Linie eingeschworen, auf die Öllinie, auf die Waffenlinie, und auf all die anderen Linien, die das System tragen. Außerdem war er ja auch so schön fromm geworden, hatte allen seinen Lastern abgeschworen, betete fleißig und las jeden Tag in der Bibel, und da konnte man ihn ja jederzeit an der Nase seines schlechten Gewissens nehmen. (Ich bin mir allerdings nicht sicher, welches Buch Mr. President da täglich zur Hand nimmt. Um den von mir verwendeten Text der Heiligen Schrift kann es sich kaum handeln.)

Um den 11. September 2001 herum ranken sich inzwischen die wildesten Spekulationen und Verschwörungstheorien. Über deren Wahrheitsgehalt oder Plausibilität mögen sich andere den Kopf zerbrechen. Tatsache ist jedenfalls, und das ziemlich unbestritten, daß Bush jun. und seinem Team nichts »Besseres« und zu keinem besseren Zeitpunkt passieren konnte, denn jetzt konnten sie endlich all das ausleben, was in den mehr als zehn Jahren davor in den »Denkfabriken« ausgeklügelt worden war. Was dem Vater 1991 nicht gelungen war, daran konnte der Sohn sich jetzt machen: den vom ehemaligen Verbündeten zum »Schurken« mutierten Saddam Hussein aus dem Sattel zu heben.

Im Sommer 2003 traf ich in Burg Schlaining auf einen Kenner der Lage. Hans Graf von Sponeck, mehr als 30 Jahre in führender Position bei der UNO tätig und nach dem ersten Irakkrieg für das »Food for Oil-Program« der UN in Bagdad zuständig, antwortete auf meine Frage nach dem Zeitpunkt des Umschwungs in bezug auf Saddam: »Nach dem von den USA ja durchaus favorisierten

Einmarsch irakischer Truppen in Kuwait, hat die US-amerikanische Politik der Bestrafung begonnen. Ich meine, sie haben ihm da wirklich eine Falle gestellt, aber sonst wäre der schlaue Fuchs wohl nicht auf den Leim gegangen. Die ganze Sanktionszeit, also immerhin 13 Jahre, wurde aber nicht Saddam, sondern eine ganze Bevölkerung bestraft. Ein Volk wurde dafür bestraft, daß es einen schlimmen Diktator erdulden mußte, den die US-Armee nicht imstande oder nicht willens gewesen war, zu eliminieren. Das ist eine schwer verständliche Logik, die aber doch zeigt, daß die USA einen Regimewechsel wollten, da sie in den Jahren 1990/91 feststellen mußten, daß dieser Saddam Hussein ein regionaler Hegemonialfürst geworden war, der ihnen im Mittleren Osten Konkurrenz um die Energiequellen machte.«

Da gab es doch einmal den berühmt gewordenen Satz eines amerikanischen Politikers: »Saddam Hussein ist ein Bastard, aber er ist unser Bastard.« Und später in diesem Gespräch in dem trutzigen Ambiente der Burg Schlaining fügte Graf von Sponeck eher bitter hinzu: »Thomas Jefferson hat im Jahre 1808 den Satz geprägt: Ich zittere um mein Land, wenn ich daran denke, daß Gott gerecht ist. — Diesen Satz sollte man über dem Fußende des Bettes von George W. Bush jun. in Leuchtschrift an die Wand projizieren.«

Der feine, elegante Herr mir gegenüber, der diese Worte formulierte, wußte, wovon er redete, denn während seiner ganzen Zeit als Leiter des UNO-Sanktionsprogrammes, dessen Aufgabe es vor allem gewesen ist, für das ohnehin minimale Wohl der Bevölkerung, für deren ohnehin rudimentäre, medizinische Versorgung zu sorgen, fuhr im ganzen Land herum und besuchte die immer schlechter versorgten Spitäler und stand so oft hilflos und mit leeren Händen vor der Not. Von den Mitgliedern des Sicherheitsrates im Irak, vor allem von dessen amerikanischem Mitglied, wurden ihm jede Menge Prügel zwischen die Beine geworfen, was ihn wohl dazu bewog, dem Sicherheitsrat Verletzung der Aufsichtspflicht, ja Menschenrechtsverletzung vorzuhalten. Man verhinderte den Import, die Auslieferung, die Verteilung lebenswichtiger Medikamente, ungerührt von der überhand nehmenden Kindersterblichkeit. Wegen der 1991 verwendeten Munition, die mit abgereichertem Uran gehärtet worden waren, stieg die Zahl der Krebserkrankungen ins Aschgraue, vor allem die Kindersterblichkeit an Leukämie schnellte massiv in die Höhe. Fünfhunderttausend Kinder unter fünf Jahren sollen Sanktionsopfer geworden sein, während Saddam Hussein und seine Leute sich die Bäuche vollschlugen. Mangel an Nahrung, an Medikamenten, an sauberem Trinkwasser und Verstrahlung waren und sind bis heute die häufigsten Todesursachen. Die USA schauen weg und die Welt schaut zu.

Es gibt Gottlob auch einige, die nicht nur zuschauen und die dazu noch das, was Graf von Sponeck berichtete, voll bestätigen können. Eine von ihnen ist die Wiener Onkologin Eva-Maria Hobiger, die vor etwa drei Jahren in der südirakischen Stadt Basra in einem Krankenhaus eine Abteilung für krebskranke Kinder eingerichtet hat. In einem Gespräch bestätigte sie mir das, was Sponeck über die perfide Rolle des Sicherheitsrates gesagt hat: »Wir wollten der Abteilung verschiedene medizinische Geräte zur Verfügung stellen, darunter auch einen von Kardinal Christoph Schönborn finanzierten Plasmagefrierschrank. Wir meldeten alles ordnungsgemäß der Behörde, um eine Einfuhrgenehmigung zu bekommen. Länger als ein Jahr wurde diese lebenswichtige Lieferung beeinsprucht, weil angeblich irgendwelche Teile für die Waffenproduktion verwendet werden könnten, was von den Waffeninspektoren, die ein Gutachten erstellt hatten, als lächerlich bezeichnet wurde. Das hat die amerikanischen Beamten allerdings nicht beeindruckt. Die Geräte blieben beeinsprucht, und ich habe sie erst im Jänner 2003 ohne Genehmigung eingeführt.« – Eine kleine Geschichte, die viel über das aussagt, was da unter dem Titel UNO-Sanktionen so alles gelaufen ist. – Abgesehen davon meint Dr. Hobiger, daß nur eine Langzeitstudie den eklatanten Zusammenhang zwischen der US-Uran-Munition und den hochgeschnellten Krebsraten aufklären könnte. Eine seit sieben Jahren angekündigte Studie der WHO wurde bis heute nicht einmal in die Wege geleitet. Wer wohl hier das Sagen hat? Die Stimmung der Menschen in Basra am Beginn des Kriegsjahres 2003: »Die Menschen versinken in Apathie und Verzweiflung. Sie sehen keine Zukunft oder, um es in einem knappen Satz zu sagen: Die Lebenden beneiden die Toten.« – So die Wiener Ärztin.

Nach einem wahren Feuerwerk an Lügen und falschen Behauptungen wurde dann am 20. März dieser neue Krieg vom Zaun gebrochen und aufgrund der gigantischen militärischen Übermacht auch wenig später gewonnen. Dann allerdings zeigten sich die Folgen des Satzes »Ich denke überhaupt nicht, ich handle«, der jetzt nicht nur für den Präsidenten, sondern auch für alle seine Denkmaschinen gilt. Krieg machen ja. Tausende und Abertausende Tonnen auf ein ohnehin kaputtes Land und eine notleidende Bevölkerung fallen lassen. Aber was ist mit dem vollmundigen Versprechen, den Irak zu einem Leuchtturm des Friedens und der Sicherheit, zu einem Hort der Demokratie zu machen? – Auf die Einlösung dieses Versprechens werden die Iraker, wird die Welt wohl noch lange warten müssen. Der Irak versinkt zunehmend in Chaos und Gewalt, und die »Befreier«, die die Menschen als solche nicht verstehen können, sondern unter ihnen als Besatzer leiden – undankbar wie sie nun einmal sind –, geraten zunehmend in Bedrängnis. Die Särge mit den toten jungen amerikanischen Männern und Frauen, die über den Atlantik geflogen werden müssen, werden immer mehr, und der Protest in der Heimat wächst, wird aber weitgehend totgeschwiegen, weil nicht sein kann, was nicht sein darf.

Nur das mit dem Totschweigen läuft trotz all der Beschränkungen, Drohungen und Repressionen nicht mehr so richtig, im Inland nicht und schon gar nicht in der Welt. Vor kurzem hörte ich einen US-Amerikaner in einem BBC-Interview, als er sagte: »Ich verstehe den Präsidenten nicht, daß er sich vor dem irakischen Abenteuer nicht die einzig wichtige Frage gestellt hat: Warum sind die USA zum am meisten gehaßten Staat der Welt geworden?« – Und da gibt es inzwischen nicht nur die weltweit vernetzten Kriegsgegner und Friedensaktivisten, die mit großer Besorgnis den von den Besatzern erzeugten und angeheizten Terrorismus beobachten und kommentieren, Aufklärungskampagnen und Demonstrationen veranstalten, sondern da treten plötzlich auch Persönlichkeiten an die Öffentlichkeit, von denen man so kritische Töne wahrlich nicht erwartet hätte. Ich möchte hier nur zwei von ihnen erwähnen.

Am 28. November drehte ich um 17 Uhr das Radio an, um im Programm Ö1, das über 30 Jahre lang auch mein Arbeitsfeld gewesen ist, die Samstag-Reihe »Diagonal« zu hören, nachdem ich eine Ankündigung des Themas mitbekommen hatte. Ich traute meinen Ohren nicht, als ich als erste Stimme in einer ersten Diskussionsrunde jene meines jahrelangen Chefs, des ehemaligen Generalintendanten Gerd Bacher hörte. Ich hatte über die Jahre oft genug

Auseinandersetzungen mit ihm gehabt, wenn ich mich gegenüber den USA, wie er meinte, »wieder einmal im Ton vergriffen« hatte. Ich habe ihn dann später angerufen und um ein autorisiertes Zitat von zwei seiner Aussagen gebeten, die ich auch dankenswerterweise schriftlich bekommen habe. Da heißt es: »Bush und seinen *Neocons* verzeihe ich ihren Weltherrschaftswahn schon deswegen nicht, weil ich ein Westler und Kalter Krieger reinsten Wassers war. Das haben sie mir gründlich ausgetrieben. Bushs *demokratische Imperialisten* haben nichts mit den Leuten gemein, die mich 1945 umerzogen haben.«

Und gegen Ende der Sendung sagte der gar nicht so sanft gewordenen »Tiger« auf die Frage, was denn Europas Aufgabe wäre, klipp und klar in seinem unverwechselbaren Timbre: »Europas Strategie muß es sein, alles zu unterlassen, was dieser Administration nützen könnte. Die Maßnahme, die am ehesten den Weltfrieden sichern kann, ist die Abwahl Bushs. Sollte dies nicht gelingen, so muß ich wohl für mich befürchten, daß ich vom Anti-Bush zum Anti-Amerikaner werde.«

Der Anti-Bush-Rabauke, Bestseller-Autor, Dokumentarfilmer und Oscar-Preisträger Michael Moore, der durch seinen Satz bei der Oscar-Verleihung: »Shame on you, Mr. President« weltweit bekannt geworden ist, meint in seinem jüngste Buch, daß er sich als Teil einer wachsenden Mehrheit in der US-amerikanischen Bevölkerung fühle, die die Politik der Bush-Administration nicht mehr mittragen wolle. Es ist schwer, dies von außen zu beurteilen. Aber ein Zeichen dafür, das da schon etwas dran sein könnte, sind nicht sosehr Meinungsumfragen, denen ich nicht so wirklich traue, sondern das Auftreten einzelner Persönlichkeiten, vermehrt auch aus den Ecken der »Reichen und Schönen«. Gerade heute purzelte mir der Name George Soros aus einer Zeitung entgegen. George Soros fühlt sich durch so manches in der Rhetorik des Weißen Hauses an seine Kindheit unter der NS-Besatzung in Ungarn erinnert. Heute zählt der Finanz-Tycoon George Soros mit einem geschätzten Vermögen von mehr als sieben Milliarden Dollar zu den reichsten Männern der USA. Er hat sich die Abwahl von G. W. Bush zum »Hauptanliegen« seines Lebens erkoren und ist bereit, dafür auch etliche Millionen Dollar zu investieren. Seine Begründung: »Der Präsident hat das Land in einen gefährlichen Zyklus der Gewalt getrieben und die USA zu einer Gefahr für die Welt gemacht.«

Dazu ein Zitat des britischen Historikers mit österreichischen Wurzeln, Eric Hobsbawn: »Es gibt kaum etwas Gefährlicheres als ein Empire, das seine eigenen Interesse in dem Glauben verfolgt, damit der ganzen Menschheit einen Dienst zu erweisen. Im Fall der USA kommt noch dazu, daß sie sich larmoyant und beleidigt als politisch isoliert empfinden und sich daher nur noch von Furcht, von Angst und nicht mehr von Hoffnung geleitet sehen.«

Da könnte man die Fäden noch lange und weiter nach links und rechts, nach vorne und hinten spinnen, Material gibt es in Fülle, aber diese Aufgabe haben inzwischen zahllose Studien und Bücher wahrgenommen. Es ist ja so, als wäre plötzlich ein Ventil geplatzt. Nach Jahrzehnten des gequälten Schweigens der Wissenden und dem wohlwollenden Wegschauen der Nichtwissenden während der Zeiten des »Kalten Krieges« aber auch danach, hat Georg W. Bush und seine Clique, wie es scheint, den Bogen einfach überspannt. Natürlich machen sie weiter und haben es gerade in Georgien wieder gezeigt, wo einer ihrer Sympathisanten zum Staatschef und Hüter der Ölnabelschnur wurde, aber irgendwo scheint sich eine Entwicklung anzubahnen, deren Folgen wir alle noch nicht absehen können.

Aber das ist an sich nicht das Thema und nicht das Anliegen meines Buches. Ich möchte nicht nur mit dem Finger auf diese historisch wirklich unglückliche Figur des verwöhnten Söhnchens der milliardenschweren Familie Bush zeigen, eines Clans, der bis zu Bin Laden mit fast jedem noch so blutigen Diktator kooperiert hat, wenn es Profite brachte, sondern aufzeigen, daß er und seine Leute vielleicht die von der neoliberalen Gier überzeichnete Spitze eines Eisberges ist. Der Eisberg aber sind die USA selbst. Die wunderbare, demokratische Verfassung hat ja von Anfang an nicht für alle, sondern nur für die Erfolgreichen, für die Besitzenden gegolten. In einem völlig fehlgeleiteten Glaubensverständnis meinten ja schon die Gründungsväter die »Reichen und Schönen« als Gottes Lieblinge zu erkennen. Für die anderen, für die Armen, für die Ausgegrenzten sei das Paradies, das Versprechen aufs Jenseits da. Da war schon immer ein Rassismus spezieller Prägung wirksam, der vor allem die »Wilden«, also die Eingeborenen, dann die importierten Schwarzen, aber auch die einwandernden Habenichtse aus Europa ausgrenzte. Letztgenannte hatten allerdings eine Chance. Wenn sie, auf welche Art auch immer, zu Geld und Besitz gekommen waren, nahm man sie gerne auf: Siehe der alte Spruch vom Land der unbegrenzten Möglichkeiten.

In diesem Land möchte ich mit diesem Buch nicht bleiben, sondern mich den weltweit Ausgegrenzten, den Opfern des US-Imperialismus an allen Enden der Erde zuwenden. Die gierigen Pfoten greifen überall zu, wo es etwas zu holen gibt, und das nicht erst heute. In der Wahl der Mittel waren sie nie und sind sie auch heute nicht wählerisch, solange es den eigenen Interessen dient.

Ich hatte in den vergangenen Jahrzehnten die Chance, mich weit herum umzuschauen, und diese Opfer, die Opfer der europäischen Kolonialisierung ebenso wie die Opfer des neoliberalen Wirtschaftssystems, habe ich überall gefunden. Von ihnen soll hier also die Rede sein, von den Menschen, von einzelnen Menschen, von Gruppen von ganzen Völkern, von den weltweit mehr als 80 Prozent der Armen, die dafür leiden, daß es der immer weniger aber immer reicher werden Minderheit gutgeht.

Es kann keine wirklich flächendeckende Sicht sein, denn ich habe mir vorgenommen, nur von dem zu schreiben, zu erzählen, das ich wirklich selber gesehen und erfahren habe, und davon ist es wieder nur eine Auswahl, denn ein Buch hat durch die beiden Deckel eine Grenze.

Wie am 19. April 2002 in der Einleitung zu meinem Buch über Israel/Palästina möchte ich auch diese einleitenden Seiten mit einem Wort von dem im Herbst 2003 zum drittbesten Deutschen gekürten Karl Marx abschließen: »Verfolgte aller Länder, vereinigt Euch.« Das geschieht ja heute zum Teil, und das wird dann oft Terrorismus genannt. Also gibt es für mich ganz persönlich, und das mag an dieser Stelle erlaubt sein, zwei Worte eines anderen Menschen, des Rabbi aus Nazareth nämlich, hinzuzufügen, die endlich, nach mehr als 2000 Jahren, gegen die die Gesellschaften bestimmende Gier zum Leben kommen sollten: »Liebt einander, wie ich euch geliebt habe«, oder »Was ihr dem Geringsten meiner Brüder, der Geringsten meiner Schwestern getan habt, das habt ihr mir getan. Was ihr ihnen verweigert habt, das habt ihr mir verweigert.«

Wien, 5. Dezember 2003
Dolores M. Bauer

1. Ein böses Erbe

Am Morgen des 25. Dezember 1492 trieben Holzplanken in einer Bucht im Norden der Insel Kiskeya, die sie inzwischen Hispaniola genannt hatten. Auf Befehl ihres polternden Kapitäns Cristóbal Colón, der sich jetzt mit »Admiral« anreden ließ, stapelten triefnasse weiße Männer das angeschwemmte Holz an der Küste. Die anläßlich des Weihnachtsabends erhöhte Alkoholration hatte die übermüdeten und ausgemergelten Seeleute betrunken gemacht, so daß sie den angegebenen Kurs nicht halten konnten, und die »Santa Maria« auf einer Sandbank aufgelaufen und geborsten war. Drei Monate vorher, am 12. Oktober 1492 hatten Cristóbal Colón und seine Männer auf der Bahama-Insel Guanahani den Boden der später so genannten »Neuen Welt« betreten. Seine Eintragung ins Bordbuch vom 14. Oktober über seine ersten Eindrücke: »Diese Menschen sind ganz arglos im Umgang mit Waffen, wie Eure Hoheiten an den sieben Exemplaren sehen können, die ich einfangen ließ, um sie mitzunehmen und sie unsere Sprache zu lehren.« Zwei Monate später, als die spanischen Karavellen an der Küste der Insel Kiskeya gelandet waren und die Besatzung auch dort von freundlichen Eingeborenen begrüßt, empfangen und, nach der langen Reise über das »mare tenebris«, das Meer der Finsternis, wie der atlantische Ozean damals genannt wurde, mit den besten Früchten der Insel gelabt worden war, klang der Kommentar im Bordbuch nicht weniger zynisch: »Sie tragen keine Waffen, gehen alle nackt und wissen auch nichts vom Gebrauch der Waffen. Sie sind wohl ziemlich feige und daher wie geschaffen, daß man ihnen Befehle erteilt und sie zwingt, zu arbeiten und das Feld zu bestellen und alles übrige zu tun, was nötig ist, um Siedlungen anzulegen, zu lernen, Kleider zu tragen und unsere Sitten anzunehmen.« Diese Arroganz im Ton verhieß nichts Gutes. Dabei klang eine andere Stelle im Bordbuch geradezu hymnisch, wenn auch nicht weniger zynisch. Dort schrieb Cristóbal Colón: »Kein menschliches Auge hat je etwas Schöneres gesehen, als die Küste dieser Insel.« – Das hieß ja wohl, daß er die hier lebenden, zweibeinigen, braunen, sanften Wesen nicht für Menschen hielt, was die Arroganz nur noch unterstrich.

Man hatte ein Kreuz aufgestellt. Die Patres hatten ein Messe gefeiert. Die Eingeborenen waren in respektvollem Abstand gesessen und hatten die für sie fremde Zeremonie mit wohlwollendem Interesse beobachtet. Aber das in mühsamer Übersetzungsarbeit vorgebrachte eigentliche Anliegen der »weißen Götter« brachte keine Antwort und das schien den Herrn »Admiral« verärgert zu haben. Gold wollten sie und Gold, so die Führer der Eingeborenen, gab es hier nicht. Also waren sie dann nach einer kurzen Ruhepause aufgebrochen, um weiter nach dem Goldschatz »Indiens«, wo sie sich wähnten, zu suchen. – Und auf dieser Fahrt um die Insel passierte das Unglück in der Heiligen Nacht, das die verwegene Truppe um ihr Flaggschiff brachte.

Aus den Planken der »Santa Maria« wurde das erste spanische Fort gebaut, dem Cristóbal Colón, alias Christoph Columbus, den Namen »Navidad« = »Weihnachten«, gegeben hat. Mit dieser Festung Navidad auf einer heute »Cap Haitien« genannten Felsnase, begann das ganze Unglück. Um diese Festung floß das erste Blut, zerstörten Raub, Vergewaltigung und Mord schon im Keim das, was man immer wieder und auch heute trotz allem »Begegnung zweier Kulturen« zu nennen beliebt.

»Für uns, für die Völker Amerikas, bedeutete die Ankunft der Europäer das Ende unserer Entwicklung. Es begann eine Zeit der Beherrschung, eine Zeit des Mordens, der Ausrottung, eine Zeit der Plünderung unserer Länder und unserer Seelen, da man uns sogar das Mensch-Sein abgesprochen hat.« So drückten Vertreter der indigenen Bevölkerung im Oktober 1992 ihre Sicht der Dinge aus, als man sich in Spanien und auch sonst in Europa anschickte, die »Entdeckung Amerikas« mit Pomp und Gloria zu feiern.

IM LAND DES QUETZAL

»Die Federn des Quetzal,
die Arbeit aus schillernder Jade,
alles vernichtet.
Und vorüber
Das Andenken an eine schöne Welt,
die von Gottes Wahrheit durchdrungen war ...«

Es heißt, daß der Quetzal-Vogel, das Wahrzeichen Guatemalas, seine Sprache verloren habe, als die Mayas von den Spaniern überwältigt wurden. Andere sagen, daß der Quetzal seine Stimme nie verloren habe, sondern sich nur weigere zu singen, solange die Völker unterdrückt seien und diese Unterdrückung währt nun schon mehr als 500 Jahre.

Der spanische Dominikaner Bartolomé de Las Casas schrieb in seinem »Kurzgefaßten Bericht von der Verwüstung der Westindischen Länder«: »Als sich der Tyrann dem Königreich Guatemala näherte, ließ er gleich im Anmarsch eine Menge Volkes ums Leben bringen. Dessen ungeachtet kam ihm der vornehmste Herr des Landes unter Trommeln und Trompeten, Pauken und vielerlei Feierlichkeiten, auf einer Trage entgegen, Viele anderen Herren aus Altatlan, der Hauptstadt des Reiches, begleiteten ihn. Sie bedienten den Barbaren mit allem, was sie nur im Vermögen hatten, gaben ihm reichlich zu essen und überhaupt, soviel sie vermochten.

Des anderen Tages ließ der Tyrann den vornehmsten Herrn des Landes, nebst vielen anderen Großen zu sich rufen. Sie kamen wie sanfte Lämmer herbei, er aber ließ sie sogleich gefangen nehmen und sagte, sie sollten ihm alles Gold des Landes beschaffen. Sie gaben zur Antwort, daß es kein Gold gäbe und wirklich, es gibt in diesem Land kein Gold. Sogleich befahl er, ohne anderes Vergehen, ohne Prozeß oder Urteil, sie alle bei lebendigem Leib zu verbrennen.

Besagter Wüterich selbst bezeugte später, das Königreich Guatemala sei volkreicher gewesen, als das Königreich Mexiko, und da sagte er die Wahrheit. Er und seinesgleichen brachten in einer Zeit von nur sechzehn Jahren, nämlich zwischen 1524 und 1540, über fünf Millionen Menschen um, und noch bis auf den heutigen Tag hört das Würgen und Wüten unter den Übriggebliebenen nicht auf.«

Jesus Sirach 34, 21–27:
Ein Brandopfer von ungerechtem Gut ist eine befleckte Gabe. Opfer der Bösen gefallen Gott nicht. Kein Gefallen hat der höchste an den Gaben der Sünder, auch für eine Menge Brandopfer vergibt er Sünden nicht. Man schlachtet den Sohn vor den Augen des Vaters, wenn man ein Opfer darbringt vom Gut der Armen. Kärgliches Brot ist der Lebensunterhalt der Armen, wer es ihnen vorenthält, ist ein Blutsauger. Den Nächsten mordet, wer ihm den Unterhalt nimmt. Blut vergießt, wer den Armen den gerechten Lohn vorenthält.

Der spanische Mönch Bartolomé de Las Casas, der durch das, was er gesehen und erlebt hatte und durch die eben zitierte Stelle im biblischen Buch »Jesus Sirach« vom Saulus zum Paulus geworden war – er hatte anfangs auf dem Landgut, das der Orden ihm zugeteilt hatte, selber Sklaven gehalten –, wurde nun zum unbestechlichen Augenzeugen der Greueltaten der Spanier und zum Kämpfer für die Rechte der Eingeborenen. Ein Kampf, der übrigens bis heute nicht gewonnen ist.

»Ich habe es noch im Ohr, was sie gepredigt haben, diese Priester in unserem Dorf. Es war im Grunde dasselbe, was auch die Eroberer gesagt hatten, die da vor 500 Jahren von weither gekommen waren, mit Kreuz und Schwert. Die Worte unserer Priester waren ebenso weit von dem entfernt, was die Botschaft Jesu Christi ausmacht. Es war das Denken der Herrscher, das Denken der Mächtigen, ein Denken, das soviel Unglück gebracht hat über die eingeborenen Völker dieses Kontinents.« – Diese Sätze sagte eine weibliche Stimme in die Stille eines Septemberabends des Jahres 1991 in dem von Bartolomé de Las Casas beschriebenen ehemaligen Königreich Guatemala. Es war schon dunkel über der Stadt. Die Dämmerung ist nur kurz in diesen Breiten. Zwölf Stunden hell und zwölf Stunden dunkel, dazwischen kaum ein Übergang. An diesem Abend damals kam noch dazu, daß wieder einmal der Strom ausgefallen war. Die Regierung sprach immer wieder von Wassermangel, weil es nicht genug geregnet hatte, aber jeder wußte, daß die Stromknappheit einen politischen Hintergrund hatte. Im Zusammenhang mit dem US-amerikanischen Neoliberalismus sollte die Privatisierung der Stromversorgung erzwungen werden. Also immer noch Fremdbestimmung, auch noch 500 Jahre nach der Eroberung des ehemaligen Maya-Königreiches Guatemala. – Die Kerzen auf dem weiß lackierten Tisch flackerten im sanften, warmen Abendwind. Die Bäume am Rande der Terrasse – flüsternde Schatten. Und nur von fernher wehten die Geräusche der Straße. Es war ein erholsamer, ein ruhiger Platz, ein Haus von Freunden, auf einem der Hügel über der lärmenden, stinkenden Stadt Guatemala-Ciudad.

Auf einem der Gartenstühle mir gegenüber saß Juana Vasquez, eher klein und ein wenig untersetzt, in einem mit bunten Rosen bestickten Huipil, der guatemaltekischen Bluse, und einem farbigen Wickelrock aus handgewebter Baumwolle. Das füllige, feste, schwarze Haar umspielte das kräftige, klar geschnittene Gesicht mit seinen lebhaften, oft lachenden Augen, was mich immer wieder staunen ließ, bei dem Leben, von dem sie mir im Laufe des Abends erzählte und bei den Gefahren, die sie überstanden hatte und die auch an diesem und jedem Tag auf sie lauerten, denn politische Morde waren auch 1991 und sind auch heute an der Tagesordnung in Guatemala. Die Lebensgeschichte dieser inzwischen 54jährigen Frau, die alle nur »Madre Juana« nennen, ist typisch für eine Indigena, mehr noch, sie ist die Geschichte ihres Volkes, des Volkes der Quichées, eine Geschichte der Armut, der Not, der Überfremdung, der Verfolgung aber auch eine Geschichte der Stärke und eines ungebrochenen Lebenswillens. Diese Geschichte, so wie Juana sie mir damals auf dieser spätabendlichen Terrasse erzählt hat, möge hier für viele, viele andere stehen:

Juana Vasquez, oder, wie sie in ihrer Muttersprache heißt, Wuamam Kir, wurde in einem Dorf im Departement Quichée als zweites von neun Kindern geboren. Die Familie lebte in bitterer Armut, hatte aber wenigstens ein Stückchen Land und ein paar Schafe. Die Mädchen halfen im Haus, arbeiteten auf dem Land und hüteten die Schafe. Als Juana acht Jahre alt geworden war, schickte man sie in die Schule. Es gab nur zwei Klassen, und der Unterricht war mager. Nach der Schule verkaufte sie Erfrischungen am Wegrand. Wenn sie fünf Centavos verdiente, war das schon eine große Hilfe, denn damit konnte man ein Stück Seife kaufen oder ein bißchen Salz oder Chili.

»Dieses Leben in Armut hat mich sehr geprägt«, erzählte die Frau mir gegenüber in das Dunkel hinein, und bei dem »aber«, das folgte, begannen ihre Augen wieder zu leuchten: »Was mich aber auch tief geprägt hat, war die Wärme, die Nähe in unserer Familie. Wesentlich dazu beigetragen haben die Eltern meines Vaters, die mit uns gelebt haben. Sie waren es vor allem, die uns die Weisheit unserer Ahnen, die Werte unserer Kultur nahebrachten. Unsere Großmutter pflanzte uns tiefen Respekt vor dem Leben, auch vor dem Leben der Pflanzen ein und brachte uns behutsam die ganze Kosmovision der Maya-Völker nahe. Ich weiß, daß alles, was heute mein Leben ausmacht, was mir wichtig und wesentlich ist, damals, in diesen ersten Jahren grundgelegt worden ist.«

Juana war etwas über 14 Jahre, als ihr Leben eine ganz andere Wendung nehmen sollte. Das aufgeweckte Mädchen, das übrigens wie alle Kinder der Familie und überhaupt alle in der Gegend katholisch getauft war, war einigen Nonnen von der Kongregation der Heiligen Familie aufgefallen, und sie hatten der Familie angeboten, dem Mädchen eine Weiterbildung zu ermöglichen. Das war eine Chance, die man nicht ausschlagen konnte, also folgte sie den Schwestern in die nächste Kleinstadt. Sieben Jahre war sie im Internat, und das Leben dort war nach der Armut, die sie bis dahin gekannt hatte, nahe dem Paradies. Sie war sowohl beim Studium als auch bei der Arbeit im Garten und auf dem Feld sehr aufmerksam und fleißig und genoß bald das absolute Vertrauen der Schwestern. Was Juana erst später erfahren hat, war die Tatsache, daß die drei Schwestern, die sich vor allem um die Zöglinge kümmerten, eine Belgierin und zwei Guatemaltekinnen, innerhalb des Ordens äußerst umstritten waren, denn die Leitung zweifelte daran, daß Indigenas überhaupt jemals zu Ordensfrauen taugen würden. Um hier gegenzusteuern, versuchten die drei alles, um den Mädchen die europäische Kultur, europäisches Denken nahezubringen. Was dabei für Juana schmerzlich auf der Strecke blieb war die Erinnerung an die eigene Kultur, die eigene Tradition. Aber als sie vor der Entscheidung stand, in den Orden einzutreten, war die Dankbarkeit gegenüber den Schwestern stärker als ihre eigene tiefe Sehnsucht, die sie zu unterdrücken gelernt hatte. Sie war 20, als sie ins Noviziat eintrat und damit in die Hauptstadt übersiedeln mußte.

»Das Schlimmste für mich war aber nicht die Stadt, nicht die Schule und auch nicht der strikte Tagesablauf, das Schlimmste war, als sie mir das Haar abschnitten. Das werde ich nie vergessen, es war, als würden sie das halbe Leben von mir abtrennen. Und diese Kleidung, die ich anziehen mußte. Ich fühlte mich miserabel, so wie wenn ich in eine fremde Haut gesteckt würde und das Leben eines anderen Menschen leben sollte.«

Juana hielt einen Moment inne. Es war, als würden die Bilder von damals noch einmal ablaufen, als würde ihr wunderschönes dunkles Haar noch einmal zu Boden fallen, als spürte sie noch einmal das Ziehen auf ihrer Kopfhaut, als sähe sie sich wieder im Habit und im Novizinnenschleier. Eine Frage tanzte für mich über der flackernden Kerze und ich sprach sie aus: »Und wo, Juana, wo war Jesus damals für dich, dem du doch vor allem anderen dein junges Leben weihen wolltest?«

Die Antwort verglückste im Lachen: »Mein Gott, Jesus, den hatten sie immer in diesem kleinen Sakramentenhäuschen versteckt. Wenn ich nach ihm fragte, nahmen sie mich liebevoll an der Hand und führten mich in die Kapelle. Dort mußte ich vor diesem Häuschen niederknien und beten. Gespürt habe ich ihn damals nie. Das gehörte alles zum Prozeß der Latinisierung.«

Dann, plötzlich wieder ernst, fuhr sie fort: »Da gibt es Bilder, die mich immer noch schmerzen. Zum Beispiel tut es immer noch weh, wenn ich mich daran erinnere, wie meine Eltern, die ich in den Jahren davor so selten gesehen hatte, mich zu meiner endgültigen Einkleidung und Aufnahme in den Orden ins Kloster brachten. Das war so üblich. Ich trug die Kleider der Latinos, meine Mutter trug die Tracht, den Huipil und den Wickelrock. Sie sprach Quichée mit mir. Ich schämte mich und fuhr sie an: Sprich nicht Quichée, sprich Spanisch mit mir. Soweit kann das führen: Man verschleiert die Not des Volkes, man wird blind für die Wirklichkeit des Leidens, des Leidens des eigenen Volkes, der eigenen Familie. Ich wußte ja schließlich, daß meine Mutter Analphabetin war und kein Spanisch sprach. Man paßt sich der Klasse, der Kultur an, in der man ausgebildet wird, in der man lebt. Diese progressive Entfernung von meinen eigenen Wurzeln, dauerte fünfzehn Jahre. Erst im Jahr 1970 – ich war Ordensfrau, ich war Lehrerin –, als ich zum ersten Mal an einem Treffen von Indigenas teilgenommen habe, machte ich Augen und Ohren auf und begriff erstmals wieder, wo ich eigentlich hingehöre.«

Und von diesem Augenblick an begann sich Madre Juana, wie man sie inzwischen überall nannte, für ihr Volk und seine Leiden nicht nur zu interessieren, sondern auch zu engagieren, was von ihren Mitschwestern geduldet, ja sogar befördert aber natürlich auch mit einer gewissen Sorge beobachtet wurde, denn die Zeiten wurden auch politisch zunehmend brisanter. Die neuen Erkenntnisse flossen in den Unterricht ein, mündeten in Hilfsprojekte, mündeten in eine Arbeit für Bewußtseinsbildung unter Frauen und brachten den Konvent in Zunil, in dem Juana damals lebte, zunehmend ins Gerede. Als dann im Jahr 1981, als die Verfolgung Andersdenkender, vor allem aufmüpfiger Indigenas immer schlimmer wurde und dann auch vor den Klostermauern nicht mehr Halt machte, als 200 Soldaten namentlich sie suchten, zog Juana die bitteren Konsequenzen und verließ im Einvernehmen mit ihren Oberen und Mitschwestern den Orden.

»Ich hatte keinerlei Erfahrung, was man tun muß, um sein Leben zu schützen, und so machte ich einfach dasselbe, was mein Volk immer getan hatte, wenn es verfolgt wurde: Ich ging in die Berge. Und so kam es, daß ich zum ersten Mal in meinem Leben all das zu leiden hatte, was mein Volk immer gelitten hat. Ich mußte jetzt all die Erfahrungen machen, was es heißt, Hunger und Durst zu haben, was es heißt, über Berge von Leichen zu gehen, wenn man all die zerstörten Häuser anschauen muß, mit den verbrannten Kindern und den Männern mit durchschnittener Kehle. Ich bin durch die Hölle gegangen. Ich habe das alles erlebt.«

Monatelang war sie zuerst allein, aber bald mit einer großen Gruppe von anderen Flüchtlingen unterwegs, die Verfolger immer auf den Fersen. Alles in Allem hat das mehr als drei Jahre gedauert, aber Juana hat diese schlimmen Jahre der Militärdiktatur überlebt. Tausende und Abertausende sind dem Wüten, sind den Massakern der Soldaten zum Opfer gefallen. Die offiziellen und die inoffiziellen Killertrupps hatten immerhin einen klaren Auftrag von oben: Da war die Diktatur, da war die Invasion durch die Amerikaner und der Staatsstreich, der General Efrain Rios Montt schließlich an die Spitze des Staates brachte. Und dieser General und Präsident trat im Februar 1982 vor die Kameras des nationalen Fernsehens und rief quasi zur Ausrottung der indigenen Bevölkerung auf: »Die Indigenas sind eine Bedrohung der nationalen Sicherheit.« Das klang wie ein Aufruf zum Genozid an der Mehrheitsbevölkerung Guatemalas.

Um so etwas Unerhörtes irgendwie begreifen zu können, muß man die Hintergründe kennen. General Efrain Rios Montt war zu diesem Zeitpunkt ein hochrangiges Mitglied des »Ejército«, der guatemaltekischen Armee. Die Armee war damals und ist bis heute ein Staat im Staat, mit eigenen Gesetzen, einer eigenen Infrastruktur und einer eigenen für niemanden sonst zugänglichen Bank, die aber auch lukrative Geschäfte für ausländische Konzerne, für Rüstungskonzerne vor allem, abwickelte. General Efrain Rios Montt, amtierender Präsident des kleinen zentralamerikanischen Staates, war aber auch ein führendes Mitglied der einflußreichen US-amerikanischen evangelikalen Sekte *El Verbo*, die Mitgliedern der Reagan-Administration mehr als nahegestanden sein soll. Diesem Umstand und den massiven Interessen amerikanischer Konzerne verdankte Efrain Rios Montt den Schutz der Supermacht. Dem TV-Aufruf des mit solcher Macht ausgestatteten und daher von allen gefürchteten Diktators wurde demgemäß Folge geleistet, und das nicht nur von Angehörigen der Armee. Auch so mancher Großgrundbesitzer – und die hatten ja alle ihre privaten »Pistoleros« – sah seine Chance gekommen, verachtete indigene Bauern von ihrem Land zu vertreiben und es seinem Besitz einzuverleiben, ohne dafür bezahlen zu müssen. Der Gewalt und der Habgier waren Tür und Tor geöffnet worden.

Hier scheint ein Blick auf den Werdegang des Putschgenerals Rios Montt dienlich und auch erhellend sein. Der steirische Guatemala-Kenner Dr. Michael Schaller schreibt in einem Beitrag, den er für dieses Buch verfaßt hat (später mehr davon):

»Er ist mit seinen 77 Jahren immer noch eine der schillerndsten Gestalten Guatemalas. Geboren als dritten von dreizehn Kindern einer Familie in Hueguetengango, eines Dorfes im Nordwesten des Landes, wandte er sich sehr früh dem Militär zu. Mit achtzehn Jahren trat er in die Armee ein, als einfacher Soldat. Dann besuchte er in der Hauptstadt die Militärakademie, die er 1950 abschloß. Noch in diesem Jahr wurde er nach Panama an die *Escuela de las Americas* geschickt, einem Trainingszentrum der USA für den militärischen Nachwuchs Lateinamerikas. Dieses

Zentrum erlangte negative Berühmtheit, da dort viele der späteren Militärdiktatoren ausgebildet worden sind: Manuel Noriega von Panama, der für den Tod von Erzbischof Oscar Arnulfo Romero von Teilen der Bevölkerung verantwortlich gemachte Roberto D'Aubuisson aus El Salvador sowie etwa ein Dutzend weiterer Diktatoren lernten hier die Grundlagen und die Praxis der Folter, der geheimen Exekutionen und anderer Methoden, die gegen Dissidenten, Regimekritiker und überhaupt gegen sogenannte Kommunisten in ganz Lateinamerika eingesetzt wurden. Rios Montt verwendete das in Panama erworbene Wissen, als er 1954 mithalf, Präsident Arbenz durch einen Putsch zu beseitigen. Nach seinem Scheitern als Präsidentschaftskandidat im Jahre 1972 verließ er samt Familie für zwei Jahre das Land und war dann bis 1976 als Militärattaché an der Guatemaltekischen Botschaft in Madrid tätig. Nach seiner Rückkehr aus Spanien, wo er aufgrund der politischen Frustration schwere Alkoholprobleme entwickelt haben soll, trat er zwecks Läuterung der populären evangelikalen amerikanischen Sekte bei, die ihn schließlich ins Präsidentenamt hievte.«

Es begann eine Politik der verbrannten Erde. Alles und alle sollten vernichtet werden. Man wollte ihre Häuser verbrennen, ihren Mais niederbrennen, ihre Habseligkeiten verbrennen, ihre Tiere verbrennen, sie verbrennen, alles verbrennen. Wie eine Epidemie breitete sich diese schreckliche Seuche der Mordlust über das Land aus, und die Welt schaute zu, vor allem die USA schauten zu. Es gab einen generalstabsmäßig ausgearbeiteten Plan. Ich hatte einmal für einen Moment Gelegenheit, in dieses Strategiepapier Einsicht zu nehmen. Da war von einer großflächigen Einladung an alle unter der Dachorganisation *El Verbo* arbeitenden Sekten in den USA die Rede, nach Guatemala zu kommen und hier unter den Katholiken zu »missionieren«. Es gehe darum, so hieß es, den Armen zu helfen, (und in direkter Verknüpfung) »damit die Bodenschätze« – und dann wurden sie aufgezählt, was ich mir in der Schnelligkeit allerdings weder notieren noch merken konnte – »und das Erdöl nicht in die Hände der linken Subversion fallen«. An dem tiefgläubigen guatemaltekischen Volk sollte also zum Wohle ausländischer Konzerne ein Exempel statuiert werden, das man bei Bewährung auch in anderen lateinamerikanischen Staaten anwenden konnte.

Was war geschehen? Nach dem Zweiten Vatikanischen Konzil, hatten große Teile der katholischen Kirche die Seite gewechselt, sie hatte sich von den Reichen und Mächtigen abgewandt und sich auf die Seite Jesu, auf die Seite der Armen geschlagen. Die Armen erfuhren so, daß ihre schlechte, bedrohte Lebenssituation nicht von Gott gewolltes Schicksal war, sondern von den ausbeuterischen Strukturen der einheimischen Oligarchien und der ausländischen Konzerne verursacht worden ist. Die Menschen begannen, sich in Kooperativen und Gewerkschaften zu informieren, zu organisieren, sich in Teilen auch der seit Jahrzehnten in den Bergdörfern verschanzten linken Guerilla anzuschließen und in allen Bereichen aufzumucken. Das konnte auf die Dauer natürlich den Geschäften schaden, die Profite schmälern, die man den Armen abpreßte.

Also galt es zu handeln, der katholischen Kirche das Wasser abzugraben, die evangelikalen Gruppen zu stärken und Guatemala zum ersten »pais dos evangelicos« zu machen.

Und es begann das Morden.

Mit zitternder Stimme erzählte Juana an diesem linden Abend über der Stadt aus ihren bitteren Erinnerungen: »Wir alle, vor allem wir Katholiken, standen samt und sonders unter dem Verdacht, kommunistische Guerillas zu sein, was natürlich ein absoluter Unfug war, wie das folgende Beispiel zeigt: Das Dorf Agua Fria ist ein Dorf der Quichées und liegt zwischen Uspadan und den Vera Paces. Die Menschen in diesem bitterarmen Dorf in den Bergen hatten nichts mit Politik zu tun. Sie lebten ganz ruhig und friedlich. An jenem Tag um fünf Uhr früh rückte das Heer heran, in drei Etappen, Kreise um das Dorf ziehend. Die Leute wurden aus ihren Hütten und Häusern geholt. Alle Menschen wurden am Dorfplatz, dort wo die Schule war, zusammengetrieben. Den Frauen wurden die Kinder, die sie an der Hand hielten oder in den Armen hatten, weggerissen. Alle Kinder wurden in die Schule gebracht. Es war ein bescheidenes Gebäude aus Holz. Dann nagelten sie die Türe zu, legten Feuer und ließen die Kinder vor den Augen und Ohren der Eltern und Verwandten bei lebendigem Leib verbrennen. Die verzweifelten Menschen erstarrten im Schmerz oder sie begannen in wilder Panik zu flüchten. Alle wurden niedergemetzelt, keiner ist entkommen. – Ein einziger

Mann überlebte, weil er schon vor Anbruch des Tages aufgebrochen war, um in den Bergen nach seinem entlaufenen Pferd zu suchen. Als er zurückkam, fand er sie alle, alle tot, hingeschlachtet und das Dorf verwüstet.« Juana, der die Schweißtropfen auf der Stirn standen und deren dunkle Haut plötzlich fahl und irgendwie grau wirkte, verfiel für eine Weile in tiefes Schweigen.

In den Jahren 1982 und 1983, als die Verfolgungen ihrer Höhepunkt erreichten, sind in Guatemala 444 Dörfer von der Landkarte verschwunden, aber es sind nicht nur diese Dörfer verschwunden, sondern es wurden zwischen 1982 bis 1990 nicht weniger als 320 einheimische Völker systematisch ausgerottet, dazu gab es mehr als 60.000 Ermordete und eine Million Vertriebene im eigenen Land. Viele von ihnen starben an Hunger, weil nicht mehr gesät und geerntet werden konnte. Und die Menschen, die sich auf der Flucht in den Bergen befanden, so wie Juana Vasquez auch, hatten nur geringe Überlebenschancen. Es waren die Jahre des Blutes, die Jahre des Hungers, aber auch die Jahre der Propheten, wie ich später erfahren sollte.

Das unermeßliche Leid der indigenen Bevölkerung hatte etwas bewirkt, womit der Diktator, ebenso wie seine Gönner und Handlanger, nicht gerechnet hatten. Es hatte die Menschen nicht nur zusammengeschweißt, ihre Solidarität über alle ethnischen und religiösen Grenzen hinweg gestärkt, sondern auch dazu geführt, daß sie sich ihrer schon verloren geglaubten Identität, ihrer Wurzeln, ihrer kulturellen Traditionen erinnerten, die ihre Widerstandskraft stärkten und ihnen auch den Mut verliehen, darüber zu reden.

Präsident Efrain Rios Montt hatte sein Soll überzogen. Und wie das immer so ist mit den USA, die ja Diktatoren jeglicher Couleur und Machart solange nicht nur gewähren lassen, sondern auch unterstützen, solange es ihren Interessen dient, kann es dann ganz schnell gehen, wenn diese Interessen gefährdet sind, und wenn die Zusammenhänge zwischen ihnen und den Untaten einer solchen Figur zu offenkundig werden und in die Schlagzeilen oder die Hauptabendprogramme von TV-Stationen geraten. So erging es auch Rios Montt. Eines Tages war er weg vom Fenster, von Offizieren seines eigenen »Ejército« nicht wirklich, aber halt so ein bißchen weggeputscht, das heißt, einfach aus der ersten, angreifbaren Reihe herausgenommen. Die Menschen in Guatemala atmeten auf, die einen mehr, die anderen weniger, denn es gab auch genügend jener, die Grund genug hatten, Rache zu fürchten. Keine Sorge, die Armee war ja unangetastet geblieben. Die war so schön grau, so schön anonym hinter den Mauern ihrer Kasernen, hinter den blinden Fenstern ihrer Bankzentralen. Da konnte den Oligarchen, den Reichen und Mächtigen im Land nicht allzu viel passieren. Übrigens, aber das nur am Rande: Die Beziehungen zwischen dem »Ejército« und dem Militärapparat und wohl auch anderen gesellschaftlichen Bereichen der USA sind bis heute lebendig. Jedenfalls werden die Spezialeinheiten der guatemaltekischen Armee nach wie vor in der berüchtigten *Escuela de las Americas* in Panama trainiert und sind inzwischen zu einem florierenden »Export-Artikel« für ganz Zentralamerika geworden. Wo immer bestens ausgebildete Killer und Folterer gebraucht wurden, um revoltierende Minderheiten zur Räson zu bringen, waren sie mit Rat und Tat zur Stelle – wie zum Beispiel in Chiapas, dem südlichsten Bundesstaat Mexikos. Und außerdem ist Efrain Rios Montt ja nicht wirklich weg. Die Fäden der Macht hat er nie aus der Hand gelassen. Seine sozusagen demokratisch gewählten Nachfolger in der regierenden rechtsextremen Republikanischen Front Guatemalas (FRG) waren seine Marionetten, und daher hat sich auch an der politischen Verfolgung Andersdenkender nichts geändert.

Aber lassen wir diese Sache einmal beiseite.

Am Tag vor meinem Treffen mit Madre Juana hatte ich Gelegenheit zu einem Treffen mit einigen Menschen des immer noch armen, immer noch marginalisierten, aber innerlich wieder erstarkten indigenen Volkes. Der ganz seltene Anlaß: eine Maya-Zeremonie am Tag der »Pacha Mama«, der Mutter Erde, der im September gefeiert wird.

Während vor mir das heilige Feuer prasselte und Gebete von dunklen Lippen perlten, gerieten die Bilder der Fahrt von Guatemala Ciudad nach Iximche langsam in den Hintergrund. Es waren etwa 80 Kilometer auf einer ziemlich gut ausgebauten Landstraße in westlicher Richtung. Es war hoher Mittag und ziemlich heiß. Das altersschwache Kleinbus war mit Frauen, Müttern, Großmüttern und Kindern mehr als bis auf den letzten Platz besetzt. Trotz der Enge und der Hitze eine Atmosphäre der Ruhe, leise, geflüsterte Gespräche und über lange Strecken Schweigen, auch von den Kindern kein lauter Ton. Diese Menschen, so mein Eindruck, hatten sich schon während der Fahrt, trotz des dichten und hektischen Verkehrs auf eine für sie wichtige Sache vorbereitet. Unterschiedliche Landschaften waren vorbeigekrochen, welliges Hügelland, fern aufragende Berge, kleine, die Hänge hinauf kletternde Felder mit Mais, Bohnen, Gemüse und Kräutern. Baumgruppen dazwischen und buschgeränderte schmale Wasserläufe. – Eine kleine Stadt oder ein größeres Dorf hatte uns von Zeit zu Zeit mit lärmendem Markttreiben empfangen, bunt und lebendig. Dann, irgendwann in einem solchen Dorf, waren wir von der Hauptstraße abgebogen. Der Asphaltbelag wurde von Staub, Steinen und tiefen Schlaglöchern abgelöst. Nur im Schrittempo ging es weiter und einen durch große Erdbewegungen schwerverletzten Hügel entlang. – Vor zehn Jahren hatte man hier irgendwelche Dammbauten beschlossen, aber nie zu Ende geführt. Die tiefen Raupenspuren sind inzwischen wie versteinert. Der Wagen plagte sich mit der letzten Steigung, da die Räder kaum noch Halt fanden.

Plötzlich lag ein Wäldchen vor uns. Wir stellten das Auto am Rande ab, kletterten ziemlich verbogen ins Freie, gingen über eine Wiese, dann durch einige Kiefern-Reihen und standen mit einem Mal wie auf einer Insel, erfüllt von namenloser, hörbarer Stille. – Baumgesäumt eine samtgrüne Weite. Jedes Gespräch verstummte, und alle bewegten sich ganz von selber, vorsichtig, bedächtig, ehrfurchtsvoll, wie in einem heiligen Raum. Und es war ein heiliger Raum, Ausgrabungen einer uralten Maya-Stadt, von Gras überwachsenen Mauern, Gängen, Straßen und Plätzen und Resten von aufsteigenden Pyramiden, Tempelbauten – Iximche. Etwa eine Stunde warteten wir hier in der Stille auf den nächsten Bus mit den Männern, mit den Priestern und Musikern. Inzwischen saßen die Frauen, die jungen und alten Frauen und die Kinder alleine oder in kleinen Gruppen zusammen. Ihre Gesichter, ihre bunten Trachten waren wie weiche Bilder aus sehr fernen Zeiten.

Bewegung kam in das idyllische Bild erst durch die Ankunft der anderen, der Priester, der Musiker vor allem, denen wir dann durch ein weiteres Wäldchen zu einer Lichtung folgten. Für mich war es faszinierend, den Vorbereitungen zuzuschauen. Alles sehr fremd, aber von einer bestechenden und berührenden Würde getragen, in jeder Bewegung. Endlich loderte das Feuer auf, genährt von verschiedensten Ästen, dazwischen kleine Kuchen, Kugeln, dunkle Münzblättchen, aus verschiedenen Kräutern und Gewürzen gefertigt, und den immer wieder in die Flammen gestreuten Zucker.

Dann der Beginn der Zeremonie. Die Frauen und Männer, die um das Feuer saßen, sprachen den fünf Priesterinnen und Priestern für meine Ohren ungewohnte und ebenso unverständliche Gebetsformeln nach. Eine dichte Atmosphäre geistlicher und menschlicher Verbundenheit war hier entstanden und hatte in kurzer Zeit alles Trennende und Fremde weggeschmolzen, so daß ich plötzlich das Gefühl hatte, Teil des Geschehens zu sein, dazuzugehören.

Gleich nach den einleitenden Gebeten hatte einer der Priester die Farben der Kerzen erklärt, die an vier Punkten außerhalb des Kreisen aus roten und gelben Blüten in den weichen Waldboden gesteckt worden waren: Die rote Kerze versinnbildlicht die Stärke, die Kraft des Schöpfers, sie steht im Osten des Kreises. Die schwarze Kerze steht für die Dunkelheit, das Chaos, die Verwirrung und so als Sinnbild der Nacht im Westen. Das Gelb bezeichnet das menschliche Leben, das von den Ahnen herauf wächst in unsere Zeit, es ist die Kerze im Süden. Im Norden steht die weiße Kerze und bezeichnet den Tod des Individuums, zeigt, daß wir alle um unsere Vergänglichkeit wissen und darum, daß der Tod Teil des Lebens ist.

Dann wies der kleine, zierliche Mann mit den hohen Backenknochen in einem kantigen Gesicht, das ein graues, am Hinterknopf verknotetes Kopftuch umschloß, auf die beiden Kerzen in der Mitte des Blütenkreises hin: »Die grüne Kerze ist Sinnbild der Schöpfung, der Natur, und das Blau, die Farbe des Himmels, des Geistes, der alles belebt.« Grün also die Farbe der Materie und blau jene der spirituellen Kräfte.

Während der Maya-Priester immer wieder Zucker in das Rund schüttete und uns erklärte, daß der Zucker ein Zeichen dafür sein soll, daß diese Zeremonie süß, angenehm, erbauend und befreiend für alle werden möge, schweiften meine Blicke über die erhellten Gesichter der Teilnehmerinnen und Teilnehmer, durch die Bank praktizierende Katholiken, die sich auch zwischendurch immer wieder bekreuzigten, wenn sie in einer Art Sühnezeremonie – unserem Kyrie nicht unähnlich – alles Schwere, alles Dunkle, alles Verstörende hier vor ihren Schöpfer trugen. Auch ich hatte in diesen Stunden des Gebetes, der Meditation und erfüllten Stille nicht ein einziges Mal das Gefühl, daß das hier mit meinem christlichen Glauben in Widerstreit geraten könnte.

Lange Jahre hatten sie so nicht miteinander feiern können, ohne daß das die Soldaten, die Polizei oder sonstige Häscher auf den Plan gerufen hätte. Ihre Priester hätten, wie das so oft geschehen ist, mit durchschnittener Kehle geendet. Umso überraschender der tiefe Friede, die Gelassenheit, die Hingabe und die sich in allem ausdrückende Lebensfreude, die die Menschen in dieser betenden Runde um das Feuer zu erfüllen schien.

Die Gesichter von zwei Menschen, einer Frau und einem Mann, stachen für mich hier besonders heraus, denn in Gesprächen, die ich in den letzten Tagen geführt hatte, hatte ich einiges von ihrem Leben erfahren dürfen.

Mein alter Freund und Gastgeber Werner Römich, ein sehr engagierter österreichischer Lehrer, hatte mich mit Lucia Mendoza und Francisco Gomez zusammengebracht, denen ich dann auch die Einladung zu dieser Zeremonie zu verdanken hatte.

Lucia Mendoza traf ich in einem Haus an einer der lärmenden und von Gestank erfüllten Straße der Hauptstadt. Der Straßenlärm im kleinen, engen Büro der Vereinigung der »Witwen Guatemalas« war so arg, daß wir uns in einen, mit Matratzen und allem möglichen Krimskrams vollgestopften Raum hinter der Dachterrasse flüchten mußten, um miteinander reden zu können. Der fast zahnlose Mund ließ sie viel älter erscheinen als ihre 36 Jahre. Diese Zahnlosigkeit hatte, wie ich erfahren habe, auch nichts mit dem Alter zu tun, sondern mit der in diesem Land herrschenden Gewalt. Ihre damals sicher kräftigen und blendend weißen Zähne sind einem Stiefeltritt in den achtziger Jahren zum Opfer gefallen, und es waren nicht nur die Zähne.

Es gab in diesen Jahren und es gibt sie auch heute noch »Die Mütter der Welt«, die »Schwestern der Bäume« in Indien, die »Großmütter der Plaza de Mayo« in Argentinien und eben auch die »Witwen von Guatemala«. Allen diesen Frauenvereinigungen war und ist gemeinsam, daß sie für eine bessere Zukunft, für Frieden durch Gerechtigkeit eintreten. Ich fragte Lucia nach dem Grund, warum sich in Guatemala gerade die Witwen zusammengeschlossen haben. Ihre völlig unsentimentale und sachliche Antwort: »Weil wir etwas gemeinsam haben, nämlich unser Leid. Es sind etwa 50.000 von 80.000 Witwen, die hier zusammen arbeiten. Was uns eint ist die Tatsache, daß unsere Männer, die Väter unserer Kinder, in den achtziger Jahren verschleppt oder getötet worden sind, und wir in diesem Land, in dem wir als indigene Frauen keinerlei Rechte haben, nur dann eine Überlebenschance haben, wenn wir uns zusammentun.« Und dann erzählte sie ihren Fall: »Ich selber wurde im Jahre 1982 zur Witwe gemacht. Mein Mann arbeitete auf dem Feld. Wir hatten ein winziges Feld, vielleicht 100 Quadratmeter, auf dem wir Mais angebaut hatten. Die Nachbarn, die Augenzeugen geworden waren, haben mir später erzählt, es habe plötzlich ein Militärfahrzeug am Feldrand gehalten, vier Soldaten seien herausgesprungen, hätten meinem Mann die Harke aus der Hand geschlagen und ihn mitgenommen – auf Nimmerwiedersehen. Ich weiß bis heute nicht, was mit ihm geschehen ist, ich weiß nicht, ob sie ihn getötet, oder ihn einfach irgendwo aus dem Auto geworfen haben. Ich weiß überhaupt nichts von ihm, und ich konnte ja nicht einmal versuchen, ihn zu finden, das hätte mein eigenes Leben in Gefahr gebracht, und ich hatte ja immerhin für vier kleine Kinder zu sorgen.« Nach einer Weile fügte Lucia tonlos hinzu: »Das war aber nicht alles. Ich habe in diesen Jahren auch meinen Vater, meinen Bruder und meine Schwester verloren. Den Vater und die Schwester haben sie vor ihrem Haus erschossen und meinen Bruder wie meinen Mann verschleppt.«

Aus diesen traumatischen Erfahrungen von vielen Frauen wuchsen langsam kleine Nachbarschaftsgruppen, deren Mitglieder einander halfen, das tägliche Leben zu bestehen, gemeinsam die kleinen Gärten und Felder zu bestellen, jede für sich hätte das niemals geschafft. Das lief eigentlich in allen Dörfern so, wie die solidarische Maya-Tradition es überliefert hatte. Dann haben sie einander über die Dörfer hinaus kennengelernt, andere haben einander als Arbeiterinnen auf den großen Fincas, den riesigen Plantagen am Pazifik getroffen, wieder andere über ihre Pfarren und kirchliche Schulungen, andere in der Stadt über den gemeinsamen Arbeitsplatz. So ist irgendwie ein Netz entstanden, das das ganze Land überzog. Und als sie dann erfahren haben, daß die Regierung viel Geld für die Witwen bekommen habe, von dem sie aber nicht einmal ein Centavo erreicht hat, schlossen sie sich zusammen, begannen Briefe zu schreiben und Anträge zu stellen. So hat eines ins andere gegriffen, und es ist eine Organisation entstanden, die natürlich, weil unangenehm, auch immer bedroht ist, aber nicht mehr so leicht übergangen werden kann.

Den anderen mir in der Gebetsrunde im Wäldchen von Iximché bekannten Menschen, Francisco Gomez, hatte ich unmittelbar nach Lucia getroffen. Dieses »unmittelbar« bedeutete allerdings eine schier endlose Fahrt durch die verstopften, stinkenden Straßen der Hauptstadt. Dann fanden wir ihn im Büro der CUC, einer immer noch verfolgten, aber langsam an Einfluß gewinnenden Landarbeitergewerkschaft. Das »Büro« war nichts weiter als ein Verschlag im Hinterhof eines an sich schon schäbigen Hauses. Der Lebensweg dieses zierlichen, sanften Mannes, der damals wohl etwa Mitte Vierzig gewesen sein dürfte, war ein Musterbeispiel für das schwierige Schicksal eines Indios, er war aber auch ein Beispiel für ihre Lebenskraft und ihren Kampfgeist, der vor allem in den Jahren der Diktatur von Rios Montt neu erstarkt war.

Seine Mutter war eine Indigena aus dem schon fast ausgerotteten Volk der Tschuch. Sie hatte in ihrer Jugend als Lohnsklavin auf einer der Fincas am Pazifik gearbeitet. Dort war sie eines Nachts überfallen und vergewaltigt worden. Sie hatte in der Dunkelheit nicht einmal das Gesicht des Mannes erkennen können, außerdem hatte ihr der Kerl dann noch den Rock übers Gesicht geworfen. Hätte er nichts tags darauf vor den Kollegen mit seinem nächtlichen »Spaß« geprahlt, sie hätte nicht erfahren, daß es einer der mächtigen und brutalen Vorarbeiter gewesen war, ein Latino, der ihr Gewalt angetan hatte. Als es ruchbar wurde, daß das für das Mädchen furchtbare Geschehen nicht ohne Folgen geblieben war, wurde sie sofort entlassen und stand ohne einen Centavo in der Tasche auf der Straße. Nach Hause, zu ihrer Familie zurückzukehren wagte sie nicht, weil sie den Eltern die Schande ersparen wollte, und so brachte sie sich und dann auch noch das Kind mit den Arbeiten durch, die den Ärmsten vorbehalten bleiben. Für sie war dies noch besonders schwierig, denn sie hatte weder Schreiben, noch Lesen, noch ein Wort Spanisch gelernt. Auch Francisco hatte bereits mit acht Jahren zu arbeiten anfangen müssen, um der Mutter zu helfen: »Wir haben wirklich Armut und Elend erlebt und wir haben gehungert. Auch ich bin nicht einen einzigen Tag zur Schule gegangen. Ich weiß nicht, wie oft wir in die Situation geraten sind, daß wir absolut nichts mehr hatten und bei den Nachbarn oder auch einfach auf der Straße betteln mußten, um nicht zu verhungern. Es war wirklich schlimm für mich, aber um wie viel schlimmer muß es erst für meine Mutter gewesen sein? Sie hat nie geklagt, hat nie die Hoffnung auf eine bessere Zukunft aufgegeben und ist an ihrem Glauben niemals irre geworden«, erzählte Francisco in die Dunkelheit des Bretterverschlages hinein.

Die Gemeinde, in der sie damals mehr vegetierten als lebten, holte Francisco nicht erst mit 18 Jahren, wie es normalerweise üblich ist, sondern schon mit 14. Er hatte ja keinerlei Papiere, die sein Alter bestätigt hätten. Vier Jahre mußte er für die Weißen in der Gemeinde arbeiten. Erst dann haben sie ihm Papiere gegeben, die bescheinigten, daß er Guatemalteke ist. Franciscos bitterer Kommentar: »Wenn du arm bist und dazu noch Indio, hast du in diesem Land keinerlei Rechte.«

Um ein Stück Land kaufen zu können, mußte auch er, wie damals seine Mutter, an die Küste gehen, um sich bei einem der US-amerikanischen Plantagenbesitzer zu verdingen. Er hatte gehofft, sich bei der Kaffee- oder Baumwollernte oder beim Zuckerrohrschneiden ein bißchen Geld zu verdienen, um die Mutter und sich für die Zukunft ein wenig absichern zu können: »Dort habe ich die Ausbeutung erst richtig kennengelernt. Für 100 Pfund Baumwolle hat man uns 75 Centavos, also nicht einmal einen Quetzal bezahlt. Beim Unterschreiben des Arbeitsvertrages hatte man mir und den anderen Arbeitern versprochen, daß man uns Essen und Unterkünfte als Teil des Lohnes zur Verfügung stellen würde. Die Unterkünfte, das waren schäbige Unterstände, in die es hineingeregnet hat, und für die wirklich schlechten Mahlzeiten mußten wir auch noch bezahlen. – Als ich geschunden und ausgehungert in unser Dorf zurückkam, hatte ich kaum mehr als vorher, dazu war meine Mutter schwer krank geworden. Kein Geld für Arzt oder Medikamente. Also brachte ich sie ins öffentliche Spital in die nächste Stadt. Da ich meine Mutter nicht alleinelassen wollte und auch kein Geld für die Rückfahrt mit dem Bus hatte, verdingte ich mich im Krankenhaus und arbeitete nur fürs Essen. Nach sechs Monaten sagte man mir, daß meine Mutter jetzt geheilt sei und ich sie wieder nach Hause mitnehmen könnte. Das war aber nicht wahr, sie haben nur das Bett für jemanden Wichtigeren gebraucht.«

Francisco Gomez mußte zum Militär und verstand bald, daß das einzige, was ihm die in der *Escuela de las Americas* in Panama trainierten Ausbildner beibringen wollten, die Mißachtung des eigenen Volkes ist. Er lehnte sich dagegen auf und hatte eine harte Zeit zu durchleiden. Zwei Jahre nach dem Ende dieser Schreckenszeit fand er in der katholischen Basisgemeinde eine junge Indigena, die bereit war, ihn trotz seiner Armut und seiner immer noch kranken Mutter zu heiraten. Die Mutter war in guten Händen, ein Kind wurde geboren und zum ersten Mal in seinem Leben gab es einen hoffnungsvollen Ausblick auf ein Projekt der Katholischen Kirche in Ischkan, dem sich die junge Familie anschließen wollte.

»1972 haben wir dort eine Parzelle bekommen und sofort begonnen, uns gemeinsam mit anderen in einer Kooperative zu organisieren. Am Anfang waren es fünf solcher Kooperativen, und wenig später hat man mich dann dazu ausersehen, eine Ausbildung zu machen und den Menschen als Katechist zu dienen und das Wort Gottes zu verkünden. Endlich, spät aber doch, lernte ich Schreiben, Lesen und was sonst noch nötig war, um für die Arbeit im Weinberg des Herrn tauglich zu sein.«

In diesen fünf Kooperativen waren nach und nach 14.000 Familien organisiert. Man arbeitete intensiv und solidarisch, also waren auch bald Fortschritte zu verzeichnen. Es war fruchtbares Land. Kaffee, Kardamom, Kakao, Pfeffer, Paprika, Bohnen, Mais – alles gedieh hier gut. Man baute eine kleine Schule, eine medizinische Station, ein paar kleine Läden und letztlich sogar eine Landepiste für ein kleines Flugzeug, das regelmäßig die Produkte holte und auf den Markt der nächsten Stadt brachte und das anlieferte, was die Menschen zum Leben brauchten. Zum ersten Mal im Leben des Francisco Gomez sah es so aus, als würde sich alles zum Besseren wenden. Was die fleißigen Leutchen allerdings nicht mitbekommen hatten, weil sie ja trotz allem ziemlich isoliert und von der Außenwelt abgeschnitten lebten, war die Tatsache, daß ihr Erfolg Neid erregt hatte. Indigenas haben keinen Erfolg zu haben.

Francisco schrieb in diesem immer dunkler werdenden Verschlag erzählend die Geschichte weiter: »Am 22. November 1977 wurde unser Pfarrer ermordet. Wir waren überzeugt: vom ›Ejército‹. Es kamen immer mehr Soldaten. Alle Gemeindemitglieder wurden verhört. Es tauchten verstärkt Gerüchte auf, die Guerilla hätte die Tat begangen. Das war natürlich nicht wahr. Sie brauchten nur eine Ausrede, um uns drangsalieren zu können. Dann, und das war natürlich besonders verdächtig, boten sie uns Hilfe an und sagten, sie würden eine Straße bauen, damit wir unsere Produkte leichter zum Markt bringen könnten. Die Wahrheit hinter dem Angebot war allerdings, daß sie uns zu vertreiben gedachten, um einer US-amerikanischen Ölgesellschaft den Weg zu ebnen, in unserer Gegend zu bohren. Diese Leute sind dann auch gekommen. Mit großen Fahrzeugen und Traktoren haben sie alle unsere Felder zerstört, die Kaffee-Plantagen, den Kardamom, die Maisfelder, unsere Läden, unsere kleine Kirche und auch unsere Häuser. Sie haben von Schadenersatz gesprochen, aber wir haben nie auch nur einen Centavo gesehen, so wenig wie die Witwen.

Aber wir haben uns nicht einschüchtern lassen. Wir haben den Kampf aufgenommen, unsere Besitzurkunden eingeklagt, sind von Behörde zu Behörde gegangen und haben in unserem Eifer nicht bemerkt, daß die Machthaber in der Zwischenzeit eine generalstabsmäßig geplante Auslöschung unserer Völker und den mit uns und den anderen Armen des Landes solidarischen Teil des katholischen Klerus vorbereitet hatten.

Sie haben unsere Ansiedlungen bombardiert. Im März 1982 haben sie in einem Dorf 350 Menschen massakriert und dann Ende des Monats 27 Familien in der Kooperative Shalwal getötet, alle, vom Kind bis zum Greis. Am 18. Mai waren es in Pieras blancas sogar 105 Familien, die sie einfach ausgelöscht haben, und am 1. Juni haben sie dann alles niedergebrannt mit Bomben und Granaten. Es blieb uns nur noch die Flucht in die Berge.«

Das alles geht mir während dieser frommen Zeremonie in Iximche durch den Kopf. Solche Bilder bringt man nicht so schnell weg. Meine Gedanken gehen fremd, während die Priester und Priesterinnen im jetzt hoch auflodernden Schein des heiligen Feuers mit den rundum sitzenden Frauen, Männern und Kindern beten und zu ihren Ahnen in mir unverständlichen Sprachen reden. Wenn ich in die Gesichter in der Runde schaue, meine ich trotz all der Innigkeit, trotz der tiefen Andacht, trotz des Friedens, der das alles umfangen zu halten scheint, die tiefen Kerben zu entdecken, die der Schmerz, die Entbehrung gegraben haben.

Und da spricht dann diese Frau, die mir gegenüber sitzt, eine der Priesterinnen, Gott an und bittet, daß er ihren Schwestern und Brüdern, den Maya-Völkern die Kraft geben möge, allen zu verzeihen, die ihnen Böses getan haben und allen, den Herrschenden im Land und den Menschen in den USA und in Europa eine geschwisterliche Hand zu reichen, denn so allein könne das Ziel der Geschichte, Frieden und Versöhnung erreicht werden: »Nur wenn wir alle einander achten, bleibt die Würde jedes einzelnen gewahrt, und das ist wichtiger als alles Geld und Gold der Welt«, sagt sie hinein in den goldenen Lichtschein, der uns jetzt alle umgibt und irgendwie verzaubert.

In diesen Septembertagen des Jahres 1991 wurde ich auch Zeugin eines Ereignisses der besonderen Art, das sehr viel über die schlimmen Zustände aber auch über das Hoffnungspotential im Land des Quetzal aussagte. Ich war mitten drin in einem nicht enden wollenden Demonstrationszug, der völlig geordnet und friedlich, sich nur in skandierten Rufen nach Recht und Gerechtigkeit, nach einem Leben in Würde und Frieden artikulierend, dahinzog: Gedenken an die bekannte junge Anthropologin Myrna Mac, die genau ein Jahr zuvor am hellichten Tag in einer belebten Straße eben dieser Innenstadt mit 36 Messerstichen niedergemetzelt worden war. Zu ihrem ersten Todestag hatten die Eltern der jungen Wissenschaftlerin per Zeitungsinserat zu einer Totenmesse geladen. Zwei Stunden vor Beginn des Requiems hatten sich Mitglieder zahlreicher Organisationen, Indiogruppen und auch Mitglieder verschiedener politischer Gruppierungen in der 12 Avenida 12 Calle, Zona 1 vor jenem Haus versammelt, vor dem das Verbrechen geschehen und Myrna Mac verblutet ist. Nach verschiedenen Reden, in denen die Verdienste der jungen Frau gewürdigt worden waren, nach Gebeten und Gesängen, hatte sich der von Straße zu Straße anwachsende Zug, angeführt von vier katholischen Bischöfen, in Richtung Kathedrale in Bewegung gesetzt.

Myrna Mac hatte vor allem soziologische Studien betrieben, ein Forschungsgebiet vorangetrieben, das vor ihr in Guatemala kaum beachtet worden ist und von dem man nach ihrer Ermordung sehen konnte, wie gefährlich es ist, sich um die Situation der Witwen, der Flüchtlinge, der Waisen, der Menschen in den sogenannten Widerstandsdörfern in den Bergen zu kümmern, und zwar nicht theoretisch am Schreibtisch, sondern konkret vor Ort. Sie war von Dorf zu Dorf gezogen, auch in den Bergen. Sie hatte sich, wenn nötig, einen Hubschrauber gemietet oder ein Auto, um wirklich überall hinzukommen. Sie hätte leicht im Ausland arbeiten können, hatte als international anerkannte Wissenschaftlerin trotz ihrer Jugend immer wieder Angebote bekommen. Sie war geblieben, obwohl sie wußte, daß ihr Leben in Gefahr war.

Ihr gewaltsamer Tod hatte einen erstaunlichen Effekt ausgelöst. Sie war sicher die erste Guatemaltekin, für die seit ihrem Tod immer wieder Zeitungsannoncen erschienen, in denen gefordert wurde, daß mit der Straflosigkeit im Land endlich Schluß sein muß. Bis dahin hatte es nur Proteste gegeben, wenn Ausländer ermordet worden waren. Aber daß ausländische Universitäten und Akademien im ersten Jahr über achtzigmal Protestinserate in guatemaltekischen Zeitungen schalten ließen, war schon beachtlich. Sie hatten dafür gesorgt, daß die Geschichte nicht zur Ruhe gekommen ist, wie das die Hintermänner des Verbrechens wohl gerne gesehen hätten. Außergewöhnlich war auch, daß der Vorsitzende der guatemaltekischen Bischofskonferenz, gemeinsam mit drei Bischöfen, nicht nur einen Demonstrationszug anführte, sondern in der Kathedrale auch die feierliche Messe zelebrierte. Das hatte es vorher nicht einmal für einen ermordeten Priester gegeben.

Nur wenige Wochen vor dem Jahrestag hatte es in der Innenstadt, diesmal auf der Plaza Concordia, ein neues Verbrechen im Zusammenhang mit Myrna Mac gegeben. Ein hochrangiger Kriminalbeamter hatte verlauten lassen, er werde, falls es zu einem Prozeß kommen sollte, zu einer Aussage über die Täterschaft bereit sein. Diese Bemerkung hat der Offizier nur wenige Tage überlebt. Auf der Plaza, unmittelbar vor seinem Amtsgebäude, wurde er während der Mittagspause in einem kleinen Park von einer Kugel niedergestreckt, hingerichtet könnte man sagen. Im Vergleich zu Myrna ein nahezu menschenwürdiges Ende. Aber so ist das hier üblich, wurde mir erzählt: Männer werden hingerichtet und Frauen geschlachtet. Das sind die machistischen Feinheiten des politischen Verbrechens.

Auf der Plaza Concordia hielt der Zug inne und Bischof Alvaro Leonel Ramazzini ergriff das Wort: »Wir befinden uns in der Eklipse, in Dunkelheit, im Nächtlichen. Manchmal erscheint mir das Land wie von hohen abwehrenden Mauern durchzogen und zerteilt, so daß wir einander nicht sehen, nicht erkennen können. Die Dunkelheit, wie diese Mauern sind für mich ein Zeichen des Grundübels, des Bösen, der Ungerechtigkeit, der Straflosigkeit für politische Verbrechen, sie sind Ausdrucksformen der bekannten wie der unbekannten Kräfte, die in unserem Land immer wieder Menschenleben auslöschen und ein Klima der Gewalt und der Unsicherheit wach halten, das dieses Land noch ins Chaos stürzen wird. Dabei hat dieses Volk schon genug gelitten. Dieses Volk sehnt sich nach Gerechtigkeit und Frieden, sehnt sich nach einer Gesellschaft, in der jeder jeden respektiert, und hat genug von denen, die alle Hoffnungen immer wieder zunichte zu machen suchen.«

Die Kathedrale schließlich war bis auf den letzten Platz gefüllt und weit darüber hinaus. Dichtgedrängt auch die Menschen in den Gängen und vor den Toren. Bis auf wenige Ausnahmen, kaum ein weißes Gesicht, nein, ein Volk Gottes mit indianischem Antlitz, egal welche Glaubenssätze, welche Konfession in den einzelnen Köpfen und Herzen verankert sind. An diesem Tag sind sie ein Volk, gemeinsam auf dem Weg um zu trauern, aber auch um der Zukunft mit der für diese Menschen typischen Haltung einer jahrhundertelang eingeübten Trotzdem-Hoffnung entgegen zu gehen, mit einer Hoffnung, die vielleicht doch eines Tages die trennenden Mauern zum Einsturz bringen, die Dunkelheit aufhellen wird, die sich auch vor der Raffinesse oder der Brutalität der neuen Kolonisierungsmittel des Nordens nicht niederwerfen lassen wird. Da ist im gemeinsam ertragenen Leid zuviel gewachsen. Eine junge Indigena neben mir spricht das aus, was ich als Fremde nur undeutlich empfunden habe in diesen Stunden: »Weißt du«, sagt sie, »das heute, das ist so etwas wie ein Sieg. Das hat niemand erwartet, hat niemand erwarten können. Sie haben nicht erwartet, daß wir so geeint und so gelassen sind. Und wir konnten nicht erwarten, daß sie einmal nicht zur Gewalt greifen. Ich glaube, wir haben heute gewonnen und letztlich, du wirst sehen, die Geschichte steht auf unserer Seite.« – Da lag ein Strahlen über ihrem hübschen, dunklen Gesicht, und mir kam ein Satz in den Sinn, den ich vor einigen Tagen in Cobán, in der Hauptstadt der beiden Vera-Pazes, nordöstlich der Hauptstadt in den

Bergen gelegen, aus dem Mund von Bischof Raul Flores gehört hatte: »... und Gott wird in diesem Volk immer wieder geboren werden.« Bischof Flores, der in der Kathedrale einer der Zelebranten der Totenmesse für Myrna Mac gewesen war, hat während der Zeit der blutigen Verfolgung sein Leben nicht nur einmal in die Wagschale für ein ganzes Dorf geworfen. Sein Mut und seine Widerstandskraft hatten gesiegt, aber er konnte nicht überall sein, und so mußten in seiner Diözese, einem Lieblingsziel der Mörderbanden, mehr als 50 Prozent der Menschen flüchten, Land und Haus verlassen. Mehr als 100 Dörfer sind dem Erdboden gleichgemacht worden, und allein in einem einzigen Dorf, dem Weiler Rabinal, hatte die Kirche noch in den neunziger Jahren 1492 Witwen zu betreuen.

Myrna Mac, die junge Anthropologin, die für Stunden im Zentrum des Geschehens an diesem Septembertag gestanden hatte, war zwar ein Zeichen für die ungebrochene Macht des »Ejército«, und für die Tatsache, daß man einfach jeden beseitigen kann, der nicht ins neoliberale Webmuster paßt. Sie war aber auch ein Zeichen dafür, daß die Situation ungenauer, diffuser, chaotischer geworden war, denn früher war klar, wer gemordet hat. Heute ist es zwar auch klar, aber beweisen kann man es nicht mehr. Aber Myrna Mac war auch ein Zeichen dafür, daß die Rechnung des Diktators nicht aufgegangen war. Der Widerstand konnte nicht gebrochen werden, sondern war weiter gewachsen und reif geworden, weil er imstande war zu argumentieren und keine Waffen brauchte.

Beim weit geöffneten Tor der Kathedrale, die nur von Fackeln und Kerzen erhellt war, da punktgenau ein Stromausfall eintrat – um bei offensichtlich erwarteten Ausschreitungen der Polizei und dem Militär den Schutz der Dunkelheit zu gewähren? –, war die durchgehend spürbare Anspannung von den Menschen abgefallen. Es war alles ruhig verlaufen. Man hatte sich nicht provozieren lassen und selber nicht provoziert. Man hatte gesagt, was zu sagen war, aber man hatte keine Hand erhoben und keinen Stein geworfen und war in aller Ruhe wieder auseinandergegangen. Eine reife Leistung für ein geknechtetes Volk. Vielleicht ist es diese Kraft der Solidarität, die ihnen soviel Mut und Zuversicht gibt, oder es ist das Vertrauen auf die Propheziehungen ihrer heiligen Bücher, ihrer Propheten, die ja auch schon den Zusammenbruch des kommunistischen Systems präzise vorausgesagt haben. Jetzt erwarten sie zwar harte Zeiten, Zeiten des Chaos und der weiteren Verwirrung, einer zunehmenden Unregierbarkeit der Staaten und letztlich auch das endgültige Scheitern des westlichen Wirtschaftssystems, des kapitalistischen Imperiums (könnte da am Ende etwas Wahres dran sein?). Dahinter aber steht die Hoffnung auf eine Zeit, in der, wie es wörtlich heißt, der Frieden und die Gerechtigkeit triumphieren und die Demokratie auferstehen wird.

Um noch einen Moment auf die stille, abendliche Terrasse im Hause meiner Gastgeber auf dem Hügel über der Stadt und zu meinem Gespräch mit Juana Vasquez zurückzukehren, möchte ich einen Satz zitieren, der genau in diese Richtung zielt: »Ja, wir sind sicher, daß es nach dem Niedergang, nach dieser Zeit des Leidens und der Entwürdigung, eine Auferstehung geben, eine neue Welt geboren werden wird. Und darum ist auch das kontinentale Treffen der Indigenas, der Afroamerikaner und Mestizen, das für kommendes Jahr geplant ist, kein Zufall, sondern Teil eines historischen Augenblicks unserer Geschichte, in dem wir uns auf den Weg der Einheit machen. Diese Vereinigung der Völker wird nicht geschehen, um Rache zu nehmen, sondern im Gegenteil, um auszubrechen aus dem Teufelskreis von Gewalt, Macht und Herrschaft, Krieg und Unterdrückung. Es ist unsere Aufgabe, den Weg des Friedens und der Gerechtigkeit zu suchen, zum Wohle aller Menschen.«

* * *

Lassen wir die Visionen dieser wunderbaren Frau einmal so stehen in der Hoffnung, daß sie sich einmal erfüllen werden. Guatemala selbst ist bis heute nicht zur Ruhe gekommen, auch wenn sich manches verändert hat. Gerade die katholische Kirche und Menschenrechtsaktivisten haben sich in den neunziger Jahren große Verdienste in der Suche nach der Wahrheit über die Schreckenszeit erworben. Überall im Land schwärmten diese Leute aus, um die Verbrechen zu dokumentieren und die Schuldigen einer gerechten Strafe zuzuführen, denn das Volk litt zunehmend unter der manifesten Straflosigkeit für Mörder und Folterknechte, die Versöhnung und Neubeginn nicht zulassen wollte.

Im April 1998 trat der Leiter des Menschenrechtsbüros der Erzdiözese Guatemala, Weihbischof Juan José Gerardi, mit einem

3000 Seiten umfassenden Dokument an die Öffentlichkeit, das er der inzwischen eingerichteten »Wahrheitskommission« vorlegen wollte. Der Titel dieser Sammlung: »Guatemala – Nunca mas« (»Guatemala – nie mehr wieder«). Darin werden den Militärs 90 Prozent der begangenen oder vielmehr der dokumentierten Verbrechen angelastet. Zwei Tage nach der international besetzten Pressekonferenz, am 26. April, wird Bischof Juan José Gerardi vor seinem Haus, mit Steinen erschlagen, in seinem Blut liegend aufgefunden. An der Handschrift des »Ejército« zweifelte niemand. Die Täter wurden ausgeforscht, sind aber bis heute noch nicht rechtskräftig verurteilt.

Ein Jahr später veröffentlichte die »Wahrheitskommission« ihren Abschlußbericht, in dem festgestellt wurde, daß in der Zeit des Bürgerkrieges mindestens 200.000 Menschen getötet worden oder verschwunden sind. Dreiundneunzig Prozent der Verbrechen seien auf das Konto des Militärs und dessen paramilitärischer Verbände gegangen, drei Prozent auf das Konto der Guerilla. Mehr als 80 Prozent der Opfer waren Angehörige der indigenen Völker. Bischof Gerardis Recherchen waren damit ebenso bestätigt, wie der »Erfolg« des Fernsehaufrufs von General Rios Montt, der allerdings bis heute nicht von der politischen Landkarte Guatemalas verschwunden ist.

Um die Entwicklungen, von denen ich in diesem Kapitel an Hand von Einzelschicksalen erzählt habe, noch einmal zusammenzufassen und auf den heutigen Stand zu bringen, habe ich Dr. Michael Schaller aus Graz, einen Kenner Guatemalas, um einen Kommentar gebeten:

Demokratische Versuche im Hinterhof der USA

Lange Zeit wurde Zentralamerika als Hinterhof der USA bezeichnet, und so haben sie dort auch in politischer, wirtschaftlicher und politischer Hinsicht ordentlich umgeräumt, vor allem um die eigenen Interessen zu wahren. In den achtziger Jahren wurde Zentralamerika Schauplatz eines brutalen Stellvertreterkrieges zwischen den USA und der UdSSR, der immer auf Kosten der Bevölkerung geführt worden ist. Guatemala und El Salvador waren, so wie Honduras, fest in »amerikanischer Hand«, während Nicaragua von den »feindlichen« Sandinisten beherrscht war. Es war somit logisch, daß die USA Millionen Dollars vor allem militärisch investierten, bei den Verbündeten in deren militärische Ausstattung und in Nicaragua für die Aufrüstung der Contras gegen die herrschenden Sandinisten, die man vor allem auch wirtschaftlich in die Zange nahm. Ausgeblutete Länder waren die Folge, als die heiße Phase dieser Kriege nach dem Zusammenbruch der Sowjetunion endlich vorüber war.

Betrachtet man Zentralamerika Ende 2003, dann gehören die bewaffneten Konflikte zwischen Regierungen und der Guerilla der Vergangenheit an. Es gibt mehr oder weniger demokratisch gewählte Regierungen und den Versuch, die diversen Friedensverträge in die Tat umzusetzen. Guatemala ist dabei mit Sicherheit das Land, das in seinen Bemühungen um Frieden am wenigsten weit ist und erst etwa sieben bis zehn Prozent umgesetzt hat. Auch wenn der Friedensprozeß mit großen Hoffnungen der Menschen begonnen hat, geht er kaum voran.

Das hat, so meinen viele Leute und auch politische Experten, vor allem mit der Tatsache zu tun, daß General Efrain Rios Montt bis heute nicht von der Bildfläche verschwunden ist. 1990 hat er die Republikanische Front Guatemalas (FRG) gegründet, mit der er sich heftig ins politische Geschehen einmischte. Eine Kandidatur für die Präsidentschaftswahlen war ihm per Verfassungsgesetz verboten, das besagt, daß einem ehemaligen Putschisten und seinen Familienangehörigen eine Kandidatur für das höchste Amt im Staat untersagt ist. Bisher behalf er sich, in dem er erfolgreich Strohmänner in die Wahl schickte, während er unablässig gegen das Gesetzt ankämpfte. Im Juli 2003 war ihm Erfolg beschieden. Der Verfassungsgerichtshof war in der Zwischenzeit von Sympathisanten, die dem amtierenden Parlamentspräsidenten hilfreich sein wollten, durchsetzt und legte also fest, daß das Gesetz, das erst nach dem Putsch von Rios Montt erlassen worden sei, nicht rückwirkend auf ihn angewendet werden könne.

Also hieß einer der Präsidentschaftskandidaten im Herbst 2003 Efrain Rios Montt, was unter dem Wahlvolk größte Unruhe ausgelöst hat, wie man sich vorstellen kann. Er ging mit allen Mitteln in den Wahlkampf: Düngemittel aus der japanischen Entwicklungshilfekooperation wurden als Wahlgeschenke verteilt, die Leute bekamen ein bißchen Baumaterial für ihre einfachen

Hütten geschenkt, und Geld floß in Strömen in die Hände bitterarmer Leute: Wenn ich gewählt werde, könnt ihr es behalten, wenn nicht, müßt ihr es mit Zinsen zurückzahlen. – Es wurde aber auch mit Einschüchterungen und massiven Drohungen gearbeitet. Den Wählern wurde gesagt, daß mittels Satelliten und Videoüberwachung genau festgestellt werden könne, was man wähle ... Am kritischsten war aber sicherlich die Mobilisierung der sogenannten Sicherheitskomitees, die allenthalben wegen ihrer Brutalität gefürchtet und an sich im Zuge der Friedensverhandlungen abgeschafft worden waren. Ihnen hatte man hohe finanzielle Entschädigungen für ihre Tätigkeit während des Wahlkampfes versprochen. Die erste Rate sollte vor der Wahl, die beiden weiteren nach einem Sieg der FRG ausbezahlt werden.

Daß dann die Wahlen am 9. November trotzdem ohne größere Unruhen und Zwischenfälle über die Bühne gegangen sind, war mehr als erstaunlich und noch erstaunlicher, daß die Aktivitäten nicht wirklich gegriffen haben, obgleich er immer wieder öffentlich gedroht hatte, es würde das Land destabilisieren, wenn er nicht als Sieger aus der Wahl hervorginge.

Nun, er siegte nicht, sondern landete mit 17,8 Prozent weit abgeschlagen auf dem dritten Platz. Sein Erzrivale, Oscar Berger, vom Wahlbündnis GANA erhielt 37,2 Prozent, gefolgt von Alvaro Colon mit 27,3 Prozent. Zwischen diesen beiden Herren, die allerdings auch nicht gerade große Versprechungen für die Zukunft erlauben, hat es am 28. Dezember 2003, wie das Gesetz es befiehlt, eine Stichwahl gegeben, die Oscar Berger eindeutig gewonnen hat. Oscar Berger stammt aus einer der 40 Familien der guatemaltekischen Oligarchie, gehört also der Oberschicht des Landes an, wie auch GANA vor allem die Interessen der Reichen vertritt. Er selber war einige Jahre lang Bürgermeister der Hauptstadt. In dieser Zeit wurde unter anderem auch die Wasserversorgung der Stadt privatisiert. Es wird wohl kein Zufall gewesen sein, daß seine Frau eine Firma leitete, die die Herrin über das Wasser für einige der ärmsten Bezirke der Stadt wurde. Während die öffentlichen Wasserleitungen versiegten, fuhren Tankwagen auf, aus denen Wasser zu einem für viele Menschen unerschwinglichen Preis verkauft wurde. Erst als es zu massiven Unruhen kam, wurde das System zwar nicht geändert, aber doch zumindest gemildert. Im Zusammenhang damit fragen die Menschen sich nun, was eine Regierung Berger für die verarmte, ja verelendete Mehrheit der Guatemalteken und vor allem für die indigene Bevölkerung bedeuten wird. Die Versprechungen des Wahlsiegers klangen vollmundig. Man wird sehen, wie die Realität ausschauen wird. Und ob zumindest der ins Stocken geratene Friedensprozeß wieder in Gang kommen wird. Das wird letztlich auch davon abhängen, wie sich die FGR des Rios Montt in Zukunft verhalten wird, die ja bei den Abgeordneten und in den Gemeinden nach wie vor ein kräftiges Wörtchen mitzureden haben wird. Aber auch der Druck, der von der internationalen Staatengemeinschaft, vor allem auch von den europäischen Ländern ausgeübt werden wird – wenn sie die Sache nicht wieder verschlafen –, könnte zu einer positiven Entwicklung beitragen, die dieses geschundene Volk so bitter nötig hätte. »Guatemala – Nunca mas!«

Biographische Notizen:
Dr. Michael Schaller (Jhg. 1964) ist Unternehmensberater für Nachhaltigkeit, Umwelt und Entwicklungszusammenarbeit in Graz. Er studierte Wirtschaftsingenieurwesen-Maschinenbau an der TU Graz und war dort auch als Universitätsassistent tätig. Von 1995 bis 1997 arbeitete er für die UNIDO auch in Costa Rica. Er ist seit zwanzig Jahren entwicklungspolitisch im Verein »Solidarität mit Lateinamerika« tätig, der zahlreiche Projekte in Lateinamerika studiert und betreut.

EINE ETHISCHE REVOLUTION, ODER?

An dieser Stelle möchte ich ein Gespräch »einblenden«, das ich im Jahr 1991 nach der Unterzeichnung des Maastricht-Vertrages in Wien mit einem Lateinamerikaner geführt habe. Das war nicht irgendein Lateinamerikaner, sondern der Jesuit Pater Xavier des Gorostiaga, international bekannter Theologe, Wirtschaftswissenschaftler und Nationalökonom und damals Rektor der Jesuitenuniversität in Managua. Dieses Gespräch wurde am 27. Dezember 1991 in der Reihe »Aufbrüche« unter dem Titel »Wird der Süden abgemauert oder wollen wir Zukunft?« in Ö1 gesendet und ich möchte es in Ausschnitten auch so als Gespräch stehen lassen, weil ich meine, daß es, von heute aus gesehen, in den Antworten prophetische Dimensionen hat:

D. M. B.: Pater Gorostiaga, man hat in Zeiten wie diesen zuweilen das Gefühl, als würde dieses neue Europa beginnen, sich einzuigeln und nicht zu diesem erwünschten oder ersehnten Haus Europa, sondern zu jener, vor allem im Süden gefürchteten *Festung Europa* zu werden. Haben Sie das Gefühl, daß sich dieser Trend verstärkt?

X. G.: Ich hoffe nicht. Ich hoffe, daß das neue Europa, wie Sie es nennen, nicht versucht, Selbstmord zu begehen, in dem es sich in einem Moment der Geschichte einzumauern versucht, in dem es längst unmöglich geworden ist, sich abzusondern, sich von einer Welt zu lösen, die strukturell zu einem »global village« zusammengewachsen ist. Ich kann und will mir nicht vorstellen, daß Europa es sich leisten kann, einen solchen historischen Irrtum zu begehen, aber möglich ist vieles. Es ist denkbar geworden, daß man zwar dabei ist, innere Grenzen abzubauen und gleichzeitig die Grenzen gegen den Süden zu verstärken. Ich meine, Europa wird sich weiterhin gegenüber den USA und Japan öffnen, und sie werden sich trotz verschiedener technischer und wirtschaftlicher Differenzen immer enger zusammenschließen. Sie werden bedingt, aber immerhin doch, versuchen, auch Osteuropa dieser Bastion des Nordens einverleiben, weil es sich bei diesen Völkern ja auch um Europäer, also um Weiße handelt.

Europa befürchtet eine Invasion aus dem Süden, vor allem aus Marokko und anderen nordafrikanischen Staaten. Man ist bereits dabei, die Meerenge von Gibraltar in eine Festung zu verwandeln. Es wäre eine Lüge, dies zu verschweigen. Die Frage also stellt sich konkret: Wird man das Jahr 1992 dazu benutzen, um sich auch gegen Lateinamerika abzugrenzen? Damals, vor 500 Jahren und in all den Jahren seither, das sollte man in diesem Zusammenhang nicht vergessen, sind die Europäer ohne Paß und Visum, ohne Einreisebewilligung oder Arbeitserlaubnis nach Amerika gekommen. Millionen von Spaniern, Hunderttausende Italiener, Deutsche, Franzosen, Briten, Polen und Ungarn haben die Länder Lateinamerikas überschwemmt. Die Lateinamerikaner heute werden diese Möglichkeit nicht haben. Das ist eine Ungerechtigkeit gegenüber der Geschichte, denn diese Mengen würden nur ihr Überleben suchen und nicht versuchen zu rauben, so wie es die Europäer über Jahrhunderte getan haben, um damit ihren Reichtum, ihre Vormachtstellung zu begründen.

Weiters ist darauf hinzuweisen, daß der Norden, also die USA und Europa, sich einer freien und gleichen wirtschaftlichen Beziehung mit dem Süden verschließt. Die sogenannte freie Wirtschaft ist alles andere denn frei. Der Markt wendet Milliarden Dollar zur Stützung der Agrarwirtschaft auf und zerstört damit die Landwirtschaft Lateinamerikas, Afrikas und anderer Regionen. Nur ein Beispiel: Wir in der Karibik und in Zentralamerikas sind die effizientesten Zuckerproduzenten der Welt. Wir produzieren ein Kilo Zucker für 18 oder 20 Centavos. Europa produziert seinen Zucker für 30 bis 35 Centavos, und auch die USA kommen mit ihrem Maissirup nicht unter diese Kosten. Aber Zentralamerika und die Karibik haben keine Chance, ihren Zucker zu exportieren. Wo also bleibt der sogenannte freie Markt? – Das heißt doch, daß die Weltwirtschaft grundlegend verändert werden müßte. Sie beruht immer noch auf Privilegien, die zu einer Diskriminierung der Lebensmöglichkeit der Menschen im Süden führt. Von uns will man nur die Baumwolle, den Kaffee, den Kakao, das Rohmaterial zu Schandpreisen. Das ist ungerecht und widerspricht sogar den Spielregeln, die der Norden selbst – allerdings nur in der Theorie – aufgestellt hat.

Jetzt läuft die GATT-Runde in Uruguay an. Man braucht kein Prophet zu sein: ein paar Konzessionen in der Agrarpolitik, einige Tariferleichterungen, dafür jede Menge erzwungener Zugeständnisse für Dienstleistungen, für die Banken, die Versicherungen, den Technologie-Transfer für sogenannte intelligente Produkte. Man nennt so etwas »trade off«, das ist ein simpler Trick, mit dem man für eine kleine Öffnung auf dem Agrarsektor alles andere hinnehmen muß: das Monopol Japans, der USA und Europas für Banken, Versicherungen, Copyrights, Patente etc. Und wo sind die großen Gewinne? – Nicht bei den landwirtschaftlichen Produkten, bei ständig sinkenden Rohstoffpreisen, die diktiert werden, sondern genau bei den Banken, bei der Hochtechnologie, beim Tourismus, bei den Fluglinien. So ist das, und so wird die Kluft zwischen dem Norden und dem Süden in den nächsten Jahren noch tiefer und breiter werden.

Wenn immer wieder darauf hingewiesen wird, daß 20 Prozent der Menschen 80 Prozent der Ressourcen der Erde kontrollieren, so muß ich das korrigieren. Selbst die Statistiken der UNO weisen bereits aus, daß es inzwischen längst 85 Prozent der Menschheit sind, die mit 15 Prozent der Güter ihr Auslangen finden müssen. Das ist die Tragödie am Ende dieses Jahrhunderts und gleichzeitig der Kern der Zivilisationskrise, in der die Welt sich heute befindet.

Den vielgepriesenen und pausenlos im politischen Mund geführten freien Markt gibt es nicht. Der Markt ist eine Sache der Monopole, der Oligopole, wie ich sagen würde. Es gibt keine, und weil es keine Symmetrie, kein Gleichgewicht gibt, wird er auch über kurz oder länger zusammenbrechen, wie man ja heute schon sehen kann. Die Symptome werden in den nächsten Jahren klarer zutage treten, da bin ich sicher.

Aber selbst wenn es uns noch gelänge, einen gerechten Markt einzurichten, dürfte er niemals das einzige Instrument sein, das die Beziehungen zwischen den Menschen regelt. Der Mensch ist mehr als ein Subjekt oder Objekt der Wirtschaft. Es gibt so viele Bereiche, die nicht über Marktmechanismen zu regeln sind, die Fragen des ökologischen Gleichgewichtes, die Fragen der alten Menschen, der Kinder, der Kranken, der Behinderten, die Fragen eines sinnvollen Miteinander in der Zukunft. – Was haben wir zugelassen? Daß der Markt, an sich eine sinnvolle Erfindung früherer Kulturen als Mittelpunkt der Begegnung, eines gleichberechtigten Austausches, zu einem Mechanismus der Ausbeutung verkommen ist, bei dem wenige Nationen, eigentlich nur eine kleine Gruppe von Menschen, über das Schicksal der ganzen Menschheit zu entscheiden beliebt, um die eigenen Taschen zu füllen? Das ist ein Irrweg, eine Verirrung der menschlichen Vernunft und vielmehr noch, nämlich eine ethische Verirrung.

D. M. B.: Und wer sollte dieser Verirrung um der Zukunft der Welt willen gegensteuern?

X. G.: Wenn diese Welt und diese Menschheit eine Zukunft haben soll – und das soll sie doch haben –, dann gibt es für mich nur eine Option: Nur wenn Europa noch die Kraft zu einer ethischen Revolution hat, kann das gelingen, davon bin ich überzeugt.

D. M. B.: Und warum ausgerechnet Europa und nicht die, nach dem Zusammenbruch der UdSSR einzig verbliebene und sich auch so gerierende Weltmacht USA?

X. G.: Einfach, weil die USA in der Zwischenzeit jeden moralischen Kredit verspielt haben. Aber jetzt werden einige natürlich sagen, das mußte ja kommen, er ist ja schließlich ein Pfarrer. Nein, das stimmt nicht. Diese Revolution könnte, aber sie müßte weder eine christliche noch eine katholische sein; ethisch muß sie sein: Die Beziehungen zwischen den Menschen müssen endlich wieder menschlich und nicht kapitalistisch werden. Das ist es. Es gibt eine Ethik, die sowohl die christlichen Normen, als auch die Naturgesetze übersteigt, und das ist die Ethik der Freiheit und der Würde des Menschen als Geschöpf Gottes und Teil des Gesamten der Schöpfung. Das ist Vollendung und beinahe schon die Ethik des von Jesus verkündeten Gottesreiches. Wir werden das auf Erden nie erreichen, aber das ist und bleibt der Maßstab, der an unser Handeln gelegt wird.

Im vergangenen April haben wir die Friedensnobelpreisträgerin Rigoberta Menchù, eine Indigena aus Guatemala, nach Washington zu einem Podiumsgespräch eingeladen. Sie saß dort zusammen mit Susan Porcel, der Vizepräsidentin der American Society und einer bekannten Wissenschaftlerin aus Nicaragua. Es war ein hochkarätiges Gespräch zwischen diesen drei Frauen. Es ging um die sogenannte »amerikanische Revolution«, um die Bedeutung des Marktes und die einseitige Politik der Vereinigten Staaten, und die drei Damen kamen zu dem Schluß, daß alles sinnlos und letztendlich eine Dummheit sei, wenn es nicht zu einem globalen Ausgleich zwischen dem Norden und dem Süden komme, und das nicht nur in Amerindia, auf dem amerikanischen Kontinent. Aber es war Rigoberta, die den wahrscheinlich wichtigsten Satz dieses Abends einbrachte. Sie sagte: »Hört endlich auf, uns nur zu helfen, hört uns zu, versucht uns zu verstehen und respektiert uns. Das und nur das kann unsere Gesellschaft und unsere Welt revolutionieren.«

D. M. B.: Aber genau daran denken die Regierungen und Wirtschaftsbosse der USA wie auch der europäischen Staaten immer noch nicht. Sie sind sich auch immer noch nicht bewußt, daß sie es waren, die das ganze Elend über die Völker Lateinamerikas gebracht haben, über Völker, die vor der »ruhmreichen Entdeckung Amerikas« keineswegs Not gelitten haben. Daran sollten wir vielleicht zum Abschluß unseres Gesprächs erinnern.

X. G.: Diese Frage ist in der Tat wichtig und berührt auch das, was wir vergangene Woche mit Politikern und Wissenschaftlern aus Lateinamerika, Osteuropa und Österreich erarbeitet haben. Im Lateinamerika vor 500 Jahren gab es einfache Zivilisationen, überschaubar, ausgewogen. Auch wenn es natürlich Privilegierte gegeben hat, so waren deren Anteile an den Gütern im Verhältnis zu den anderen jedenfalls ausgewogener als heute.

Wenn man heute die vergangenen 500 Jahre als *Begegnung der Kulturen* semantisch zu schönen versucht, so ist das ein blanker Schwindel. In Wahrheit kam es zu keiner Ent-Deckung, sondern zu einer Ver-Deckung des Kontinents. Man ließ keine andere Herrschaft mehr zu, als die Spaniens und Portugals, später Englands und Hollands und seit 150 Jahren jene der Vereinigten Staaten von Amerika. Im Nachdenken über das Jahr 1992 haben wir entdeckt, daß alles in unserer Geschichte von außen gekommen ist, uns oktroyiert wurde und daß dieses System der Herrschaft das Elend von heute verursacht hat. Und heute, gerade in diesen Wochen manifestiert sich diese Verelendung in einem Symbol, in jenem der Cholera-Epidemie. Vor wenigen Tagen haben die Gesundheitsminister der betroffenen Länder bei einem Treffen in Bolivien zugegeben, daß sie keine Möglichkeit sehen, die Cholera zu stoppen.

Wenn man heute in den Ländern Lateinamerikas um Wasser, um sauberes Trinkwasser bittet, gilt man bereits als gefährlicher Revolutionär. Die Forderung nach einem Krug Wasser ist ein revolutionärer, wenn nicht gar ein terroristischer Akt.

Die Menschen zur Zeit der Eroberung hatten ein ausgeklügeltes Bewässerungssystem und Trinkwasser in Fülle. Sie konnten Epidemien stoppen, denn das Gesundheitssystem funktionierte, weil das Sozialsystem intakt war, bis zu dem Zeitpunkt, da die Europäer kamen und Krankheiten einschleppten, gegen die die Eingeborenen keine Abwehrkräfte entwickelt hatten. Das trug neben Morden und Brennen zum Aussterben vieler und zur Dezimierung aller Völker das seine bei. Vielleicht ist die Cholera, so wie Gabriel Marquéz sie beschreibt, tatsächlich ein Schlüssel zur Selbstfindung Lateinamerikas. Das Jahr 1992 könnte ein Jahr sein, in dem Lateinamerika sich endlich selbst entdeckt, seine Einheit und seine historische Erfahrung wieder findet und die wahren Wurzeln der dramatischen Entwicklungen, in denen wir am Ende dieses Jahrhunderts leben, benennt.«

Die Forderung Xavier Gorostiagas nach einer ethischen Revolution Europas als Rettung für die Welt hat durchaus etwas für sich. Wenn ich mich allerdings am Endes des glorreichen Kriegsjahres 2003 so in den Landen umschaue, kommen mir starke Zweifel, Zweifel bezüglich meines eigenen Landes mit seinem glasklar neoliberalen Privatisierungskurs, der gerade dabei ist, die Errungenschaft des Sozialstaates auszuhöhlen, die Qualität der Bildung, der medizinischen Versorgung, der Gerechtigkeit für die Schwachen auszuhöhlen. Zweifel auch bezüglich des »Problemfalles« Deutschland, der militaristischen Ambitionen Frankreichs, des Italien des Bush-Freundes Berlusconi und überhaupt wegen der Aufrüstungstendenzen der EU, deren neue Verteidigungs- und Sicherheitsdoktrin nach dem Entwurf von Javier Solana in Anlehnung an die USA ebenfalls von der Möglichkeit eines Präventivkrieges, gegen welche Bedrohung auch immer, spricht. Wo ist da noch Platz für eine »ethische Revolution«?

WIDERSTAND IN DÜNNER LUFT

Auf dem gestampften Boden liegen achtzehn Menschen, Frauen und Männer, regungslos. Zeichen sind sie für die Lebensrealität Lateinamerikas. Im Hintergrund das Weinen eines Babys. – »Los Martyres«, die Märtyrer. – Die achtzehn Körper, stellvertretend für zigtausende Ermordete, haben Namen, bekannte Namen wie Oscar Arnulfo Romero, den während einer Meßfeier von Militärs erschossenen Erzbischof von San Salvador, oder Chico Mendes, den getöteten Gummizapfer und Gewerkschaftsführer aus Brasilien. Sie haben aber auch unbekannte, uns unbekannte Namen. – Zwischen ihnen, über sie hinweg schreitend, springend, neben ihnen kauernd, sie liebkosend, die schmale, dunkelhäutige Gestalt eines jungen Kolumbianers. Nackt bis auf eine kleine grüne Hose.

Auf dem Oberkörper ein mit weißer Schminke gemalter sterbender Vogel. Das Gesicht durch weiße Flecken maskenhaft stilisiert. – Die klagende Stimme Lateinamerikas, ausbrechend in Schreie des Schmerzes, der Verzweiflung und dahinter das Wimmern des Babys, das letztlich auch die Schreie des Mannes ins Weinen hinein erlöst. – Aber dazwischen immer wieder fast tierische Klagelaute, geboren aus dem Leid von 500 Jahren von europäischen Kolonialmächten und heute von der Supermacht USA und transnationalen Konzernen dominierter Geschichte.

Diese Liturgie, dieses heilige Spiel im Namen der zahllosen Märtyrer, hat eine kolumbianische Gruppe für die »Asamblea del pueblo de Dios« – die Versammlung des Gottesvolkes – bei Quito, der Hauptstadt des Andenstaates Ecuador im September des Bedenkjahres 1992 (nicht 500 Jahre Entdeckung Amerikas, wie das in Europa verkauft worden ist, sondern 500 Jahre Eroberung Lateinamerikas) gestaltet. Die Stimmung in dem großen, bis auf den letzten Platz besetzten Zelt könnte man am ehesten mit dem Ausdruck Beklemmung beschreiben. Als die Szene dann mit dem Verlöschen der Scheinwerfer im Dunkel versank, herrschte Stille, atmende, von Schluchzen unterbrochene Stille, bis es irgendwo zuerst leise, dann immer lauter und intensiver zu singen begann. Sie sangen von der Nacht, die zu Ende geht. Sie sangen von einem Morgen, an dem sie gemeinsam im Namen Gottes das Leben feiern wollen. Sie sangen mit zunehmender Begeisterung und aus voller Kehle, während die Scheinwerfer wieder tastend heller wurden. Sie sangen an gegen die eisige Kälte, die über dem in 3000 Metern Höhe etwa 30 Kilometer von Quito entfernt gelegenen Hochland pfiff. Sie sangen an gegen die Kälte der Welt, gegen die Armut, gegen Not und Unterdrückung, die ihr Leben seit Menschengedenken bestimmen.

Erstmals seit 500 Jahren ist es nach einer dreijährigen Vorbereitungszeit, nach einer ersten interkontinentalen Planungskonferenz in Mexiko im Jahr davor, gelungen, Delegierte aus allen lateinamerikanischen Ländern, aber auch Gäste aus den Vereinigten Staaten und Kanada, Menschen aus vielen Völkern, sogenannte Indigenas, Afroamerikaner, Mestizen und auch einige Weiße an einem Platz zu versammeln. Hier wollten und konnten sie einander begegnen, hier wollten und konnten sie einander von ihrem Leben, von ihrer Geschichte, von ihrer Kultur und Tradition erzählen, hier wollten und konnten sie versuchen, sich in aller Unterschiedlichkeit als Volk Gottes begreifen zu lernen und gemeinsam einen solidarischen Weg für die Zukunft zu entwerfen. Das war eine große Idee, die trotz all der Hindernisse, die man ihr in den Weg gelegt hatte, verwirklicht werden konnte.

Nachdem die Idee eines solchen kontinentalen Treffens der indigenen Völker, von dem schon Juana Vasquez erzählt hat, ruchbar geworden war, hatte – ausgehend vom Norden – eine wahre Hatz auf die Führer der Indigenas begonnen. Viele wurden in den verschiedenen Ländern unter den fadenscheinigsten Gründen verhaftet, anderen wurde einfach die Ausreise verweigert und einige sind auch verschwunden und seitdem nicht wieder aufgetaucht. Tatsache war jedenfalls, daß statt der etwa 800 erwarteten Teilnehmer nur etwas mehr als 500 in Quito angekommen sind. Und dann war da noch etwas ziemlich Eigenartiges. Die Begegnung fand auf einem weitläufigen Gelände außerhalb der ecuadorianischen Hauptstadt Quito statt, das ausgerechnet der US-amerikanischen pentecostalen Sekte *Nueva Vida* gehörte, einer Gruppe, die, wie ich hörte, über viel Geld verfügt, aber von Fremdveranstaltern immens hohe Mieten verlangt. Nach meinen Erfahrungen aus anderen Ländern hatte ich ein ungutes Gefühl. Man erklärte mir diese merkwürdige Konstellation damit, daß es in Quito und Umgebung keinen anderen Platz gegeben hätte, auf dem so viele Menschen Unterkunft, Verpflegung und Versammlungsplätze hätten finden können. »Alles Unfug«, sagten mir andere und verstärkten damit meine Zweifel. In der Tat war das wirklich unglaublich freundliche und kooperative Team der Sekte Tag und Nacht permanent präsent. Sie tauchten in allen Veranstaltungen und Diskussionen auf, mischten sich immer wieder vorsichtig aber doch spürbar in Gespräche ein, nicht wirklich um neue Mitglieder zu werben, Leute zu bekehren aber ganz offensichtlich mit dem Auftrag eines großen Ohrs. Mir jedenfalls fielen zwei weiße Gesichter auf, die immer dort in meiner Nähe auftauchten, wo ich mit meinem Mikrophon unterwegs war; vor allem dann, wenn es um Interviews und Gespräche ging.

Ich frage mich nur: Wovor hatten die Mächtigen hier so große Angst? Das waren durch die Bank Vertreter armer, unterdrückter Minderheiten in den verschiedenen Ländern, keine politischen

Führer, keine Intellektuellen, keine Universitätsprofessoren, und von den mehr als 1000 lateinamerikanischen Bischöfen waren auch gerade einmal zwei gekommen. Also wirklich keine Macht-Demonstration der üblichen Art oder doch auf eine andere, den Reichen und Mächtigen jedenfalls offensichtlich unheimliche Weise, aus dem eigenen schlechten Gewissen geboren?

Etwa drei Stunden dauerte die Eröffnungsveranstaltung mit der Vorstellung der einzelnen Delegationen. Das Wetter war relativ freundlich. Die Sonne wärmte sogar ein wenig, und das Gras der großen Wiese war trocken, so daß Raum genug war für das bunte Völkchen. Alle Hautschattierungen. Unterschiedlichste Typen. Die hart und kantig geschnittenen Gesichter der Andenvölker. Das breite Lachen, die geschmeidigen Bewegungen der Schwarzen aus der Karibik und von den Küsten. Die leuchtenden Farben der Kleider, der Schals, der Ponchos. Ein farbenprächtiges Bild unter dem seidig blauen Nachmittagshimmel in dünner Luft. Das »vereinte Gottesvolk«, das beschlossen hatte, Hand in Hand in die Zukunft gehen zu wollen, auf dem Weg der Befreiung. Davon redete dann auch Dom Pedro Casaldaliga, der Bischof, nein, der Bruder des Volkes aus Sao Felix do Araguaia in Brasilien, als er um eine Grußadresse, um eine Botschaft für diese »Asamblea del pueblo de Dios« gebeten wurde.

Diesen schmalen, kleingewachsenen Spanier mit den brennenden Augen und dem schon dünn gewordenen Haar lieben die Armen Lateinamerikas, weil er in all den Jahren einer der Ihren, ihr Bruder geworden war und sich in den Jahren des Kampfes an den Spruch gehalten hatte, den er auf die Einladungskarte zu seiner Bischofsweihe am 23. Oktober 1971 hatte drucken lassen:

»Deine Mitra sei der Strohhut des Sertanejos, die Sonne und das Mondlicht, Regen und Sonnenschein, der Blick der Armen, mit denen du wanderst, und der Blick des verklärten Christus, des Herrn.

Dein Stab sei die Wahrheit des Evangeliums und das Vertrauen des Volkes auf dich.

Dein Ring sei die Treue zum neuen Bund des befreienden Gottes und die Treue zu dem Volk dieses Landes.

Keinen anderen Schild wirst du haben, als die Kraft der Hoffnung und die Freiheit der Söhne Gottes, noch wirst du andere Handschuhe tragen, als den Dienst der Liebe.«

Pedro Casaldaliga hatte seinen naturfarbenen Poncho eng um die Schultern gezogen, als er damals im September 1992 das Wort vor der gespannt lauschenden Versammlung ergriff: »Wir spüren hier die Spiritualität eines Volkes, das vorwärts schreitet. Die Fahnen, die Symbole, die wir aus all unseren Ländern mitgebracht haben, was wir gesungen, was wir gehört, vielleicht auch wie und worüber wir geweint haben: das ist unsere Spiritualität – die Wurzeln, die niemand hat ausreißen können, die Farbigkeit dieses Kontinents, die Früchte des Lebens, der Sehnsucht nach Befreiung, nach Gerechtigkeit und Solidarität, die Kraft, mit der wir den Herausforderungen unserer Existenz begegnen, das ist unsere Spiritualität im Geist Gottes, dieses Gottes aller Völker und aller Religionen, dieses einzigen Gottes, der das Herz der Erde und des Himmels ist.

Kaum ein anderer Kontinent wird von seinen Menschen sosehr als ein Geschenk Gottes empfunden wie dieser. Wir sind ein einziges Volk in Gott, das sich auf den Weg gemacht hat.

Schwestern und Brüder, diese Welt des von den USA dominierten neoliberalen Kapitalismus, diese Welt des entgrenzten Marktes, ist zerrissen wie nie zuvor, gegen den Willen Gottes in eine so genannte erste, zweite, dritte und vierte Welt. Daher brauchen wir heute mehr denn je die Kraft der Spiritualität und der Solidarität, geht es mehr denn je um eine Spiritualität des Lebenssinns und der Freude, damit wir der im Konsum erstickenden Welt zeigen können, daß Gott mit uns, mit den Armen und Ausgegrenzten auf dem Weg ist. Und dieses Treffen hier ist ein universales Sakrament des Makro-Ökumenismus, ist also mehr als innerchristliche Ökumene. Und ich versichere Euch: Gott ist glücklich, wenn er uns nach den Schrecken der vielen Jahrhunderte hier versammelt sieht.«

Dieser von Dom Pedro Casaldaliga vorgegebene neue Terminus des Makro-Ökumenismus sollte dann tatsächlich so etwas wie ein Leitmotiv des ganzen Treffens werden. Ökumene ist also mehr als der immer noch stotternde Dialog der christlichen Konfessionen, sondern sollte in die Zukunft hinein zu einem offenen Austausch, zu einem Einander-Zuhören, einem Miteinander-Reden aller Religionen werden. Makro-Ökumenismus heißt, bisher gezogenen Grenzen zu überschreiten, fest gefügte Mauern zu übersteigen auf ein gemeinsames Neues hin, auf eine neu gelebte Einheit in der Vielfalt. Aus dieser geeinten Vielfalt sollte, so eine zentrale Botschaft, dann jene solidarische Kraft erwachsen können, die sich dem Kult um den Götzen Kapital, um den Mammon erfolgreich entgegenstellen kann, damit eine andere Welt, eine gerechte und geschwisterliche Welt möglich wird.

Methodisch gab es dazu eine Fülle von Arbeitsgruppen, die sich für jedes Einzelthema neu zusammenfanden und dann jeweils abschließend eine Plenardebatte, in der die Ergebnisse der Arbeitskreise eingebracht werden konnten. – Es wurde sehr intensiv gearbeitet, die Diskussionen waren trotz des Bewußtseins, ständig abgehört und überwacht zu werden, erstaunlich offen und auf hohem Niveau. Hier waren keine Experten am Mikrophon, sondern Vertreter des armen Volkes, der Landarbeiter, der Bauern, der Arbeiter, der Getretenen dieser Gesellschaften, durch ihre Not und die ständige Verfolgung angstfrei gewordenen Menschen. So zum Beispiel Pedro, ein Katechist und Gewerkschaftler aus Uruguay: »Der wirtschaftliche, politische und militärische Druck der USA und die Korruption unserer Politiker hat bei uns nicht nur viele einzelne Völker zerstört, sondern er ist dabei, dem ganzen Volk Gottes den Atem zu rauben. Daher muß unser Kampf, unser sozialer, wirtschaftlicher und politischer Kampf bisher gesetzte Grenzen überschreiten. Und so geht es für uns auch darum, aus der Diskussion um Religion eine politische Diskussion zu machen.«

Diese Stimmung verdichtete sich in einer Abendveranstaltung zu einer Mischung aus Trommeln, Glocken, Liedern und spontan geäußerten Parolen der verschiedensten Teilnehmer, die einander durchaus ruhig und diszipliniert das Mikrophon weiter reichten: »Das, was wir hier hören, ist ein Aufschrei des Leidens, aber auch der Hoffnung, der Utopie in dieser Stunde des Todes und der Finsternis«, sagt eine junge Frau aus Peru und fährt fort: »Das Volk Gottes steht auf und beginnt durch das Leben und Leiden Jesu Christi Widerstand zu leisten und Wege der Hoffnung zu suchen.« – Eine Männerstimme ruft: »Mit dem Kreuz und dem Schwert, in den Folterkellern und durch die Mordkommandos der Militärdiktaturen von Amerikas Gnaden haben sie uns alles genommen, auch unsere Würde. Wir werden diese, unsere Würde wieder herstellen.« – Eine junge Frau aus Costa Rica spricht vom jungen Mais ihrer Kultur, von der Bitterkeit jener, die sich verkaufen müssen für eine Handvoll Bohnen, sie spricht vom Schweiß der Tagelöhner, von den schlecht entlohnten Mühen der Handwerker, von der unbedankten Arbeit der Frauen auf den Feldern und in den Küchen, sie spricht auch vom Blut, das an den Früchten klebt, an den Kaffeebohnen, an den Bananen, den Orangen, den Kartoffeln und den Yukawurzeln.

Das freundliche und relativ sonnige Wetter des ersten Tages war noch am Abend in einem schweren Unwetter untergegangen. Schwarze Wolken jagten tief über die Bergketten, Blitz und Donner, Hagelschlag, Wolkenbrüche. Die vorerst noch trockenen Wiesen auf dem Gelände von *Nueva Vida* waren plötzlich wie Schwämme. Auf den Wegen standen tiefe Lachen. Die Zeltplanen entwickelten sich zu Trommelhäuten, und die Menschen rannten triefnaß von einem schützenden Platz zum nächsten. Auch in den Versammlungszelten wie in den wackeligen Bambushäuschen, in denen wir in winzigen nur mit Eisenbetten ausgestatteten Räumen untergebracht waren, war es plötzlich eiskalt geworden. Dieses Wechselspiel sollte sich in den nächsten Tagen mit großer Regelmäßigkeit wiederholen. Im Hochland von Ecuador gibt es jeden Tag alle vier Jahreszeiten, hatte man uns gesagt, und irgendwie stimmte das bis hin zum Schneefall, der auch sehr heftig ausfallen konnte. Immer mehr geschwollene Augen, rinnende Nasen waren zu sehen, immer stärker bellende Hustengeräusche zu hören. Aber das alles hat der Arbeitsintensität in den Gruppen und Plenardebatten keinen Abbruch getan.

Am dritten Tag der Versammlung jedenfalls ging es um soziokulturelle Fragen und um die Auswirkungen, des vom Norden oktroyierten Neoliberalismus, der die Völker Lateinamerikas kontinuierlich immer tiefer ins Elend treibt, und das seit Jahren. Ein starkes und immer wieder artikuliertes Anliegen der Menschen war demgemäß die Bedeutung der Demokratie, da man ihnen ja nur vorgaukelt, an politischen Entscheidungen beteiligt zu sein. Sie, die Armen und Randständigen, werden nur als Stimmvieh mißbraucht.

Ein junger Mann, der eine indigene Gruppe aus der Volksbewegung in Mexiko vertrat, legte den Finger auf die demokratiepolitische Wunde: »Hindernisse auf dem Weg zu einer qualitativ besseren Demokratie sind vor allem die politischen Parteien selbst. Da sind die Rechtsparteien, die lediglich die Interessen der Reichen und Mächtigen, also der überall herrschenden Klasse, und die Interessen der ausländischen Konzerne vertreten und demgemäß auf weitere Ausbeutung setzen. Auf der anderen Seite gibt es die Linksparteien, die längst alle Prinzipien über Bord geworfen haben und für die Nöte der Menschen taub geworden sind.

Die Zukunft liegt also außerhalb der politischen Parteien in der Weiterentwicklung der vielerorts heranwachsenden sozialen Volksbewegungen, die ein neues Bewußtsein bei den armen Massen zu schaffen suchen. Nur ein breit gefächertes und gebildetes Bewußtsein wird letztlich eine Alternative zum herrschenden neoliberalen System aufbauen können.«

Nicht nur die Regierungen, nicht nur die Parteien, auch die Staaten an sich wurden in der dünnen Luft über dem Hochtal in Frage gestellt. Livia, eine Lehrerin aus Ecuador, sprach von erzwungenen Nationalstaaten, deren Struktur seit jeher nur den Kolonialmächten und heute eben den Interessen der Neokolonialisten und Imperialisten gedient hat und dient: »Wir haben hier seit 170 Jahren eine sogenannte Republik, eine Republik, in deren Verfassung die indigenen Völker nicht einmal erwähnt sind, eine Republik, in der also beinahe die Hälfte der Bevölkerung nicht existent ist. Was ist das für eine Republik, frage ich Euch? – Und dann kommt noch etwas dazu: der sich verstärkende Einfluß dieser von den USA gelenkten und als politische Waffe eingesetzten fundamentalistischen Sekten und pseudoreligiösen Bewegungen, deren Menschenbild von dem aus Europa eingeschleppten Virus des Calvinismus und Pietismus geprägt wurde, der unter den Gründerväter der Vereinigten Staaten offensichtlich auf besonders fruchtbaren Boden gefallen ist: Gottgefällig ist nur der Reiche, der Besitzende, also kann man die Armen, die Habenichtse ruhigen Gewissens zur Hölle schicken. Und das geschah über die Jahrhunderte und geschieht immer noch und immer noch ungestraft.«

Ein Angehöriger des Volkes der Kuna aus Panama, ein begnadeter Dichter und Tänzer, wie sich am Abend vorher gezeigt hatte, ergriff daraufhin das Wort und setzte der Gefahr aus dem Norden die Kraft der Besinnung auf die eigene Tradition, die eigenen Werte entgegen, eine weiteres Zeichen für das ungebrochene Selbstvertrauen dieser Menschen: »Unsere Völker und Volkskirchen verfügen über eine reiche Tradition, der sie letztlich ihr Überleben verdanken. Obwohl immer schon, aber gerade in den vergangenen Jahres, alles, vor allem über die amerikanisch dominierten Massenmedien, versucht wird, unsere Kultur zu töten und uns die Konsumideologie des Nordens aufzuzwingen, haben unsere Völker doch in ihrer Mehrheit standgehalten. Dennoch glaube ich, daß hier enorme Aufgaben auf uns zukommen werden und es vor allem darum gehen wird, die Kreativität unserer Völker zu stärken, ihnen dabei zu helfen, ihre Lieder, ihre Tänze, ihre Geschichten, ihre Kunst, ihr Theater nicht nur zu bewahren, sondern weiter auszubauen und sie auch dadurch in ihrem Überlebenskampf zu festigen.«

Ein anderes Thema, eine andere Stimme, diesmal eine weibliche aus Nicaragua: »In der Vergangenheit und auch heute bereichern sich die transnationalen Konzerne wie früher die Kolonialherren an unserem Gold, am Silber, am Holz, am Fischfang. Unsere Regierung hält still und kassiert aber nicht für die Menschen des Landes, sondern in die eigenen Taschen. Daher melden wir uns zu Wort, nicht nur um Widerstand zu leisten, sondern auch um konstruktive Alternativen anzubieten.«

Diese Entschlossenheit zum Widerstand artikulierte sich nicht nur in den Veranstaltungen, sondern auch in den Gesprächen, die ich in diesen Tagen und Nächten mit einzelnen Teilnehmern führen konnte, und in denen auch die schrecklichen Bilder der letzten Jahre und Jahrzehnte aufleuchteten. Der Leiter einer Basisgemeinde der Mapuche, eines Volkes im Süden Chiles, erzählte von den Hoffnungen, die Salvador Allende auch in ihm und seiner verarmten Gemeinde geweckt hatte. »Jetzt«, so sagte er, »würde es endlich eine bessere und gerechtere Zukunft für uns geben, jetzt würden endlich die Fesseln abfallen. Aber dann, vor allem nachdem der neue Präsident die US-amerikanischen Kupferminen enteignet und verstaatlicht hatte, spürten wir, daß er mit diesem absolut richtigen Schritt quasi das Todesurteil der jungen Republik unterzeichnet hatte. Es begann ein Kesseltreiben. Die Wirtschaft wurde richtig erwürgt, der Widerstand der alten, entmachteten Oligarchen geweckt und geschürt. Sie begannen, die Unzufriedenen um sich zu scharen und mit Hilfe der USA auch auszubilden und zu bewaffnen.«

Den Rest kennen alle, die sich der Ereignisse noch erinnern oder die, zumindest um den 11. September 2003 herum, dem dreißigsten Jahrestag, die berühmte Filmdokumentation über den Sturz Allendes gesehen haben. Da hatten die Kontrahenten des

Kalten Krieges plötzlich brüderlich zusammengespielt. Nachdem die US-Geheimdienste und ihre Werkzeuge das Feld beackert und Salvador Allende soweit in die Knie gezwungen hatten, daß sich dieser mit einem verzweifelten Hilferuf an die Sowjetunion wandte, hat Henry Kissinger erfolgreich bei Leonid Breschnjew interveniert, der dann auch folgsam Chile die dringend benötigte Summe verweigerte. Und dann fielen die Bomben auf den Moneda-Palast, Allende beging Selbstmord, und Tausende und Abertausende wurden im Fußballstadion von Santiago oder wo immer sonst ermordet. Noch heute werden immer wieder Massengräber entdeckt. Und dem Putschgeneral und späteren Diktator Pinochet ist es nicht schwer gemacht worden, sich aus Alters- und Krankheitsgründen der Bestrafung zu entziehen.

Die Leiterin einer brasilianischen Basisgemeinde erzählte von Chico Mendes, von den unzähligen Verschwundenen, Ermordeten, Gefolterten der schlimmen Jahre der Junta. Sie erzählt aber auch vom tödlichen Alltag. Die Traumstadt Rio de Janeiro hat bis heute die höchste Rate an Morden, vor allem an Kindern und Jugendlichen. »Limpar la sociedade«, heißt das im Umgangston, das heißt, man müsse die Gesellschaft säubern, das heißt verhindern, daß diese Kinder und Jugendliche Drogendealer und Kriminelle werden und die ehrenwerte Gesellschaft der Reichen und Mächtigen bedrohen. Einen Mittelstand gibt es ohnedies nicht mehr. Daher ziehen nächtens Polizisten in Zivilkleidern durch die Stadt und schießen die jungen Leute ab wie die Hasen. Straffrei natürlich. Gleichzeitig wird der Lebensraum der brasilianischen Mehrheitsbevölkerung, der Regenwald, von den ausländischen Konzernriesen trotz der geänderten Verfassung systematisch zerstört. Ein chilenischer Waldexperte gebrauchte dazu einmal, während einer Versammlung in Kenia, die der Vorbereitung der Gipfelkonferenz in Rio dienen sollte, folgendes Bild: »Wir benehmen uns heute wie ein Kind, das an einem TV-Gerät herumspielt. Vorne läuft ein Indianerfilm, mit Pferden und so, und an der Rückseite schraubt der Kleine herum. Eine Schraube und noch eine, und vorne reiten sie immer noch, und dann plötzlich ist alles finster. Okay, wir können vielleicht noch ein paar Jahre, vielleicht noch zwanzig und mehr Jahre Regenwald roden, aber irgendwann einmal wird es der eine Baum zuviel sein, und das System wird zusammenbrechen. Wir gehen mit der Natur um, als würden wir ihre Gesetze wirklich kennen. Wir benutzen die Schöpfung, obwohl wir immer noch viel zu wenig wissen, und dabei ist zu sagen, daß wir zwar immer mehr wissen, aber immer weniger verstehen.«

Das sind doch an sich schon ganz witzige Erkenntnisse, aber dann fiel mir eine Begegnung aus dem Jahr 1989 ein. Ich war gerade nach Wochen in Amazonien, von einer Pastoralreise, auf der ich den aus Österreich stammenden Bischof Dom Erwin Kräutler begleiten durfte, nach Brasilia, der theoretischen Hauptstadt des Riesenlandes gekommen. Ich wohnte in der Residenz des französischen Botschafters, langjährige Freunde meiner Familie, und begann mich gerade von einer schlimmen Infektion zu erholen – man hatte uns offensichtlich unabgekochtes Wasser aus dem verseuchten Amazonas zu trinken gegeben –, als ein Empfang angesagt war. Ich wollte da eigentlich nicht hin, weil ich wußte, daß ich mich dabei nicht diplomatisch verhalten würde nach all dem, was ich gesehen und erlebt hatte in diesen Wochen am Xingu und am Amazonas. Aber Marie-Claire bestand darauf. Sie meinte, es wäre ganz gut, wenn die Brasilianer endlich kapierten, was in ihrem Land vorgehe. Es ging um die Verleihung eines Ordens an einen französischstämmigen reichen brasilianischen Geschäftsmann. Ich kam dann zwischen zwei gut betuchte Geschäftsleute zu sitzen. Nach freundlichem nebeneinander Kauen ergab plötzlich ein Wort das andere. Ich sagte in knappen und vermutlich nicht ganz netten Worten, was ich von dem System dieses Landes hielt, und wie das eigentlich hier ausschaue, da plusterte sich der attraktive, elegante Herr zu meiner Rechten plötzlich auf wie ein Gockelhahn und erklärte trocken und unvergeßlich: »Madame, egal ob Sie das verstehen oder nicht. Brasilien hat heute 153 Millionen Einwohner, und davon sind maximal 40 Millionen Menschen. Das andere zählt nicht!« Da habe ich begriffen, daß Apartheid zu einem weltweiten Problem geworden, und nicht nur in Südafrika aktuell war.

Es war auch von der Zeit der Militärdiktaturen in Argentinien, Bolivien, Kolumbien, Paraguay und Uruguay die Rede, von den politischen Verfolgungen, die in der Folge auch zur Gründung schlimmer Terrorbanden wie der Tupamaros und anderer geführt hat. Und in all diesen schlimmen Entwicklungen wurde neben der Korruption und Machtgier der eigenen Juntas als eigentlicher Drahtzieher der große Bruder aus dem Norden und die massiven Interessen der großen Konzerne auch aus Europa identifiziert. Damals funktionierte die nordatlantische Allianz noch wie am Schnürchen zu Lasten der Völker und ihrer Mitwelt.

All diese bereits historischen Reminiszenzen machten meine Gesprächpartner, Frauen und Männer an ihrem eigenen, am Schicksal ihrer Familien und der ihnen nahestehenden Gruppen körperlich spürbar. Und wenn ich dann immer wieder die Gesichter meiner neugierigen Beobachter aus der Sekte sah, dann wuchsen mein Zorn und meine Abscheu, und es quälten nicht nur die Außentemperaturen, sondern auch die sich innerlich ausbreitende Kälte.

Umso erstaunlicher der tiefe und scheinbar unerschütterliche Glaube dieser Menschen. Die *Kirche der Armen,* wie sie es nannten, ist aus der Marginalisierung entstanden, nicht gegründet worden, sondern gewachsen, hält stand und wächst trotz oder wegen Elend, Unterdrückung und politischer Verfolgung, die bis heute nicht aufgehört haben, und sie hält stand und wächst trotz des Fehlens einer Unterstützung durch die offizielle Kirche. Sie ist allerdings heute mehr denn je bedroht durch das Imperium des Neoliberalismus und seiner Handlanger, der korrupten Herrschenden und Mächtigen. Ihre wichtigsten Perspektiven und Herausforderungen sind die Zusammenarbeit mit den überall entstehenden Volksbewegungen, die sich aus den unterschiedlichen politischen und ideologischen Gruppen speisen, die Bekämpfung des Neoliberalismus und die Schaffung neuer pastoraler Strukturen. »Die *Kirche der Armen*«, so habe ich erfahren, »muß ihren Wirkungsbereich ausweiten, in dem sie sich nicht nur auf die christlichen Basisgemeinden stützt, sondern auch die schwarze und indigene Bevölkerung stärker einbezieht. Sie muß auf Vereinigung zielen und der Zersplitterung wehren. Sie muß die Befreiungstheologie neu überdenken, neue Riten und Symbole schaffen, die den Menschen Heimat schenken, und sie muß den Willen der Völker zum Widerstand ebenso stärken, wie die Kraft der Hoffnung. Es wird darum gehen, die befreiende Kraft der Volksreligiosität zu erkennen und einzubinden, um den Kampf für die Menschenrechte solidarisch fortzuführen.«

Ich habe in diesen Tagen in den Höhen Ecuadors, in dieser glasklaren und empfindlich kalten Luft, etwas miterleben und erfahren dürfen, was hier in Europa so selten geworden ist: daß nämlich Glauben und Leben eins sind und daß dieses hierorts gepflegte Sonn- und Feiertags-Christentum im Grunde widersinnig ist, weil man die Botschaft Jesu nicht auseinanderreißen kann in Gebet und Frömmigkeit hier, Leben und Kampf irgendwo anders, irgendwo draußen in der Welt. Und so habe ich es auch immer wieder gesehen: einen Mann, eine Frau, die eben laut und in unmißverständlicher Deutlichkeit für Menschenrechte, gegen Ausbeutung argumentiert hatte, fand ich wenig später oder in anderen Fällen auch kurz vor der Wortmeldung in einer Kapelle oder in einem stillen Winkel eines Zeltes tief versunken im Gebet. Das ist ein tief gläubiges Volk, ein Volk, das Gott auch in einem von Elend bestimmten Leben spürt, das kaum je jammert und klagt aber kämpft, gewaltfrei und mutig kämpft im Namen dessen, der den Schrei seines Volkes hört, Widerstand leistet und das Leben nicht festhält bis in den Tod.

In der letzten Plenardebatte ist es dann nach einer spirituell wie künstlerisch beeindruckenden Liturgie einer Gruppe aus Nicaragua eben um diesen einen und einzigen Gott und Vater aller Menschen gegangen. Alle Teilnehmer waren eingeladen, das Mikrophon zu ergreifen und ihr Bild von Gott kurz zu skizzieren. Da standen dann keine Priester, keine Ordensleute, keine gelehrten Theologen, sondern ganz einfache Leute, die vielleicht nicht einmal ordentlich lesen und schreiben konnten.

Als erster stand ein klein gewachsener Mann am Pult, den groben Filzhut tief in die Stirn gezogen, den dicken Poncho um die Schultern, nach Art der Leute aus den Anden, und sprach mit einer Stimme, die Ruhe und Gelassenheit ausdrückte: »Für mich ist Gott jenseits aller Theorien und Konzepte. Er ist Erlebnis und Erfahrung, und unsere Aufgabe ist es, diese Erfahrung weiter zu geben. All diese Konzepte und Theorien treffen, begreifen, umfassen ihn ja nicht. Wir sagen *Gott,* aber können wir damit wirklich ausdrücken, daß er das Leben selber ist in allen seinen Formen? Sich in diese tragende, alles umhüllende Kraft hinein fallen zu lassen, das kann man nicht in Worte kleiden, das kann man eben nur erfahren und dann teilen, weiterschenken.«

Eine junge, dunkelhäutige, typisch afroamerikanische Frau aus der Karibik faßte es ganz kurz: »Für mich ist Gott ein mitmenschlicher Gott, ein Kampfgefährte, auf den ich mich verlassen kann.«

Eine andere Stimme, die des jungen Dichters und Tänzers, eines Waisenkindes aus Panama, führte diesen Gedanken weiter: »Für mich ist Gott in und mit jedem einzelnen. Er ist die Kraft, die unsere Hoffnung nährt. Er ist der Vater, dem wir vertrauen können. Die Natur ist unsere Mutter, die uns dazu bewegt, die Einheit in der Vielfalt zu suchen. Gott gibt unserem Leben Sinn und Inhalt. Er ist der Grundpfeiler, das Fundament der Menschheit, und er ruft uns in die Freiheit der Kinder Gottes.«

Eine ältere Frau, eine Katechistin aus dem Volk der Tzotziles aus Chiapas, dem südlichsten Bundesstaat Mexikos, ist die nächste, und sie hat, wie das schon bei einigen ihrer Wortmeldungen deutlich geworden ist, eine lange Erfahrung in der Glaubensvermittlung. »Gott ist die tiefe, unversiegbare Quelle unseres Bewußtseins. Gott ist das Leben selbst und alles, was gegen das Leben ist, ist gegen Gott, so auch das herrschende politische und wirtschaftliche System, das dazu führt, daß so viele Menschen vor der Zeit sterben müssen, und das der Schöpfung so schwere Wunden zufügt. Gott ist aber auch mit uns arm. Gott braucht uns. Mit ihm und für ihn kämpfen wir um Freiheit und Gerechtigkeit. Er ist das Leid, aber er ist auch die Freude. Der Mensch sucht Gott, aber auch Gott sucht den Menschen. Es wurde auch oft gesagt, daß Gott das ist, was nicht ist, daß Gott das Abwesende ist. Ich weiß es nicht, aber ich glaube, daß er manchmal lächelt oder auch lacht, wenn wir uns über ihn das Hirn zermartern, statt ihn einfach anzunehmen. Gott ist auch kein Mann, er ist die Gesamtheit aller Menschen, alles Lebendigen.«

Einer der älteren Mapuches, mit dem ich lange über sein und Chiles Schicksal geredet hatte, und der in manchen Gesprächspassagen so bitter gewesen war, trifft jetzt für mich erstaunliche Töne: »Gott ist gestorben und auferstanden. Wenn irgendwo auf der Welt Menschen massakriert werden, stirbt etwas von Gott mit ihnen, aber er wird auch in den Menschen immer wieder neu geboren. Dadurch finden auch wir immer wieder neue Kraft, auch wenn wir von Tod umgeben und bedroht sind. Gott ist wie zwei große, gute Hände, die uns so viel Halt geben, wie wir brauchen, aber auch genug Freiheit, daß wir uns nach unserem eigenen Willen bewegen können. Gott ist Gegenwart, befreiende Gegenwart. Das sollten wir immer wieder und immer tiefer versuchen, in uns zu spüren, denn wenn wir dabei zu leichtfertig, zu oberflächlich bleiben, geraten wir in Gefahr, nicht Gott zu finden, sondern uns Götzen zu schaffen, Götzen, wie sie heute die Welt beherrschen.

Als einzige Weiße nimmt sich eine junge Studentin und Friedensaktivistin aus Boston ein Herz, und greift nach dem Mikrophon. Ein einziger Satz: »Gott ist Person. Gott ist Gemeinschaft.« – Knapp, einfach so hingestellt. Nach ihr meldet sich noch eine Frau zu Wort, die mir in den vergangenen Tagen schon ein paar Mal aufgefallen war durch den spürbaren Einklang von Herz und Hirn. Alles was sie sagte, war von brillanter Klarheit, aber auch von einem starken, mitschwingenden Engagement getragen, eine Indigena aus dem Volk der Mchi, aus dem Norden Argentiniens. Diesmal schwang Zorn in ihrer Stimme, als sie sich auf ihre Vorrednerin bezog: »Sie sagte, Gott ist Gemeinschaft. Ich weiß nicht, denn Gemeinschaft ist ja auch jene, die uns Tag für Tag unterdrückt. Hier redet ihr davon, daß Gott barmherzig, daß er die Liebe ist. Ihr redet über die göttliche Gerechtigkeit und ähnliche schöne Dinge, die in den Herzen der Unterdrückten eine neue Hoffnung säen, ohne daß sie jemals von diesem göttlichen Glanz der Gerechtigkeit erfahren.

Ich habe gesehen, wie Frauen zwischen Müllbergen, am Straßenrand, irgendwo neben einem Baum ihr Kind gebären müssen. Wo ist da dieser Gott, von dem ihr so viel redet? – Ich habe aber auch von Gold reden gehört, vom Reichtum des Vatikan, von den Bankkonten christlicher Organisationen, von den prunkvollen Bauten, den Kirchen und Palästen. Gibt es denn doch zwei Götter, einen für die Armen, der seelenruhig dabei zusieht, wie sie weiter unterdrückt und ausgebeutet werden, wie sie immer öfter dem Hunger preisgegeben sind, und jenen anderen Gott, der den Reichtum der Bischöfe und Priester sicherstellt, damit sie ohne Not von Jesus reden können? Wer ist also dieser Gott, von dem ihr da in aller Ruhe redet, als hättet ihr ihn gepachtet?«

Hinter diesen Aufschrei einer zornigen weiblichen Seele setzte einer der bekanntesten Teilnehmer, ihr Landsmann Adolpho Esquivel, Folteropfer der Militärjunta und Friedensnobelpreisträger des Jahres 1982, einen klärenden Schlußpunkt: »Nein, liebe Schwester, wir reden nicht in aller Ruhe, wir sind nicht ruhig, ganz im Gegenteil, wir sind besorgt und unruhig und wir sollten auch nicht vergessen, daß Jesus mit einem Schrei der Verzweiflung auf den Lippen gestorben ist: Vater, Vater warum hast du mich verlassen? – Der Vater antwortete mit Leben, in dem er seinen Sohn am dritten Tag auferweckte. Gott antwortet immer, früher oder später, aber immer, indem er Menschen zu seinen Boten macht. Die Bibel berichtet uns von den Propheten und von ihnen erfahren wir: Religion, Glaube wird dort in Wahrheit gelebt, wo man sich um die Witwen, Waisen, Fremden, Ausgestoßenen kümmert. Und als man Jesus nach seiner Religion fragte, sagte er, daß er der ist, der Hunger hat, der durstig ist, der keinen Arzt hat und auch kein Land, nicht einmal einen Platz, an dem er sein Haupt zur Ruhe legen könnte. Ein Christ, der nicht aufschreien, der nicht weinen kann wie Jesus, so wie du jetzt, geliebte Schwester, ist kein Christ, glaubt nicht an den Gott Jesu Christi.« Sagte es und schloß die noch immer neben ihm stehende, jetzt laut aufschluchzende Frau mit einer unendlich liebevollen, brüderlichen Geste in die Arme.

Natürlich war das, was ich da vorgelegt habe nur eine Auswahl aus den zahlreichen Beiträgen an diesem letzten, langen Nachmittag der Asamblea del pueblo de Dios. Obwohl das alles einen hohen Anspruch an das Durchhaltevermögen in dem sich trotz der vielen Menschen kaum erwärmenden Zelt stellte, wurde ich nicht müde zuzuhören. Ich war berührt, verblüfft, erstaunt, welche Fülle an Bildern, versuchten Definitionen von diesen Menschen spontan und in aller Offenheit und Freimütigkeit des Bekenntnisses von den Teilnehmern eingebracht worden ist. Alles Laien, alles einfache Frauen und Männer aus den Völkern. Ich weiß nicht, aber es könnte ja sein, daß dieses geballte Glaubenszeugnis sogar unseren Beobachtern und Spitzeln von *Nueva Vida* imponiert hat. Vielleicht hat der eine oder die andere sogar etwas dabei gelernt.

Ich hatte schon am Morgen meine klammen Habseligkeiten in der kleinen Bambushütte zusammengepackt und in meine ständige Reisebegleiterin, eine schwarze Ledertasche, gepackt und vereinbarungsgemäß in das Auto der Freunde von den Styler-Missionaren verstaut, war also abreisebereit. Und trotzdem, es war gar nicht so einfach wegzukommen, es waren da zu viele Beziehungen entstanden, Freundschaften geschlossen worden. Ich war da ja doch ziemlich aufgefallen mit meinem Mikrophon und meinen Fragen, denn Berichterstatter, Journalisten waren Mangelware bei der Asamblea, jene sonst so eifrigen aus Europa so gut wie nicht existent. Nun, wer interessierte sich schon dafür, wenn sich in der dünnen Luft über dem Anden-Hochland ein paar Hundert Indigenas treffen? – So schaute und schaut die Informationslandschaft ja auch aus. Aber irgendwann saßen wir dann doch im Auto und kurvten hinunter ins Tal, nicht ohne wieder einmal im frisch gefallenen Schnee ins Rutschen zu kommen.

Wir landeten endlich heil im Missionshaus und blieben noch lange zusammen, um uns über das Erlebte und Erfahrene auszutauschen, und da war dann auch einer der so spärlichen Vertreter der Amtskirche dabei, ein Bischof aus Österreich, der in den letzten beiden Tagen seine Solidarität mit dem Anliegen der Asamblea unter Beweis stellen wollte, der leider viel zu früh verstorbene Bischof Florian Kuntner. Es war schon einiges nach Mitternacht, als ich in mein Zimmer kam und meine Dinge ordnete, dies und jenes, vor allem mein Aufnahmegerät und die voll gespielten Kassetten, den Notizblock und ähnliches verstaute, um am nächsten Morgen für die Fahrt zum Flughafen gerüstet zu sein. Im Zusammenhang mit dem Notizblock noch eine Bemerkung zum Verständnis. Wenn ich, mit Ausnahme der sowieso bekannten Persönlichkeiten, keine Namen genannt habe, so deshalb, weil ich mir die Namen der Teilnehmer ganz bewußt und zu ihrem Schutz nicht notiert hatte. Ich hatte ja erfahren, was im Vorfeld passiert war, und die aufmerksamen Gesichter in meinem Umfeld immer wieder beobachtet. Warum also sollte ich jemanden in Gefahr bringen?

Meine Freunde brachten mich zum Flughafen. Abschied und Dank. Zwei Stunden später fand ich mich in einem Hotelzimmer in Quito wieder. Der Flug nach Mexiko war abgesagt worden. Das saß ich nun mit rinnender Nase, gräßlichen Hustenanfällen und Fieber. Schon seit zwei Tagen hatte ich das Gefühl, daß es mich auch erwischt hatte, aber herausgekommen ist das erst in der Wärme des Hotelzimmers. Vielleicht hätte ich in meiner kleinen, kalten Hütte bleiben sollen, aber nun, was soll es. Trotz eskalierender Müdigkeit war an Schlaf nicht zu denken, also war genügend Zeit zurückzuschauen, Bilder noch einmal vorüberziehen zu lassen.

Da war die Gestalt eines jungen Mannes aus Nicaragua, mit dem ich irgendwo am Rande geplaudert und ihn dann gefragt hatte, wie er zur jüngsten Geschichte seines Landes steht, zur Aushöhlung ihrer Revolution und was Widerstand für ihn bedeute. Die Antwort war knapp und treffend gewesen: »Estamos aqui!« – was so viel heißt wie: Wir sind da, wobei man hinzufügen müßte, was in seiner Antwort nur mitschwang: »Du siehst es ja, trotz allem sind wir da.« Das wiederum erinnerte mich an ein schon eine Weile zurückliegendes Gespräch mit dem nicaraguanischen Jesuiten Xavier Gorostiaga, dem damaligen Rektor der Jesuiten-Universität in Managua, in dem er irgendwann gegen Schluß gesagt hatte: »Die Völker Latein- und vor allem Zentralamerikas haben viel mitgemacht. Immer wieder waren sie auf diesem jüngsten Teil des Subkontinents mit Erdbeben, Vulkanausbrüchen und verheerenden Flutwellen konfrontiert worden. Sie haben zu überleben gelernt. Wenn alles vorüber war, standen sie auf, räumten den Schutt weg und begannen von vorne. So geht es ihnen auch mit dem derzeit herrschenden System. – Diese Kraft siehst du in vielen Gesichtern, in den straffen, oft sehr kleinen Gestalten, in den schmalen Händen, die sehr weich und zärtlich sein können, die aber auch imstande sind, zuzupacken wie Eisenklammern.«

Und wie sich in einem solchen Reflexionsprozeß eben eines ins andere fügt, fiel mir das Gesicht eines Mannes ein, der als Gast, als Vertreter von Erzbischof Desmond Tutu aus Südafrika gekommen war. Simon Mulder, ein Weißer, schmales Gesicht, blondes Haar, auf einem Auge blind und tatsächlich Eisenklammern statt Händen. Er war irgendwann als enger Mitarbeiter Desmond Tutus Opfer einer Briefbombe (eines Handlangers der südafrikanischen Machthaber) geworden. Sie hatte ihm beide Hände und Teile der Unterarme weggerissen, ihm zahlreiche innere und äußere Verletzungen zugefügt, und auch das eine Auge war dabei draufgegangen. Nur seine Seele konnte die Bombe nicht verletzen. Sie ist stark und ruhig geblieben, und wie er mir erzählt hatte, war er später mehr und anders Priester, als er es vorher je gewesen sei. Er sprach von der Asamblea als einem Paradoxon: »Diese armen Menschen aus allen Ecken und Enden des Kontinents erinnern sich, durchleben noch einmal das, was in den 500 Jahren der Geschichte mit ihnen geschehen ist: Beherrschung, Diskriminierung, Entfremdung und Tod. Gleichzeitig aber ist es die berührendste Feier des Lebens, die ich jemals miterleben durfte. Hier wird den Hoffnungen eines ganzen Kontinents beredter Ausdruck verliehen, ob in der Sprache, in der Musik, im Tanz, Hoffnungen auf einen neuen Weg, der auch der Mehrheitsbevölkerung zu ihrem Recht verhelfen wird, irgendwann, eines Tages, wann immer dieser anbrechen wird.« Und später noch eine bemerkenswerte Aussage aus dem Blickwinkel eines Südafrikaners dieser Jahre: »Zwischen dem Apartheid-Regime in Südafrika und den verschiedenen Administrationen der USA, aber auch mit den Diktatoren Lateinamerikas hat es immer gute und enge Beziehungen gegeben. Zu Pinochet, Strössner und all den anderen gab es diskrete Fäden auf allen Ebenen. Die Unterdrücker haben sich also schon immer gefunden, während es doch sehr lange gedauert hat, bis unter den ausgebeuteten Völkern so etwas wie Solidarität entstehen konnte. Die Menschen, von jeder Bildung fern gehalten und mit ihrem eigenen Überlebenskampf zu sehr beschäftigt, waren nicht fähig gewesen, einander über die Länder und Kontinente hinweg die Hände zu reichen und einander zu stärken.

Und daher ist das, was ich hier miterleben durfte, für mich so wichtig. Gerade in einer Welt, in der es nur noch den reichen Norden und den verarmten, weil ausgebeuteten, ausgeraubten Süden mit seinen verelendeten Massen gibt, ist es wichtig, daß die Benachteiligten zueinanderfinden und gemeinsam Strategien des Widerstanden ausarbeiten, um der ungerechten Verteilung der Güter ein kraftvolles Nein entgegen zu setzen. Ich meine diese neue Weltordnung, die der Norden, die vor allem die USA erfunden haben, ist ja ein Albtraum für die überwiegende Mehrheit der Weltbevölkerung.«

DIE SAAT GEHT AUF

Tausende und Abertausende kleiner Schritte hatte es bedurft, um zu diesem kontinentalen Ereignis der *Asamblea del Pueblo de Dios* zu kommen, und von heute aus gesehen könnte man, oberflächlich betrachtet sagen: Na und, was hat diese von der Weltöffentlichkeit ohnehin nicht beachtete Begegnung einiger Hundert indigener, schwarzer und farbiger und auch weißer Menschen schon gebracht? Nichts. Die Situation der Menschen in diesen Ländern hat sich seither massiv verschlechtert, die Bodenschätze werden weiter von Fremden für Fremde ausgebeutet, die Eingriffe in die

Natur sind noch dramatischer geworden, die Regenwälder werden trotz schärferer Gesetze weiterhin gerodet und abgebrannt. Der Siegeszug des Turbokapitalismus hingegen geht ungebremst weiter, die Herrschaft der Weltmacht USA scheint ungebrochen und geriert sich immer arroganter und imperialer.

Wenn man sich allerdings die Mühe macht, genauer hinzuschauen, bemerkt man Bewegung an der Basis. Es sind weltweit unzählige Gruppen entstanden, die immer widerständiger werden, die sich der wirtschaftlich-technischen Globalisierungswalze mit Mut, Phantasie, Kompetenz und Ausdauer entgegenstellen, die sich dank der neuen Informationsmedien immer stärker vernetzen und sich auch in der Öffentlichkeit immer lautstarker artikulieren.

In dem Buch »Globalisierung von unten« der deutschen Soziologin Maria Mies lese ich unter der Kapitelüberschrift »Seattle war eine Wasserscheide«: »Als ich im November 1999 an den Protesten gegen die Ministerkonferenz der WTO, der World Trade Organisation, teilnahm, hatte ich, wie viele Menschen, von Anfang an das Gefühl, daß ich Zeugin eines historischen Ereignisses sei. Schon während der Auftaktkundgebungen der Gewerkschaften am 30.11. im Sportstadion von Seattle drückten die Rednerinnen und Redner ein ähnliches Gefühl aus.« Eine amerikanische Pastorin der Ökumenischen Kirchen für die arbeitenden Menschen hat, so der Bericht von Maria Mies, davon gesprochen, daß Bewegung, daß Aufbruch in der Luft liege, weil es einfach nicht mehr möglich sei zu schweigen, wenn den jungen Menschen dieser Welt alle Zukunftshoffnungen genommen werden, weil das herrschende System zu einem alle bedrohenden Spaltpilz geworden sei. »Wir werden die Ketten der Ungerechtigkeit sprengen« – in diesen Satz hätten die Ausführungen der streitbaren Pastorin gemündet. Der Vorsitzende der Transportarbeitergewerkschaft der USA sei, so Maria Mies, noch deutlicher und beinahe pathetisch geworden: »Wir sind gekommen, um dieses verrückte Handelssystem zu stoppen. Heute, meine Freunde, werden wir in die Geschichtsbücher einmarschieren. Dies ist der erste Tag. Marschieren wir los!« Der Titel, den die Soziologin Mies über dieses Kapitel setzte, stammt übrigens von der durch ihre Aktivitäten und ihre Auszeichnung mit dem Alternativen Nobelpreis weltberühmt gewordenen indischen Biologin Vandana Shiva: »Seattle war eine Wasserscheide.«

Und in der Tat, so ging es weiter über Washington, Genf, Melbourne, Prag und und und bis herauf nach Florenz und Porto Allegre im vergangenen Jahr und dem dort geprägten Satz, der zu einem weltweit anerkannten und vertretenen Motto geworden ist: »Eine andere Welt ist möglich.« Und selbst die Provokationen, die zu den Krawallen in Genua geführt hatten, konnten den Aufbruch gegen die Ungerechtigkeit nicht mehr stoppen. Immer mehr Experten der verschiedensten wissenschaftlichen Disziplinen bis hin zu Wirtschaftsleuten, Managern, Kirchenmännern und -frauen und auch Politikern stellten sich in den Dienst dieser Bewegung, die sich die weltweite Bekämpfung der Armut und der Ressourcenvergeudung auf die Fahnen geheftet hat.

Und dann kamen der 15. Februar 2003 und der Aufruf zu Protestveranstaltungen und Demonstrationen gegen den »verbrecherischen« Krieg der USA gegen den Irak, der letztlich nicht den »Schurken« Saddam Hussein selbst, sondern sein schuldloses Volk und sein ohnehin durch frühere amerikanischen Bomben und Raketen zerstörtes Land getroffen hat. Dank der Schnelligkeit der Netze zischte dieser Aufruf rund um den Globus, und Millionen Menschen schlossen sich an und zogen gewaltfrei aber stark durch die Straßen der Städte der Welt. So etwas hat es in der Geschichte der Menschheit noch nicht gegeben, und es zeigte eine ganz neue Qualität des möglichen Widerstandes, der den Mächtigen, welcher Provenienz immer, eigentlich zu denken geben sollte.

Daß da aber immer noch nichts denkt, zeigte das WTO-Gipfeltreffen der 146 Mitgliedstaaten im mexikanischen Nobel-Badeort Cancún. Zum Schutz vor den »bösen« Globalisierungsgegnern kreuzten gar Kriegsschiffe vor der Küste. Die Arroganz der Delegierten aus den USA und der EU war von allem Anfang an spürbar, aber im Grunde nach den Erfahrungen früherer Konferenzen nicht überraschend. Diesmal aber war auch die Front der Entwicklungsländer und der Vertreter und Vertreterinnen der Entwicklungs- und Bauernorganisationen klar und geschlossen, und das war neu, das hatte es noch nie gegeben. Zum Hauptstreitpunkt entwickelte sich schnell die Forderung der armen Länder nach einem weitgehenden Abbau der Landwirtschaftssubventionen, die ja inzwischen weltweit dazu geführt haben, daß den lokalen Bauern jegliche Marktchance verwehrt wird, da die Agroindustrie aus dem Norden, vor allem aus den USA, die Märkte mit Billigstwaren beliefern, zu Preisen, die den kleinen Bauern die Luft zu Atmen nehmen.

»Die WTO bringt uns Kleinbauern um«, erklärte Rafael Alegria, der Vorsitzende der internationalen Kleinbauernvereinigung *Via Campesina* meiner Kollegin Corina Milborn, die als Korrespondentin des »Südwind-Magazins« mit dabei war und fuhr fort: »Wir repräsentieren mehr als 60 Millionen Bauern in aller Welt. Die haben nichts von einer weiteren Handelsliberalisierung. Wir wollen unsere Produkte einfach nur auf den lokalen Märkten verkaufen, aber die WTO macht dies unmöglich, weil sie unsere Länder mit Billiggetreide aus den Industrieländern überschwemmt. Die Situation unserer Bauern ist schon jetzt unerträglich. Kleinbauern und Indigene leben in Armut, sind von der Gesellschaft praktisch ausgeschlossen. Was die WTO jetzt beschließen will, ist der Todesstoß. Es nützt nur den 125 multinationalen Konzernen, die mit Saatgut und Lebensmitteln handeln.«

»Die Länder des Südens hatten bisher keine starke Verhandlungsposition in der WTO. Das hat sich in Cancún geändert: In mehreren Gruppen zusammengeschlossen, traten sie selbstbewußt und hochprofessionell auf« – so ein Zwischentitel des Berichtes von Corina Milborn im »Südwind-Magazin« vom Oktober 2003, aus dem ich – da ich selber nicht vor Ort sein konnte – mit Erlaubnis der Redaktion zitieren darf. Die einen wollen eben vor allem bessere Überlebensbedingungen, und die anderen Investitionsschutz, neue Regeln, Handelserleichterungen der Profite wegen und Regeln für die öffentliche Beschaffung. Von den Ländern des Südens kommt dazu ein klares Nein. Das Weiße Haus intervenierte, wie ich auch von anderen Teilnehmern erfahren habe, täglich beim mexikanischen Präsidenten ebenso, wie bei der Konferenzleitung. Das Ergebnis ist kein Ergebnis. Die Konferenz ist gescheitert. Die Vertreter der Entwicklungsländer zeigen sich enttäuscht, jene der Industriestaaten sind fassungslos: Diese Geschlossenheit, diese Kraft des Widerstandes hatten sie nicht erwartet.

Die Vertreter und Vertreterinnen der NGO's hingegen jubelten: Jetzt ist die WTO diskreditiert! Und einer der Alternativen-Nobelpreisträger des Jahres 2003, Walden Bello, Direktor der philippinischen NGO »Focus«, sah das Scheitern der Konferenz als Chance, ja als beste Option und meinte wörtlich im Interview mit Pia Eberhard von WEED (Weltwirtschaft und Entwicklung): »Für uns ist kein Deal besser als ein schlechter Deal. Jetzt ist es an der Zivilgesellschaft der Welt, alles daran zu setzen, die WTO in ihrer jetzigen Form und Struktur, in ihrem jetzigen Geist zu einem Relikt der Vergangenheit zu machen. Ihre undurchsichtigen und undemokratischen Regeln, die einseitig die Reichen und Mächtigen begünstigen, machen sie zu einer Organisation, die einfach nicht ins 21. Jahrhundert gehört.«

Ob da nicht doch in der dünnen kalten Luft über Quito im Zusammenklang mit anderen Ereignissen und Bewegungen Samen für die Zukunft ausgesät worden sind, deren Blüten und Früchte eines Tages der Arroganz der Mächtigen die Rechnung präsentierten könnten? Es mehren sich die Zeichen, daß die Mächtigen schon heute vielleicht ohnmächtiger sind, als sie tun. Schon im Jahr 2002 publizierte der französische Autor und Wissenschaftler am »Institut National des Études Démographiques« Emmanuel Todd ein Buch unter dem Titel »Weltmacht USA – ein Nachruf«. Aber nicht nur um die USA geht es, sondern auch um die Staaten der EU, die dem »Land der unbegrenzten Möglichkeiten« noch immer hinterherhoppeln wie die jungen Hasen im Frühling, obgleich sie doch wirklich ausreichend Veranlassung hätten, endlich aus ihrer blutigen Kolonial- und Kriegsgeschichte zu lernen.

2. Echo eines Schreis

Als Hernan Cortèz und seine Soldaten zur Hauptstadt des Aztekenreiches vorgedrungen waren, hielten sie erst einmal staunend inne. Sie standen vor der architektonischen Schönheit dieser Stadt wie vor einem Weltwunder. Die in einen riesigen See gebaute Hauptstadt Tenochtitlan war größer und höher entwickelt, als Paris oder Rom es zu dieser Zeit gewesen sind. Es muß damals eine der schönsten und funktionsfähigsten Städte der Welt gewesen sein. Das hinderte die Spanier trotz ihres bewundernden Staunens nicht daran, sie zu zerstören und das ganze Reich der spanischen Krone zu unterwerfen. Nur hundert Jahre später lebte von den geschätzten 25 Millionen Bewohner des Azteken-Reiches nur noch eine Million.

ARM GEBOREN IM REICHEN LAND

All ihr Kinder ohne Schuhe,
die ihr friert.
Ihr Kinder mit leerem Bauch.
Ihr Kinder, die ihr Trost sucht,
im betäubenden Schnüffelrausch.
Du kleiner Junge,
Lastenträger am Busbahnhof
von Mexiko.
Du Kind ohne Zuhause
in Dehli und Rio.
Du Kind
aus dem Armenhaus Manila.
Ihr Kinder auf den Müllhalden
von Lima und Saigon,
von Bogotá und Madras,
von Khartum und Bangkok,
von Kairo und La Paz,
von San Salvador.
Ihr, die Kinder, die Gott liebt,
ihr seid die Posaunen

> *des Jüngsten Gerichts*
> *für die Waffenhändler,*
> *für die Drogenbosse,*
> *für die Wirtschaftsgewinnler*
> *aus den Ländern der Reichen.*
> (Julia Esquivel)

Busbahnhof im Norden von Mexico-Ciudad, der explodierenden Hauptstadt des südlichen Nachbarlandes der USA. Wir werden wie die Hasen über eine sechsspurige Stadtautobahn gehetzt. Es ist die einzige Möglichkeit, zu dem Einstiegsloch der Kanalisation zu gelangen, das an diesem Morgen unser Ziel ist. Luis Almende, ein junger Sozialmediziner, weiß, daß der Einstiegsschacht den Straßenkindern dieser Gegend als Unterschlupf dient, und er kennt sie. Wir stehen vor der Einstiegsluke. Luis ist mit seinem Kollegen Ricardo hinuntergestiegen. Ich selber halte einstweilen nur den Kopf hinein. Der Gestank, der mir entgegenkommt, ist unbeschreiblich und hätte beinahe mein Frühstück wieder zu Tage befördert. Ich möchte vielleicht auch gar nicht so genau wissen, was da unten alles herumliegt.

Wenig später tauchen die beiden Ärzte und nach ihnen zwei dreckverschmierte Bubengesichter auf. Die Augen blitzen durchaus nicht freundlich. Die Arme fest um die schmalen Körper geschlungen sitzen sie, sozusagen in Abwehrhaltung, am Lukenrand und kneifen immer wieder die Augen zu vor dem noch ungewohnten Licht der Sonne.

Zwischen ihnen und den beiden Ärzten wird irgendeine Abmachung getroffen, und während wir uns eher zögernd der großen Straße mit den im Höllentempo vorbeirasenden Autos und Lastzügen nähern, tanzen die beiden Burschen vor uns leichtfüßig und elegant über die Fahrbahnen und verschwinden im Gewühl vor dem Busbahnhof. Später, ich hatte eigentlich nicht wirklich damit gerechnet, treffen wir sie dann, sauber gewaschen und frisiert, in einem nahen Marktbeisl. Mit beinahe makellosen Manieren verzehren sie ein durchaus vernünftig zusammengestelltes Frühstück à la Mexiko, während ich mich mit Luis, dem die beiden Knaben offenkundig wirklich vertrauen, über seine Arbeit unterhalte.

»Wir, die wir hier mit den Straßenkindern am Nordbahnhof arbeiten, können nur sagen, daß sich trotz all unserer Bemühungen die Situation dieser Kinder – und es sind, soweit wir wissen, Hunderte – nicht verbessert hat, im Gegenteil. Die Kinder, die da Tag für Tag neu hinzukommen, meist sind es Buben, werden immer jünger. Das Gros ist zwischen sechs und acht Jahren alt. Und wenn sie hier landen, liegen ja bereits wahre Tragödien hinter ihnen, sie sind irgendwie bereits am Ende. Viele von ihnen werden, wenn sie überhaupt das Erwachsenenalter erreichen, drogen- oder alkoholabhängig und natürlich kriminell sein und bereits über eine gute Gefängniserfahrung verfügen. Viele von ihnen werden aber auch bei Unfällen umgekommen, umgebracht worden oder verhungert sein.

Diese Buben hier kommen meist aus der Provinz, aus so gut wie allen Bundesstaaten, um nach einem schweren, arbeitsreichen Kinderleben in einer meist gewalttätigen Familie, in denen die Väter, so überhaupt vorhanden, in der Regel arbeitslos und ständig betrunken sind, die Mütter in vielen Fälle gezwungen, die Kinder durch Prostitution und/oder Betteln zu erhalten, in letzter Verzweiflung in der Hauptstadt, um sozusagen ihr Glück zu suchen, das hier natürlich nicht zu finden ist.«

Da kommen mir zwei Bilder in den Sinn, die sich mir kurz vorher am Bahnhof eingeprägt haben: An einem der Kartenschalter ein kleines mageres Mädchen mit wirrem Haar, einen ärmlichen Fetzen um das vor Kälte zitternde Körperchen, barfuß neben einer Menschenschlange mit flehend aufgehobenen Händen. Arm geboren und jetzt ausgestoßen, fremd unter Fremden. In glanzlosen Augen wohl schreckliche Bilder der Gewalt – und vor sich? Vor sich ein erbärmliches Leben oder den Tod vor der Zeit. – Das andere Bild: In einer Nische an der Außenmauer des riesigen, ziemlich verkommenen Gebäudes in eine Ecke gedrückt auf bloßem Stein in der noch morgendlich kalten Luft auf diesen etwa 2000 Höhenmetern ein kleiner, schlafender Bub. Neben ihm aber immerhin ein Freund, der einzige, den er wohl hat, ein dreckiger, struppiger Köter, nicht mehr als ein schäbiges, verkrätztes Fell über den Rippen. Er hält Wache, und ich glaube, es wäre nicht ratsam, sich ihm zu nähern – oder würde auch diese Treue mit einem Wurstzipfel enden?

Wenn sie neu hier ankommen, versuchen sie erst einmal nur zu überleben und dies auf der untersten Stufe. Später werden sich die Kinder mit anderen zusammenschließen. Am Anfang werden sie sich den anderen, den Älteren, von denen sie sich ja oft am Rande des Verhungerns Schutz und Hilfe erhoffen, sehr schüchtern und ängstlich nähern, und sie werden auch gleich ihre nächste Lektion zu lernen haben: die Brutalität derer, die größer, stärker, älter oder auch mächtiger sind. Sie werden bald die erste Bekanntschaft mit der Polizeigewalt und den Fäusten der bereits festgefügten Banden machen. Eine harte Lehrzeit steht ihnen bevor, aber wenn sie sie lebend überstehen, werden auch sie ihre Scheu überwunden und ebenfalls jene Aggressivität, ja Brutalität entwickelt haben, die zum Überleben in einem solchen Milieu notwendig ist.

Luis hat einen Schluck aus seiner Kaffeetasse gemacht, schluckt und meint dann: »Wir können es nur immer wieder hinausschreien, können versuchen, das Leid und das Elend dieser Kinder bekanntzumachen und hoffen, daß man uns eines Tages hören wird.« Und dann wird die Stimme dieses an sich so sanften Mannes rauh vor aufsteigendem Zorn: »Dieser Staat, diese Gesellschaft ist ungerecht, kaltschnäuzig und grausam. Und das gilt nicht nur für Mexiko, das gilt für alle Staaten und Gesellschaften Lateinamerikas, ja für alle Länder des Südens, die unter der Knute des herrschenden ausbeuterischen Wirtschaftssystems Made in USA vegetieren müssen, weil ihre korrupten Politiker das Spiel des Uncle Sam einfach mitspielen. Die denken nur an ihre Profite und sehen die Straßenkinder nicht als ein Problem an, das man gemeinschaftlich lösen, sondern als ein Problem, von dem man sich befreien muß, und das geschieht ja auch immer wieder auf brutalste Weise. So lange sie ein wenig arbeiten und praktische Dienste verrichten, wie Schuhe putzen oder an den Kreuzungen Windschutzscheiben waschen, so lange nützt man sie aus. Wenn sie aber anfangen zu stehlen, statt zu arbeiten, sobald sie größer und aggressiver werden und nicht mehr als kleine herzige Dreckfinken den Touristen als Fotomotiv dienen, würde man sie am liebste abschießen oder sonst wie beseitigen, und das geschieht ja auch immer wieder. Nicht nur die Polizei, jeder kann sie abknallen wie junge Hasen und wird straffrei bleiben.«

Inzwischen haben Julio und Tonio, so heißen die beiden Burschen, ihr ungewohnt opulentes Frühstück genüßlich und schweigend beendet und sich zu uns gesellt. Während hinter der Theke die Kaffeemaschine zischt, die Saftpresse auf vollen Touren läuft und die kleinen Bratwürsteln im Fett brutzeln, gibt es erste Spielchen. Da wird ein bißchen gepfiffen und geblödelt, um sich mit diesem fremden Ding, meinem Mikrophon, etwas anzufreunden. Sie geben sich zwar unglaublich stark und männlich mit ihren 14 beziehungsweise 15 Jahren, sind aber noch richtige Kinder, die ihre Unsicherheit mit den üblichen Tricks zu überspielen suchen.

Ricardo, der ältere der beiden Ärzte und ein alter Freund von mir, versucht eine erste Frage, wie sie denn so leben. – Die Antwort, die uns Tonio gibt, ist nicht nur mir, sondern auch den anderen nicht leicht zugänglich: Es ist eine ganz eigene Version des Spanischen, die Sprache der Straßenkinder eben. Wir einigten uns später auf diese Version der Übersetzung: »Manchmal ist es ganz cool, aber im Grunde ist unser Leben schlicht Scheiße. Ich meine, allein die Bullen, mit denen man dauernd zu tun hat, das sind die miesesten Typen, die woll'n einen immer nur verarschen. Da brauchst du überhaupt nichts getan haben, legen sie sich mit dir an, nur weil du halt irgendwo pennst und nicht so piekfein bist wie die braven Schülerlein. Dabei sind sie selbst auch nur frustrierte, arme Schlucker, die miserabel bezahlt werden.«

In der Folge werden sie immer gesprächiger und reden durcheinander. Sie erzählen von ihrer Arbeit an den Kreuzungen, wenn rot ist und die Autoschlangen stehen. Davon leben können sie aber nicht. Wenn es irgendeine Arbeit gibt, dann arbeiten sie, wenn nicht, dann stehlen sie alles, was ihnen in die Finger kommt. Auf meine wohl ziemlich europäische Frage nach ihrem Tagesablauf gibt es glucksendes Gelächter. Nein, so etwas gäbe es nicht, auch keine Pläne. Das sei etwas für Kinder, die ein Zuhause haben: »Pläneschmieden hält einen hier nicht am Leben. Das einzige, was nötig ist: Du mußt schnell reagieren können und jede Gelegenheit beim Schopf packen«, meint Julio trocken.

Das Outfit der jungen Herren ist natürlich ziemlich machomäßig, mit einer Lederjacke, die sie vermutlich nicht in einem Geschäft erstanden haben, Niete da und dort und was es da sonst noch an Zeichen und Symbolen gibt. Aber nach der Katzenwäsche am Marktbrunnen und der Benutzung eines Plastikkammes in der Toilette, schauen sie relativ ordentlich aus. – Ein wenig mehr Wasser, eine Dusche vielleicht und ein frisches Hemd, und man könnte sie, zumindest Julio, in jede Schule schicken, clever wie sie sind. So aber sind und bleiben sie chancenlos. Wegwerfkinder.

So war es dann auch. Als ich zwei Jahre später wieder nach Mexiko kam, erkundigte ich mich bei den Freunden nach den Buben. Die Gesichter der beiden Männer verdüsterten sich. »Sie sind tot. Man hat die beiden gemeinsam mit anderen aus dem Bahnhofviertel zusammengefangen und über Nacht in einen Holzschuppen gesperrt, von wo man sie am nächsten Tag in ein Jugendheim bringen wollte, wie es hieß. Peinlicherweise brach im Schutz der Dunkelheit ein Feuer aus, der Schuppen an einem etwas abgelegenen Lagerplatz brannte lichterloh, und alle zwölf Burschen, die man da zusammengepfercht hatte, waren verbrannt. Zwei hatte man noch lebend geborgen, aber sie starben wenige Stunden später, auf dem blanken Boden des Lagerplatzes liegend, ohne daß jemand versucht hätte, sie in ein Krankenhaus zu bringen.

In Brasilien heißt das: limpar la sociedade – die Gesellschaft säubern.

Vom Bahnhof »Zentral-Norte«, wo wir uns von Julio und Tonio verabschiedet hatten, bis zum Sokolo, dem Hauptplatz und Herz der Riesenstadt, hatten wir mit dem Auto etwa eineinhalb Stunden gebraucht. Hier sahen wir vor der Kathedrale unter einer Plache dreizehn Indigenas, Frauen und Männer, die seit fünf Tagen im Hungerstreik waren. Ricardo versuchte, mit dem einen und der anderen zu reden, sie auszufragen, denn er machte sich Sorgen um den Gesundheitszustand dieser ohnehin durch Entbehrungen und die langen Märsche, die sie auf sich genommen hatten, geschwächten Leute Er versprach, am nächsten Tag wiederzukommen und die nötigen Medikamente mitzubringen.

Dann fuhren wir weiter, Luis hatten wir inzwischen vor seinem Büro abgesetzt. Fast zwei Stunden ging es in Richtung Süden zu unserem nächsten Ziel, und wir waren immer noch in dieser Megastadt. Maria Coeli, eine junge Frau erwartete uns an der Hauptstraße vor dem ehemaligen Frauengefängnis. Alleine, so hatte sie am Telefon gemeint, würden wir Miguel Teo Tongo, einen in den vergangenen Jahren entstandenen Slum, in dem heute mehr als 80.000 Menschen leben, sicherlich nicht finden. Maria Coeli, so erfuhr ich während der Fahrt über holprige Stein- und Sandstraßen, war als Kind hierher gekommen, gemeinsam mit ihrer Familie, den Eltern und neun Geschwistern. Ihr Land im Süden hatte man ihnen weggenommen. Man hatte sie einfach vertrieben, wie es damals die Regel war und wie es heute noch die Regel ist. Die Situation hatte sich ja in nichts verbessert, sondern seit der Errichtung der NAFTA, der so genannten Freihandelszone zwischen den USA, Kanada und Mexiko massiv verschlechtert.

Für die Familie von Maria Coeli ging der Kampf um Land auch in der Stadt, in der sie in ihrer Verzweiflung gelandet war, weiter, denn immer wieder wollte man sie vertreiben, man versuchte es mit allen Mitteln, aber hier war eben nicht nur eine einzelne, wehrlose Familie, sondern es gab gleichgesinnte, widerständige Nachbarn, mit denen man sich zusammentun konnte und dies auch tat.

Restlos geklärt war die Landfrage bis zu meinem Besuch noch nicht, und da waren inzwischen immerhin 17 Jahre vergangen gewesen. Daneben ging es um die primitivsten Fragen der Infrastruktur, wie zuerst Maria und später auch andere Familienmitglieder und Freunde erzählen, denn schnell hatte sich um die Besucher ein ziemlich großer Kreis von Menschen versammelt, Menschen, die es sonst nicht gewohnt sind, daß jemand zu ihnen kommt und ihnen zuhört: »Zuerst ging es um das Licht. Die Stadtgemeinde hat sich geweigert, den Strom herzuleiten, also haben wir selber die Kabel von der Hauptstraße bis hierher gelegt und das ist, wie du gemerkt hast, eine ordentliche Strecke, mehr als drei Kilometer. Dann ging es um das Wasser. Die Firmen, die Wasser in Tankwagen lieferten und verkauften, waren unglaublich korrupt. Jedesmal, wenn sie kamen verlangten sie mehr, und wir alle hatten ja kein Geld. Dann haben wir Frauen uns zusammengetan und die Tankwagen gestürmt und uns das Wasser einfach genommen. Darauf haben wir angefangen, um eine Wasserleitung zu kämpfen. Das hat Jahre gedauert. Verkehrsverbindungen hatten wir auch keine. Wir mußten bereits vor Sonnenaufgang aufbrechen, die drei Kilometer zur Hauptstraße gehen, um einen Bus zu erreichen. Die meisten unserer Leute arbeiten im Zentrum der Stadt und du weißt ja, wie weit das ist.«

Ja, ich hatte eben erfahren, wie weit das ist, und was Verkehr in Mexico-Ciudad bedeutet. Die Menschen von San Miguel Teo Tongo aber gaben nicht auf, dabei explodierten ihre Probleme, da immer mehr Menschen aus anderen Landesteilen zuwanderten. Eines der Hauptprobleme, das sich bei dieser Art der Bevölkerungsexplosion stellte, war die Erziehung, die Bildung der Kinder. Am Anfang wurden die Kinder einfach unter den wenigen Bäumen versammelt und notdürftig unterrichtet. Die Frauen waren es auch in diesem Bereich, die den Kampf um eine Schule mit den Behörden begannen. Und das war, wie ich erfahren habe, ein schwerer, dornenreicher Weg, aber er führte zu einem gewissen Erfolg. Es wurde eine Schule gebaut aber – und das muß man sich in unseren Breiten einmal vorstellen – aus Karton. Es dauerte Jahre, bis die erste feste Schule gebaut wurde. Heute gibt es in San Miguel Teo Tongo 19 Volksschulen, zwei Hauptschulen und sogar zwei Kindergärten, und es gibt Pläne auch eine weiterbildende Schule zu errichten, weil die Frauen einfach keine Ruhe geben.

Die Straßen in dieser Siedlung sind eine Katastrophe, und man kann sich vorstellen, wie es dort nach einem der heftigen Herbstregen ausschaut. Die Häuser sind armselig und auch unglaublich häßlich, klarerweise, weil sie ja ganz billig gebaut sind, und ich fragte mich, wie das damals ausgeschaut hat, als das alles anfing. Diese Frage stellte ich dann auch Maria Coeli: »An sich war es hier natürlich viel schöner als es heute ist«, meinte die tüchtige und engagierte junge Frau, »klar, das war alles grün und zum Teil sogar bewaldet. Wir begannen, Felder anzulegen, die wir bewirtschafteten, und von denen wir irgendwie leben konnten. Aber so konnte es natürlich nicht bleiben, weil nach uns so viele Menschen nachkamen und eben auch Platz brauchten. Wir hatten keine Wahl. Unser erstes Haus stand etwas 50 Meter von diesem Platz entfernt. Es bestand aus einigen Pfählen, die mit Karton bedeckt und mit Steinen beschwert waren. Für meine Eltern war die Umstellung unglaublich schwer gewesen, ich erinnere mich noch an die immer wieder rotgeweinten Augen meiner Mutter. Wir waren nie reich gewesen, aber wir hatten genügend fruchtbares Land und ein Leben in Ruhe und Frieden, ein Leben in guter Gemeinschaft mit unseren Nachbarn, bis dann immer öfter die Leute von der Hazienda kamen und uns immer mehr bedrängten. Der Druck, das Land zu verkaufen, es um ein Butterbrot zu verkaufen, wurde immer massiver. Immer öfter kam es vor, daß Leute nicht von der Feldarbeit heimkamen und für immer verschwunden blieben. Aber wir wollten einfach nicht aufgeben, unser Land nicht verschleudern, das Land, auf dem unsere Familien schon seit urdenklichen Zeiten gelebt hatten. Aber eines

Morgens kamen dann die Farmleute wieder – die riesige Kaffeeplantage hatte inzwischen den Besitzer gewechselt und gehörte nun einer Firma aus den USA –, sie versuchten aber nicht mehr, mit uns zu reden, sondern hatten einen Trupp von Pistoleros mitgebracht. Wir hatten gerade noch Zeit, ein paar Habseligkeiten zusammenzupacken und mußten fliehen, sonst hätten sie uns alle niedergeschossen. Die Zeiten hatten sich geändert, da gab es keinen Pardon mehr.

Nach einer langen, entbehrungsreichen Flucht und endlosen Fußmärschen waren wir dann fast noch glücklich, als wir ankamen. Inzwischen haben sich die Lebensbedingungen hier natürlich extrem verschlechtert, und ich könnte manchmal heulen, wenn ich sehe, in welches Leben die Kinder hier hineinwachsen müssen. Andererseits hätte ich auf dem Land nicht das gelernt, was ich hier habe lernen müssen, nämlich wie man sich organisiert, wie man Solidarität lebt, um einen solchen Überlebenskampf überhaupt führen zu können.«

Und Maria hat wirklich viel gelernt. Sie ist das Herz einer inzwischen ziemlich groß gewordenen Organisation, die sich faktisch um alle lebenswichtigen Fragen der Siedlung kümmert. Da die Stadtverwaltung, die längst die Kontrolle verloren hat, ihnen keinerlei medizinische Versorgung zur Verfügung stellte, haben sie selbst ein kleines Gesundheitszentrum eingerichtet, in dem einige Ärzte freiwillig Dienst tun und auch Pflegepersonal ausbilden. Zu etwa 70 Prozent wird mit Naturmedizin, mit Heilkräutern, Akupunktur und Homöopathie gearbeitet. In Kursen lernen Frauen das Nötige über Hygiene und Ernährung. Man hat Wege gefunden, Lebensmittel billiger und ohne Zwischenhandel zu bekommen, und betreibt für die Kinder eine Art Volksküche, in denen es wenigstens einmal am Tag eine warme Mahlzeit gibt.

Die Liste ließe sich beliebig lang fortsetzen. Die Motivation ist für alles dieselbe: Die Armen haben begriffen, daß ihnen niemand hilft, daß sie sich nur selber helfen können. Und dieses Selbsthilfenetz, das bisher nur in ländlichen Gebieten funktioniert hat, greift mehr und mehr auch in den Städten und vor allem in Elendsvierteln wie diesem. Das braucht aber natürlich immer mehr Menschen, die kompetent und bereit sind, sich zu engagieren. Maria ist ein solcher Mensch, aber auch mein Begleiter und langjähriger Freund Dr. Ricardo Loewe, der, seit er seinen gut bezahlten Posten in einem Regierungsspital und seine Privatordination um der Armen willen aufgegeben hat, zu einem der wichtigen Verknüpfungspunkte in diesem Selbsthilfenetz geworden ist. Er stellt sein Wissen, seine Erfahrung und seine Arbeitskraft an vielen Orten, darunter auch hier in San Miguel Teo Tongo, zur Verfügung.

Während eines kleinen Rundganges durch diese Stein- und Betonwüste frage ich Maria noch nach der Bedeutung des Namens der Siedlung. »Teo Tongo bedeutet ›der Ort, an dem Gott wohnt‹, und das bedeutet hier, daß er bei den Armen wohnt, und wir glauben fest daran, daß er hier mit uns ist, denn er schenkt uns immer wieder die Kraft, das alles zu überleben, den Mut nicht zu verlieren und einen Fuß vor den anderen zu setzen, uns nicht unterkriegen zu lassen, auch wenn die Lebensbedingungen immer schlimmer werden.«

Mir blieb noch ein Tag in Mexico-Ciudad. Also saß ich am Abend mit dem Ehepaar Loewe zusammen, und wir berieten, was da noch möglich wäre Die Antwort war bald gefunden. Ricardo und ich würden einen alten Jesuiten, Pater Roberto, besuchen, der seit 20 Jahren in der Colonia Del Sol arbeitet und das Leben der Armen teilt. Warum nur all diese Elendsviertel so schöne, wohlklingende Namen haben?

So stürzten wir uns also am kommenden Morgen wieder in den verrückten Verkehr und fuhren etwa eineinhalb Stunden diesmal gen Osten. Wir fanden den ziemlich überraschten Pater bei der Arbeit mit einer Gruppe von Frauen, die in der Colonia für die Hausbesuche, für die konkrete Hilfe in den Familien verantwortlich sind. Später lud er uns ein, mit ihm in ein neues, etwa neun Kilometer entferntes Zentrum zu fahren, das er gerade aufbaute. Das erwies sich einmal mehr als einer jener Punkte, die man nicht glauben will. Es wurde eine Fahrt von der Armut ins Elend.

Eine schier endlose Rumplerei über eine Straße, die diese Bezeichnung nicht verdient, entlang ebenso endlos scheinender Müllhalden. Der Müll der Mega-Stadt wird dort einfach in die Salzsümpfe gekippt, und Menschen müssen dann um einen Hungerlohn noch verwertbares Material, Metall, Papier, Glas, Textilien, Kunststoffe oder was immer es ist, sammeln und bei entsprechenden »Patrones« abliefern. Sie dürfen die Materialien nicht einmal selbst verkaufen, wie ich das aus Kairo kenne, sondern sie bekommen für zehn und mehr Stunden Arbeit in diesem stinkenden Dreck ein paar Pesos, je nach Lust und Laune, also nicht einmal einen Mindestlohn. Und diese Menschen haben nun angefangen sich mitten in diesem Dreck, in diesem Gestank, in diesen Giftwolken, die zurückbleiben, wenn sie das nicht mehr verwertbare Plastik verbrannt haben, anzusiedeln, weil sie sich den Transport in die Colonia Del Sol nicht mehr leisten können. Da leben sie nun mit ihren Familien, ihren Kindern als Müll im Müll, zwischen fetten Ratten und Myriaden von Fliegen und Moskitos.

Pater Roberto kommentiert bitter: »Das ist Teil eines Prinzips: Arbeitest du im Abfall der Stadt, dann wirst du zum Abfall im Staat. Es sind tausende Familien, die in den vergangenen Jahren hierher gekommen sind, weil sie anderswo keine Lebenschancen hatten. Sie haben begonnen, in den Müllbergen der Stadt zu arbeiten, um ihr Leben zu fristen, und sind zum Abfall einer brutalen und ausbeuterischen Gesellschaft geworden.«

Etwa sechs Millionen Menschen, das sind drei Viertel der Bevölkerung Österreichs, leben unter solchen Konditionen am Ostrand der mexikanischen Hauptstadt Das kann man sich als Bewohner der schönen, grünen Alpenrepublik schwer vorstellen, daß fast die ganze Bevölkerung in Fetzenhütten mit ein bisserl Wellblech dahinvegetiert, und ein Staat unter dem Druck eines von außen oktroyierten Wirtschaftssystems die Verantwortung dafür übernimmt. Dazu kommt dann noch, daß diese Menschen immer Gefahr laufen, vertrieben zu werden, wenn sie die Miete für den Platz, den ihre Hütte beansprucht, nicht bezahlen. Pater Roberto hat in diesem Zusammenhang von einer Pyramide der Ausbeutung gesprochen. Was er damit meinte, ist folgendes:

»Ich meine jene geometrische Figur, die von einer breiten Basis in die Spitze verläuft, und so gibt es in Mexiko, wie auch in all den anderen Ländern des Südens, eine breite Mehrheit des Volkes, die ausgebeutet wird. Die Ausbeutung geschieht durch die Spitze der Pyramide, und das sind vielleicht fünf oder sechs oder acht Prozent der Bevölkerung, die die Basis fest im Griff haben und darüber wachen, daß sich deren Situation nicht verbessern kann. Und diese Spitze der Pyramide ist heute ihrerseits wieder fest im Griff des ausländischen Kapitals, das ist neu, aber im Grund war das hier schon immer, seit 500 Jahren so. Früher waren es kaum mehr als eine Handvoll Spanier, oft nicht mehr als 300, denen es gelungen ist, Millionen von Menschen zu unterjochen. Man fragt sich ja immer wieder, wie das möglich war. Für mich ist es am wahrscheinlichsten, daß die Spitze über Technologie gestützte Macht verfügt, die der Basis jede Bewegung unmöglich macht. Das war damals so, und heute ist es nicht anders, abgesehen davon, daß sich die technologischen Hilfsmittel verbessert haben. Heute sind die wesentlichen Kanäle der Ausbeutung die neuen Kommunikationsmittel. Sie bringen die Menschen dazu, Unwichtiges wahrzunehmen, statt sich Wichtigem zuzuwenden. Und die Herrschenden benützen diese Medien, um die Leute davon abzuhalten, für ihre Rechte zu kämpfen, und dieses Elend, das wir hier sehen, ist ein äußerst praktischer Weg der Ausbeutung. Indem man verhindert, daß Menschen ihre Situation verbessern können, wenn sie einmal unter eine gewisses Niveau abgesunken sind, und dafür wird ja massenweise gesorgt, kannst du sie wegfegen wie Mist. Und alle diese Menschen, diese Männer, Frauen und vor allem diese Kinder sind im Laufe der letzten Jahre hinausgefegt worden von dieser neoliberalen Gesellschaft.« Die Augen des alt, aber keineswegs müde gewordenen Priesters funkeln, und ich würde sagen, es ist heiliger Zorn, der aus seinen Augen sprüht, und wenn ich um mich schaue, dann sprüht er zurecht, und ich wage noch die Frage nach der Rolle der offiziellen Kirche in Mexiko, wußte ich doch, daß diese ihm alle nur möglichen Steine in den Weg gelegt hatte und noch legt. Auch sein Orden war da nicht ganz unbeteiligt, denn dieser hatte ihn für viel Geld zu einem hoch qualifizierten Kirchenmusiker ausbilden lassen. Dann aber war der aus begütertem Haus stammende junge Absolvent mit einem Mitbruder nach Indien gefahren, und zum ersten Mal in seinem bis dahin wohlbehüteten Leben mit der Armut, mit dem Elend von Menschen konfrontiert worden. Daraufhin hatte er die Kirchenmusik mehr oder weniger an den Nagel gehängt und wollte sein Leben fortab nur noch mit den Armen teilen und für sie da sein. So etwas verzeiht eine hierarchische Struktur nicht so leicht, und dies ließ man ihn auch immer wieder spüren. Ihn aber störte es nicht, denn er hatte ein Bild, an das er sich hielt und halten wollte, koste es was es wolle: »Jesus Christus hat sich völlig klar und eindeutig den priesterlichen, wie den unsozialen Strukturen seiner Gesellschaft entgegengestellt, die sein Volk ausgebeutet haben. Unsere Position ist heute nicht anders, und wenn wir uns diesen ausbeuterischen Strukturen nicht entgegenstellen, dann hat unser ganzes Priestersein, unsere ganze Ordensberufung, unser ganzes Leben keinen Sinn. Für mich persönlich ist es so, daß ich dieses ganze Leben nicht einen Tag ertragen könnte, würde ich es nicht im Blick auf Jesus Christus tun. Auf diesem Boden stehe ich, auch im Sinn der Theologie der Befreiung, die mich Gott im Allerärmsten finden läßt. Und noch eines: Im Augenblick ist in Mexiko die Struktur der Kirche noch härter, noch gnadenloser, und wenn Sie wollen, noch kapitalistischer als die des Staates, als die der Regierung, und das tut unglaublich weh. Ich kann nicht sagen, wie weh.«

Für die Bischöfe mag Pater Roberto ein schwer verdaulicher Knochen sein, weil er sich einfach nicht einpassen läßt ins System, für die Elenden das draußen in den Salzsümpfen allerdings ist er der letzte Strohhalm, an den sie sich klammern können. Und er hatte ihnen tatsächlich mitten hinein in den Dreck, in den Gestank eine Schule gebaut, einen Kindergarten, ein Kulturzentrum, in dem sie die oft tief verschütteten Schätze ihrer eigenen Traditionen ausdrücken und so ihrem elenden Leben eine neue Dimension geben können. Es gibt auch ein kleines Gesundheitszentrum, das von Ärzten und Schwestern des Selbsthilfe-Netzwerkes betreut wird, und er legte auch hier, wie in allem, was er geschaffen hatte, auf ästhetische Kriterien großen Wert. »Gerade für Menschen, die nur von Schmutz und Häßlichkeit umgeben sind, sind diese Dinge unglaublich wichtig, weil sie ihrer menschlichen Würde dienen.«

Dann stehen wir auf der Dachterrasse des Zentrums, und Pater Roberto zeigt auf einen etwas schief im Gelände hängenden Betonblock von atemberaubender Häßlichkeit. Dieses schreckliche Haus hat einer der »Patrones«, einer jener Ausbeuter im Namen der anderen, größeren Ausbeuter für eine seiner Geliebten bauen lassen. Aber dann hatte der weiche Untergrund nachgegeben und so hängt es bis heute unbenutzt in der Gegend, hat aber sehr viel Geld gekostet. Es sollte ein Prunkbau werden, eine Provokation für die armen Teufel hier, so aber ist es zum Ziel von Spott und Hohn geworden.

ES IST UNSER LAND

Drei von unzähligen möglichen Skizzen aus der 22-Millionen-Metropole Mexico-Ciudad werfen Fragen auf. Was ist mit einer Gesellschaft geschehen, in der Tausende und Abertausende Kinder und Jugendlich schutz- und hilflos in Straßen, auf Plätzen, in Kanalschächten und Bahnhofsnischen einem unsichern Schicksal entgegenvegetieren und einen Tod vor der Zeit sterben müssen? Was ist mit einem an natürlichen und menschlichen Ressourcen so reichen Land geschehen, daß Millionen in Slums wie San Miguel Teo Tongo, in Colonias wie Del Sol oder da draußen in den Müllkippen irgendwie ums nackte Überleben kämpfen? – Warum und woher all diese Menschen kommen, davon konnte ich mir in den nächsten Tagen ein erstes Bild machen, das sich dann über die Jahre verfestigen sollte.

In einer Wohnung im Hinterhof eines schäbigen Hauses am Stadtrand von Oaxaca sitzen mir drei Männer, drei Kleinbauern aus dem Volk der Miches, auf einer zerschlissenen Couch gegenüber. Sie waren gerade kürzlich aus dem Gefängnis entlassen worden und sahen entsprechend aus. Einer von ihnen, Vater von sieben Kindern, saß zweieinhalb Jahre, und die beiden anderen, auch Familienväter, waren mehr als ein Jahr hinter Gittern. Warum? – Sie waren nicht bereit gewesen, ihr Land einfach herzugeben. Das genügt hier schon.

Der Ältere der drei Männer beginnt stockend zu erzählen: »Es war am 7. Jänner. Um etwa vier Uhr früh sind Pistoleros und Beamte der Justizwache in unser Dorf gekommen. Sie haben bei einigen Nachbarn und dann auch bei mir die Türe eingetreten und alles kurz und klein geschlagen. Es waren insgesamt etwa 60 Männer, bis an die Zähne bewaffnet, die da auf uns losgegangen sind. Sie haben die Frauen und die Kinder geprügelt und getreten und uns Männer mit Gewehrkolben traktiert. Es war furchtbar. Das ganze Dorf war ein einziger Schrei. Fünf von uns wurden festgenommen, und als zwei der Nachbarn zu rennen begannen und flüchten wollten aus lauter Angst, hat man sie einfach niedergeknallt. Einer von ihnen war mein bester Freund.

Damals wurden überhaupt viele Leute umgebracht, wenn sie nicht bereit waren, freiwillig ihren Grund und Boden zu verlassen.

Die Herren Politiker brauchten damals Land für einen ausländischen Konzern, der sich da ansiedeln wollte, und da war ihnen jedes Mittel recht. An einem Tag hat man in unserem Nachbardorf mehr als 20 Leute umgebracht, auch solche, die nur den Nachbarn zu Hilfe kommen wollten. Da ist man so unglaublich machtlos. Man kann sich nicht einmal wehren und man weiß auch, daß das alles ungestraft bleibt. Es geschieht keinem dieser Mörder etwas. Die dortige Polizei schaute weg oder machte sogar mit. Wir haben immer wieder versucht, uns zu organisieren, aber wir kamen nie weit damit. Gegen diese bewaffnete Gewalt, gegen diese Brutalität sind wir machtlos.

Es ging ja auch in unserem Fall um nichts anderes: Entweder wir geben den gemeinsam bewirtschafteten Boden auf, oder wir kommen ins Gefängnis. Und der Überfall in der Nacht war die Folge davon, daß wir uns geweigert hatten, diese 100 Hektar, die unserer Dorfgemeinschaft gehörten, und die schon unsere Ahnen bebaut hatten, aufzugeben und damit zu verhungern, oder in die Stadt abwandern zu müssen. Es ist unser Land, und bevor wir es aufgeben, lassen wir uns lieber einsperren.«

Die drei Männer, die da nebeneinander hockten wie geschlagene Hunde, erzählten noch lange, erzählten von den Verhören, von der Folter, der man sie unterzogen hatte, damit sie endlich ihre Ansprüche aufgeben, erzählten von der doppelten Folter des eigenen Leids, der eigenen Schmerzen und dem Leid und Elend der zurückgebliebenen Familien. Sie erzählen von der Angst um Frauen und Kinder, weil da ja immer die Drohung gekommen war, man werde die Kinder und die Frauen für die Sturheit der Väter büßen lassen. Sie erzählten von dem fadenscheinigen Prozeß, in dem man sie ohne Begründung zu 25 Jahren Haft verurteilt hatte, und sie erzählten von der dann ebenso grundlos erfolgten Freilassung, offenkundig, weil ein Priester und eine Anwältin weiter oben gedroht hatten, den Fall der internationalen Presse zu übergeben.

Irgendwann haben die drei sich dann zurückgezogen. Es dauerte aber noch eine Weile, bis jener Mann auftauchte, dessentwegen Dr. Loewe und ich uns auf die Suche nach diesem wohlweislich gut versteckten Domizil gemacht hatten. Das Taxi, so hatte die Anweisung gelautet, sollten wir auf der Hauptstraße verlassen. Und dann waren wir über die aufgerissene Seitenstraße, über

Schuttberge und ausgehobenes Erdreich geturnt und schließlich durch eine Reihe dunkler, verwinkelter Höfe geschlichen. Alleine, glaube ich, hätte ich nie mehr zurückgefunden. Aber dann stand Floriberto, ein junger Anwalt und Sozialwissenschaftler wie eine Erscheinung plötzlich im Raum. Ricardo und der schmächtige junge Anwalt, seit Jahren von der Polizei gesucht und verfolgt, kannten einander schon seit Jahren, und so fiel die Begrüßung auch richtig mexikanisch-herzlich aus. Er erzählte schlimme Geschichten. Vor allem über die täglich geübte Folter und all die grausamen Methoden, die man sich besser nicht vorstellt, aber irgendwann kam er dann direkt auf das hinter und über allem stehenden System zu sprechen: »Ich glaube, daß uns dieser Neoliberalismus als ein Werkzeug der von den USA dominierten Weltwirtschaftspolitik auch in den kommenden Jahren sehr schwer treffen wird. Das kann sich sogar noch verschlimmern, wenn man das von der Weltebene auf das nationale Niveau herunterholt, weil ja die Lebenssituation der Menschen in diesem Land bereits heute erbärmlich ist. Ich meine, offiziell spricht man hier ja nicht von Neoliberalismus. Der Präsident der Republik redet von einem sozialliberalen Plan, aber sozial ist daran nichts und liberal nur für die Reichen und die Politiker. Das ist nichts als ein doppelter Betrug an den Menschen, denn die Auswirkungen des Neoliberalismus sind bereits heute bis in die letzten Winkel des Landes zu spüren, und das wird noch ärger werden.

Die Auswirkungen des sogenannten freien Marktes bekommen alle zu spüren, aber jene Mehrheit noch stärker, die an diesem Markt gar nicht teilhat, in diesen Markt gar nicht integriert sein kann, eben weil es nur ein Markt für die Reichen und ›Tüchtigen‹ ist. Wir bekommen nur die Schattenseiten zu spüren, in dem wir dieser seltsamen Logik mit Gewalt unterworfen werden, mit einer Aggressivität, wie sie niemals vorher zu spüren gewesen ist. Bisher war es doch so, daß ein Teil der Bevölkerung immer noch in Subsistenz wirtschaften und sich so selbst mit dem Nötigsten versorgen konnte. Das wird zunehmend unmöglich gemacht, weil man die Bauern nun dazu zwingt, für den Markt zu produzieren, allerdings ohne ihnen dann gerechte Preise zu zahlen. Die Menschen produzieren nicht mehr um zu essen, sondern um zu verkaufen. Dafür fehlen ihnen allerdings die nötigen Voraussetzungen. Es fehlt ihnen das Kapital um die Geräte, den Dünger, das Saatgut zu kaufen. Es fehlt ihnen die Infrastruktur, um die Produkte auf den Markt bringen, und dann werden noch so niedrige Preise gezahlt, daß niemand davon leben kann. In diese mörderische Schere kommen immer mehr unserer Kleinbauern, vor allem der Indigenas in den Bergen, die ja schon durch die Lage ihrer Felder und die Kargheit der Böden benachteiligt sind.

Dazu kommt noch, daß die Bürokratie in diesem Land die wildesten Blüten treibt und hochgradig korrupt ist. Korruption ist praktisch zu einem Wahrzeichen unserer Bürokratie geworden, unterstützt von einem Justizapparat, der die Menschenrechte nicht schützt, sondern ständig selbst verletzt. Wie sollen wir da ordentlich produzieren können und auch noch wettbewerbsfähig sein? – Wir sind einfach nicht imstande, uns in diesen internationalen Markt mit seinen brutalen Gesetzen zu integrieren.«

Es ist klar, daß ein junger Mann, der solche Dinge klar und schonungslos ausspricht, der dann auch noch die Armen verteidigt, die Foltermethoden international anprangert, Prozesse gegen korrupte Beamte und prügelnde, mordende Polizisten anstrengt, seines Lebens nicht sicher sein kann und sich in einer solchen Höhle verstecken muß. Aber wenn man bedenkt, daß dieses Gespräch im Herbst des Jahres 1992, also zwei Jahre vor dem berühmt-berüchtigten NAFTA-Abkommen zwischen den USA, Kanada und Mexiko stattgefunden hat, kann man die Klugheit und Voraussicht Floribertos nur bewundern, denn er hat damals schon ziemlich genau gewußt, was kommen wird, und was inzwischen auch gekommen ist:

»Ja, denken wir an dieses sogenannte Freihandelsabkommen, das da vorbereitet wird, und denken wir an die ganze Euphorie, die man zu erzeugen sucht, dieses Phantom eines modernen Staates. Sie reden von einem Plan der Solidarität, werfen mit Geld um sich, fangen Tausende, meist ziemlich äußerliche bis sinnlose Projekte an und schieben die Grundprobleme immer weiter von sich.

Es geht zum Beispiel ganz simpel um die Ernährung, um die ausreichende Versorgung der Bevölkerung mit Grundnahrungsmitteln, aber darum kümmert sich keiner. Wäre da nicht der ganze informelle Sektor in der Versorgung, der Erziehung, der Medizin, der natürlich illegal ist, aber bereits etwa 50 Prozent der Bevölkerung umfaßt, wir hätten längst eine epidemische Hungersnot hier in Mexiko. Aber die Regierung putzt Fassaden, verbreitert Straßen, verschönert Plätze, um die Auslage für die Touristen zu schmücken. Man hat zuweilen das Gefühl, die glauben tatsächlich, daß es genügt, irgendwo Zement aufzuschütten und die Sache glattzuwalzen, und die Probleme wären gelöst. Es ist unglaublich, welche Mengen an Zement in den letzten Jahren – und das steigert sich von Monat zu Monat – nur in dieser Stadt Oaxaca verbaut worden sind. Ich meine, das kostet ja auch etwas, denn der Zement muß von weither gebracht werden, denn hier wird er nicht erzeugt. Das ist alles lächerlich und großmäulig. Kein Schimmer einer Antwort auf die Lebensprobleme der Menschen.«

Mexiko ging also in eine sogenannte Freihandelszone mit den Vereinigten Staaten von Amerika und Kanada und wechselte damit radikal die Fronten. Gehörte es bis dahin zu der Welt des lateinischen und katholischen Südens, war es irgendwo in einer historischen und geistigen Einheit mit der spanischen Welt, so wendete es sich nun dem Norden zu, der aus dem puritanisch, protestantischen Denken erwachsenen Welt des »American way of life«, der Welt der Reichen und Schönen, in der Gottes Segen angeblich nur auf den Reichen und Besitzenden ruht. Die Grenzen gegen den verarmten Süden wurden mehr und mehr nicht nur mental, sondern auch militärisch abgeschottet, da es ja am Reichtum des Nordens teilhaben möchte. Davon haben vor allem die ohnehin bereits reichen und mächtigen Eliten profitiert, nicht aber die Mehrheit der Bevölkerung, wodurch sich der Teufelskreis der Verelendung weiter gedreht hat, wie wir heute wissen.

Damals im Herbst 1992, als das alles noch Zukunftsmusik war, habe ich in einer alten, etwas vergammelten Villa mit kitschigen Deckengemälden und jeder Menge Stuck in einem der besseren Viertel von Mexico-Ciudad den Wirtschaftsexperten Carlos Heredia getroffen, der, wie der junge Floriberto in Oaxaca, die Zukunft ziemlich gut analysierte: »Die Freihandelszone ist vor allem und in erster Linie eine Maßnahme, die nordamerikanische Investitionen auf dem Sektor der Luxusgüter fördern und forcieren soll. An sich versuchten die Verhandlungsteams Kanadas, der USA und Mexikos die Sache so darzustellen, als ob es vor allem gälte, die Freiheit des Handels zu ermöglichen, in Gegenseitigkeit, versteht sich. Tatsächlich allerdings geht es lediglich um die Erleichterung ausländischer Investitionen. Diese Maßnahmen sind das Werk der konservativen Regierungen, die sich im vergangenen Jahrzehnt in diesem Großraum etablieren und festigen konnten. Sie tragen die Züge der Herren Reagan und Bush, und das Gütesiegel dieses Abkommens ist der Neoliberalismus, der ja Hand in Hand mit der desaströsen, konservativen Politik dieser Herren entstanden ist. Ziel dieses Abkommens ist es natürlich auch, die Stellung und Bedeutung der US-amerikanischen Wirtschaft gegenüber anderen Wirtschaftsräumen, wie Europa oder Japan, zu stärken.

In diesem im Entstehen begriffenen nordamerikanischen Großraum geht es, im Unterschied zu Europa, keineswegs um eine Gemeinschaft, auch nicht um einen gemeinsamen Markt, sondern nur um eine größere Flexibilität des Zwischenhandels und der Investitionen. Es ist ein reines Wirtschaftsabkommen, in das nicht die geringste soziale Überlegung eingearbeitet worden ist, in der es auch um keinerlei gesellschaftspolitische Fragen geht, und das heißt im Klartext: Die soziale und demokratiepolitische Entwicklung spielt keine wie immer geartete Rolle. Es ist ein Vertrag zwischen den wirtschaftlichen Eliten der drei Staaten, die mit den betreffenden Völkern nicht das geringste zu tun hat.«

Der alte, etwas behinderte Herr in seinem Fauteuil nippt in kleinen Schlucken immer wieder an seiner Teetasse, lehnt sich etwas zurück, ordnet offensichtlich seine Gedanken, bevor er auf die Bedeutung des Abkommens für sein Land direkt zu sprechen kommt: »Die mexikanische Regierung sieht sich sozusagen auf dem Weg aus dem verarmten Süden in den reichen Norden und glaubt tatsächlich, das Eintrittsticket bereits in der Hand zu haben. Unsere Politiker und wirtschaftlichen Eliten sind heftig bemüht, Mexiko das Profil eines entwickelten Landes zu geben, das Märchen von einem industrialisierten Land zu nähren, das zum Norden gehört, und geben damit praktisch blanko ihr Einverständnis, alle Auflagen der Weltbank und des Weltwährungsfonds zu übernehmen, ohne zu beachten, daß diese Auflagen auf die industrialisierten Länder des Nordens zugeschnitten sind und den Überlebensbedingungen des Südens in keiner Weise entsprechen. Die Tatsache, daß die Mehrheit unserer Menschen unter den elenden Bedingungen des seit Jahrhunderten ausgebeuteten Südens leben müssen, interessiert unsere werte Regierung allerdings nicht.«

Diese »werte Regierung«, damals unter der Führung von Carlos Salinas de Ortari, scherte sich in der Tat nicht um die Menschen, sondern war bestrebt, sich mit der Ratifizierung dieses NAFTA-Abkommens einen politischen Freibrief zu erkaufen, um im Nachhinein jene Maßnahmen zu sanktionieren, die bereits seit 1986 gesetzt und am 1. Dezember 1988 erneuert worden waren und das hieß: eine Politik der strukturellen Anpassung, eine Privatisierung aller verstaatlichten oder nationalisierten Unternehmen, die totale Öffnung für ausländische Investoren und die Schaffung sogenannter »freier Produktionszonen«, der inzwischen unter dem Namen »Maquilladores« berüchtigt gewordenen Zentren für »Sklavenarbeit« globalisierten Zuschnitts und damit eine Liberalisierung der gesamten Wirtschaft und eine Neustrukturierung des Landes zum Nutzen der Großunternehmen, nationaler und internationaler Provenienz. Salinas versuchte, damit auch das politische System zu festigen, das er in Mexiko aufgebaut hatte, und das wiederum hieß, daß Demokratie, wie wir sie verstehen, keine Chance mehr hatte, sondern die grundlegenden Entscheidungen von einer winzigen Elite zum eigenen Wohl und Vorteil zu treffen waren.

In meinem Gespräch mit Carlos Heredia wollte ich mich natürlich nicht mit den groben Kohlestrichen einer skizzenhaften Darstellung begnügen, sondern wollte auch Zahlen hören, wohlgemerkt, Zahlen aus dem Jahre 1992: »Dieses Abkommen bevorzugt jene Personen, jene kleinen wirtschaftlichen Gruppen, die schon bisher von der Restrukturierung der Auslandsverschuldung, vom Eintritt in das GATT und von der bisherigen Politik der strukturellen Anpassung an den Leithammel USA profitiert haben. Auch von den Maßnahmen der Privatisierung haben sich natürlich ebenfalls diese Gruppen die größte Scheibe vom Kuchen abgeschnitten. Da sind insgesamt 37 Konsortien, die mehr als ein Viertel des Bruttosozialproduktes kontrollieren, und da sind jene sieben Holdings, die zufällig im Besitz der besten Freunde des Herrn Salinas sind und die auf der Liste einer amerikanischen Wirtschaftszeitung unter den 278 reichsten Leuten der Welt figurieren, von denen jeder einzelne über eine Privatvermögen von mindestens einer Milliarde Dollar verfügt.« – Diese Zahlen mögen sich von heute her liebenswert minimalistisch lesen, aber mir geht es auf diesen Seiten nicht um die neuesten Zahlen, die sich heute jeder über das Internet besorgen kann, sondern um das System, das im Mexiko dieser frühen neunziger Jahre dank der geographischen und inneren Nähe mit den USA und des brutalen Drucks des großen Bruders im Norden bereits voll gegriffen hatte.

Tatsache war, daß Mexiko, um das Abkommen ratifizieren zu können, seine Verfassung adaptieren mußte und damit alle Errungenschaften der mexikanischen Revolution von 1917 über Bord geworfen hat. Nach dieser blutigen, auch aus dem Elend der Menschen geborenen Revolution war vorgesehen, daß der Staat sich verpflichtet, für einen Mindeststandard des Volkes Vorsorge zu treffen, das Überleben in Freiheit und Menschenwürde zu garantieren. Davon hatte man sich abgewandt zugunsten einer Dominanz des Kapitals. Statt kollektiver Sicherheit regierte und regiert nun der nackte Individualismus der Reichen, der zunehmend von Egoismus geprägt ist. Dazu der Wirtschaftsexperte Carlos Heredia: »Dabei tut der Staat immer noch so, als hätten alle Menschen in diesem Land die gleiche Chance, was natürlich ein Witz ist. Der Staat tut weiter so, als gäbe es immer noch eine breite, gut gepolsterte Mittelschicht, und die Armut wäre die Ausnahme, aber das ist genauso lächerlich.«

Eine der wesentlichsten Veränderungen, die dramatische Folgen gehabt hat und noch hat, war die Freigabe des Grundbesitzes. Was es bis dahin vom Gesetz her noch möglich, daß Indigenas als Dorfgemeinschaft gemeinsam Land besitzen und bebauen konnten, so gibt es jetzt nur noch Landtitel für Individuen. Eine indigener Bauer in Oaxaca hatte es mir in einem knappen Satz gesagt: »Unser Verbrechen ist es, daß es in unseren Kulturen nicht üblich ist, privaten Grundbesitz anzuhäufen.« Nun, seither hat dies bedeutet, daß das wenige Land, das den Indigenas gehörte, mehr und mehr zum Spekulationsobjekt von reichen In- oder Ausländern geworden ist, weil es leichter ist, einen einzelnen oder eine einzelne Familie unter Druck zu setzen, als ganze Dorfgemeinschaften. »Trotz all dem«, meint Dr. Heredia, »die Welt der indigenen Völker hat 500 Jahre lang Widerstand geleistet und wird auch jetzt nicht verschwinden, aber diese Menschen werden sich neue Formen des Widerstandes überlegen und neue solidarische Formen des Zusammenlebens entwickeln müssen. Aber es geht bei der ganzen Geschichte mit diesem Abkommen ja nicht nur um die indigene, sondern um 80 bis 85 Prozent der gesamten mexikanischen Bevölkerung, die zu einer quantité négligeable geworden sind in diesem Spiel.« Da fällt mir die Begegnung aus Brasilia wieder ein mit dem zynischen Satz: »Der Rest zählt nicht«, mit dem mehr als 100 Millionen Menschen gemeint waren!

Dieses Denkmuster paßt auch gut zu jenem, das durch das Weiße Haus und das Pentagon geistert: »Der Rest zählt nicht.« – und so sah es auch damals im Herbst 1992 der wache, alte Herr mit seiner Teetasse und dem profunden Wissen über sein Land: »Die Amerikaner, ganz egal ob sie Bush oder Clinton oder sonst wie heißen, wissen sehr genau, daß es in Mexiko keine echte Demokratie gibt, auch wenn das in unseren Tourismusprospekten so schön zu lesen steht. Sie paktieren mit einem System, dessen Legitimität in Frage zu stellen ist. Und wenn sie alle von Legitimität reden, dann ist das eine, die vom eigenen bürokratischen Apparat, aber nicht durch das Volk angesichert ist. Aber das alles scheint den Verbaldemokraten in den USA ziemlich egal zu sein.«

Das Bild, das Carlos Herdia in diesem Gespräch von Mexiko und dem herrschenden System zeichnete, entspricht natürlich nicht jenem Bild, das man sich gemeinhin von diesem Riesenland macht. Welches sind die Klischees, die vor allem hier in Europa über Mexiko verbreitet worden sind und gerne geglaubt werden? Ein sogenanntes Schwellenland, das über ein beachtliches Industriepotential verfügt, eine Mehrparteiendemokratie, ein Kulturland mit ungeheuren Schätzen, die die abgeschlachteten »Wilden« der vorkolumbianischen Zeit der Nachwelt hinterlassen haben, eine märchenhaft schöne Landschaft, weiße Strände, romantische Täler und die imposanten Silhouetten der Berge und Vulkane, die Vielfarbigkeit der Völker, Lebenslust, Temperament, Musik und eine vorzügliche Küche und natürlich die Armut, aber die gehört zu dem pittoresken Bild ja irgendwie dazu. Glutäugige, bettelnde Kinder machen sich nun einmal gut im Fotoalbum oder auf der Leinwand des Familienkinos. – Nun, das mit den kulturellen Schätzen stimmt ebenso wie das, was über die Landschaft und die Menschen gesagt wird, aber alles andere wird eben unter den Teppich gekehrt. Allerdings beginnt es sich langsam herumzusprechen. Es ist mir sogar in einem diplomatischen Zirkel in der

Hauptstadt passiert, daß da gesagt wurde: »Es wäre an der Zeit, daß das allzu schöngemalte Bild, das die Welt sich von diesem Land macht, revidiert, zurechtgerückt und der Wirklichkeit angepaßt wird.« – Wenn man solche Töne schon in diplomatischen Kreisen hört, kann man doch annehmen, daß die Lüge schon sehr offensichtlich geworden ist, daß die Masken dabei sind, unerträglich zu werden.

Diese kritischen Töne sind auch nicht mehr nur auf die Hauptstadt beschränkt, auch nicht auf die Kreise der Wirtschaftsfachleute und Sozialwissenschaftler. In San Cristóbal de Las Casas, im Süden des Landes, im Bundesstaat Chiapas zum Beispiel, habe ich unter anderen auch den damaligen Generalvikar der Diözese, den Dominikaner Pater Gonzalo getroffen, der aus der mexikanischen Oberschicht stammt, also beides kennt, das Oben wie das Unten. In einem Gespräch, das wir an einem regenverhangenen Abend in der uralten und schon ziemlich ramponierten Trutzburg des Dominikaner Konvents geführt haben, sagte er unter anderem: »Es hat sich herausgestellt, daß der Egoismus zu einem fundamentalen Prinzip des Wirtschaftens, ja überhaupt des Zusammenlebens geworden ist. Und dieser Egoismus, diese brutale Akkumulierung von Geld und Gut in immer weniger Händen bewirkt eine Deformation des nationalen Bewußtseins, eine Trübung des Blicks, einen Verlust an Realitätssinn und Wahrnehmung der Dinge, wie sie wirklich sind. Man wird unfähig, den Nächsten noch als Bruder oder Schwester zu sehen. Man sieht nur noch den Konkurrenten, ja den Feind, der die eigenen Möglichkeiten schmälert. Das führt à la longue zu völlig irrationalen Reaktionen, zu einem ständigen und grundlegenden Verrat an dem eigentlichen Kern der menschlichen Natur, vor allem auch an den von den Ahnen der indigenen Völker überlieferten Grundwerten der Gesellschaft, die immer den Gemeinsinn, den Zusammenhalt, die gegenseitige Rücksichtnahme, ja die Liebe als Leitmotiv menschlichen Zusammenlebens gesehen haben. Und das wird letztendlich nicht zum Aufbau, sondern zur Zerstörung auch der Wirtschaft, ja des ganzen Systems führen, und das gilt nicht nur für Mexiko. Wie der reale Sozialismus in Osteuropa zusammengebrochen ist, so wird auch dieses neoliberale System der Menschenverachtung ›Made in USA‹ über kurz oder lang zusammenbrechen.«

DER TOD DER BIENEN

Während in der Neujahrsnacht des Jahres 1994 im Regierungspalast am Sócalo, dem riesigen Platz im Herzen der mexikanischen Hauptstadt, noch die Champagnergläser klirrten, um den Eintritt Mexikos in die Freihandelszone NAFTA zu begießen, war in fünf Städten in Chiapas pünktlich zum Ereignis ein Aufstand ausgebrochen. Die Zapatistas und ihre indigene nationale Befreiungsarmee hatten diesen bewaffneten Aufstand minutiös geplant und dann auch plangemäß durchgeführt. Dieser Aufstand, der damals wirklich die Qualität eines Schreis hatte, hat ein weltweites Echo gefunden und hatte in Mexiko, aber vor allem auch in Europa, eine Welle der Sympathie ausgelöst. Die ebenso überraschte wie erschrockene mexikanische Regierung reagierte schnell und trat schon wenige Tage später Friedensverhandlungen bei, zu denen der Bischof von San Cristóbal de Las Casas, Samuel Ruiz Garcia, eingeladen hatte. Da man vor den frischgebackenen Bündnispartnern USA und Kanada schön dastehen wollte, kam es schon bald zu einer ersten Einigung, und die Regierung bot den vermummten Führern der Zapatistas einen einseitigen Waffenstillstand an. Alles andere würde sich dann schon finden, hoffte man offensichtlich. Aber es fand sich nicht, denn die kleingewachsenen drahtigen Indios meinten es ernst und wollten tatsächlich, erstmals seit der Conquista, ihr Schicksal in die eigene Hand nehmen.

1995 kam es dann nach langen, zähen Verhandlungen zum sogenannten Abkommen von San Andres Larráinzar, in dem den indigenen Völker unter anderem das Recht auf eine autonome Organisation der Lebensführung nach ihren eigenen kulturellen und sozialen Traditionen zugesichert wurde. Dies hätte allerdings einer Änderung der Verfassung bedurft, zu der es natürlich bis heute nicht gekommen ist, was zu wachsenden Spannungen geführt hat. Die indigene Bevölkerung begann, sich in einigen Landesteilen neu zu organisieren, was von Seiten des Staates erst mit massiven Einschüchterungen und in der Folge mit einer forcierten Militarisierung der Region beantwortet wurde.

Und mitten hinein in diese Spannung führte mein Weg, als am 22. Dezember 1997 um 17.30, also um 10.30 Uhr mexikanischer Zeit, meine Haustüre in Wien hinter mir ins Schloß fiel. Genau zu diesem Zeitpunkt kniete in Acteal, einem kleinen, armseligen Dorf in der Gemeinde Chenalhó, eine Gruppe von Menschen betend vor einer winzigen Kapelle auf der Lichtung einer Kaffeeplantage. Die Menschen aus dem Dorf und aus dem angrenzenden Laubhüttenlager für Vertriebene hatten sich zu einem vorweihnachtlichen Friedensgebet zusammengefunden, als 60 schwerbewaffnete und uniformierte Männer aus dem Busch getreten waren und von hinten das Feuer auf die Betenden eröffnet hatten. Einige, vor allem Frauen und Kinder, waren sofort zusammengebrochen, anderen gelang die Flucht. Sie rannten, wie später zu erfahren war, in Panik die steilen Hänge hinunter zur Schlucht über dem Wasserfall, die bewaffneten Verfolger dicht auf den Fersen.

So und ähnlich hörte ich es bei meiner Ankunft von Freunden, las ich es am nächsten Tag in ersten Presseberichten und erfuhr auch, daß dieses Hetzen, Jagen, Morden, Massakrieren und Schänden mehr als vier Stunden gedauert hat. Mit dem Töten alleine war es aber offensichtlich nicht getan. Sterbende und Tote wurden mit Buschmessern bearbeitet und schrecklich zugerichtet. Einige Frauen, verletzte, sterbende, tote Frauen wurden vergewaltigt, denn die Täter konnten offensichtlich sicher sein, daß sie nicht gestört werden würden. Das Unfaßbare stellte sich später als wahr heraus. Das ganze Drama lief unter den Augen der nur in 300 Meter entfernt versteckten mexikanischen Polizei ab.

Damit wurde auch langsam der Hintergrund klarer. Da die mexikanische Polizei und die in Chiapas inzwischen auf 70.000 Mann angewachsene Armee sich die Hände nicht schmutzig machen wollen – macht doch keinen guten Eindruck bei den Verbündeten aus dem Norden –, muß man jemanden anderen für diese Art der Drecksarbeit suchen. Und dafür hat man offenbar in den, zum Teil von evangelikalen Sekten dominierten, ebenso armen Dörfern junge Leute bestochen und/oder unter Druck gesetzt, rekrutiert und dann – der Verdacht drängt sich jedenfalls auf – von Männern der Cabilen, jener guatemaltekischen Spezialisten, die in Panama zu perfekten Killern ausgebildet worden sind, trainieren lassen. Die Kappen und die Stiefel, die später da und dort gefunden worden sind, haben diesen Verdacht erhärtet. Von dorther also schien der Wind zu wehen. Gar nicht so überraschend, schließlich schlummern unter den tiefen Wäldern dieses Gebietes die wahrscheinlich reichsten Erdölvorkommen Mexikos, auf deren Ausbeutung der »große Bruder« schon ungeduldig wartet.

Und dabei sind Menschengruppen wie jene, denen die Opfer von Acteal angehört haben, hinderlich. Sie nennen sich »Las Abejas«, die Bienen. Unter diesem Begriff hatten sich über die Jahre etwa 800 Familien zusammengefunden, alles arme Leute, einfache Bauern und Landarbeiter, die beschlossen hatten, ihr Schicksal selber in die Hand zu nehmen und sich nicht weiter ausbeuten zu lassen. Ihr Ziel war Gerechtigkeit, ihr Weg der Friede, denn im Unterschied zu den Zapatistas waren sie entschlossen, ihren Weg gewaltfrei aber autonom zu gehen.

Jedenfalls war die Opferbilanz an diesem eiskalten Wintertag, in den Bergen von Chiapas für 60 schwerbewaffnete gut trainierte Männer gegen diese Gruppe unbewaffneter Bloßfüßiger nicht gerade ein Ruhmesblatt, aber wahrlich schlimm genug. Fünfundvierzig Tote, davon 21 Frauen, 15 Kinder und neun Männer. Etwa 30 Menschen wurden mehr oder weniger schwer verwundet. Aus der zeitlichen und räumlichen Distanz betrachtet, sind das inzwischen Ziffern geworden, die, wie die Opferzahlen aller Verbrechen, mit der Zeit verblassen, und einen Hauch von Statistik bekommen.

Die Kraßheit der Unvergeßlichkeit traf mich vor Ort, als ich einige Tage später die Möglichkeit hatte, nach San Cristobal de Las Casas und dann auch nach Acteal zu kommen. Dort hörte ich es dann von einem Überlebenden, der mit zitternder, tränenerstickter Stimme erzählte: »Es war so furchtbar. Ich werde diese Bilder mein Leben nicht mehr los. Da war zum Beispiel Rosa Goméz. Sie war hochschwanger und lag vor der Kapelle in ihrem Blut. Sie röchelte noch, als ihr Mörder auf sie zusprang, ihr mit einem Messer den Bauch aufschlitzte, das Ungeborene herausriß und mit triumphierender Geste über den Platz schleuderte. Wir wissen genau, wo sie das gelernt haben: bei den Cabilen, die in Mexiko Paramilitares ausbilden. Sie machen diese an sich armen Teufel, die genauso arm sind wie wir, zu reißenden Bestien, zu Killermaschinen.«

In der Hauptstadt und während der Weihnachtsfeiertage im Schatten des Popocatepetl, in dem kleinen, alten Städtchen Tepotztlan, waren die Informationen dünn und widersprüchlich, für den einen Teil der Presse war alles schwarz und für den anderen eben alles weiß. Was aber überall und in allen gesellschaftlichen Schichten und Bereichen zu spüren war, war ein unglaubliches Maß an Erregung, an Zorn über die herrschenden Strukturen, und ich glaubte zwischen all dem obligaten weihnachtlich wunderlieben Kitsch mexikanischer Volksfrömmigkeit eine wachsende Sympathien für die Anliegen der Armen und hier vor allem der Indigenas, ein wachsendes Engagement für eine andere Politik, für eine Ablösung der PRI, der Partida de la revolución institutionalisada (der Partei der institutionalisierten Revolution) – ein Name, der längst zu einer bitteren Farce geworden war – zu erkennen. Das internationale Echo, die starke Vernetzung der Zapatistas mit allen Zentren der Welt, der dichte Informationsfluß schien auch die Stimmung im eigenen Land natürlich nicht umgekehrt, aber zumindest verändert zu haben.

Dazu war dann noch der aufsehenerregende Marsch der vermummten zapatistischen Rebellen und ihrer von links und rechts zuwachsenden Sympathisanten gekommen, der sie, beginnend am 8. September 1997, durch verschiedene Bundesstaaten bis in die Hauptstadt geführt hatte. Dieser Marsch wurde fast überall gut aufgenommen und von der Zivilbevölkerung aller Schichten aktiv gestützt, was natürlich die Kreise mancher Politiker gewaltig störte. Es gab damals zu Weihnachten auch Stimmen, die meinten, daß das brutale Massaker an den »Bienen« eine Antwort auf den Erfolg des herbstlichen Marsches gewesen sein könnte.

Ich war jedenfalls nach der Rätselraterei neugierig auf Auskünfte vor Ort. Die beste Auskunftsperson war Samuel Ruiz Garcia, seit 37 Jahren Bischof der Diözese San Cristóbal, von seinen Gläubigen liebevolle Tatic genannt, Vater der Indios.

»Zweimal wurde aus diesem, unserem Haus der Regierungssekretär in Tuxtla Gutierrez angerufen. Das erste Mal, um ihn zu informieren, daß es am späten Abend des 21. Dezember eine Versammlung der lokalen Führer der Regierungspartei mit den Führern der paramilitärischen Gruppen gegeben habe. Über den Inhalt der Gespräche können wir nur mutmaßen. Wir drängten, daß die Behörde handeln müsse, da es sonst zu einem Unglück kommen würde.

Fünfzehn Minuten, nachdem der erste Schuß in Acteal gefallen war, wurden wir per Funk benachrichtigt und haben sofort im Büro des Regierungssekretärs Sanchéz Sanchéz angerufen und gebeten, einen Hubschrauber in die Gegend zu schicken und der Polizei die nötigen Anweisungen zu geben. Erst zwei Stunden später wurden wir zurückgerufen. Die Botschaft war: nichts passiert, irgend jemand hat vier Schüsse in die Luft abgegeben. Und dann kam noch der zynische Ratschlag, nicht hysterisch zu werden, das vertrage sich nicht mit der Würde eines Bischofs.«

Nur eine halbe Stunde nach diesem letzten Telefongespräch trafen im Bischofshaus die ersten Verletzten ein. Vier Kinder, eine schwangere Frau und weitere 28 Erwachsene. Ein paar aufmerksame Leute hatten die Menschen eingesammelt, den steilen Hang hinaufgeschleppt, auf einen Lastwagen gepackt und nach San Cristóbal gebracht. Während dessen war auch sonst Bewegung in die sonst so stille Gegend gekommen. Eine Mannschaft hatte versucht, Spuren zu verwischen, den Platz zu säubern und die Toten fortzuschaffen, um dann sagen können: Was habt ihr? Ist ja nichts passiert.

Aber so lief das eben doch nicht mehr. Es war mehr Bewußtsein gewachsen, als die Provinzverwaltung, die Polizei und das Militär vermutet hätten. Die kleinen bloßfüßigen Indios hatten den Säuberungstrupp sofort entdeckt und unmißverständlich zum Verlassen des Tatortes aufgefordert, und die ohnehin schon leicht verunsicherten Handlanger mußten unverrichteter Dinge abziehen.

Inzwischen hatten die Mitarbeiter von Bischof Samuel Ruiz die Presse verständigt. Auch das ein Novum. Und da die Journalisten inzwischen wußten, daß Informationen aus dem Bischofshaus absolut seriös und stichhaltig sind, brach dann eine Gruppe von Reportern von Printmedien, aber auch einer mit einer Filmkamera am nächsten Morgen um fünf Uhr in Richtung Acteal auf. Aber bereits eine Stunde früher hatte sich ein anderer Konvoi auf denselben Weg gemacht: ein LKW mit bewaffneter Polizei, ein Zwölftonner, und zwei kleinere Lastwagen, die auch den Untersekretär der Provinzregierung und einige seiner Mitarbeiter an Bord hatte. Ihr Auftrag war offenbar, notfalls auch mit Waffengewalt alle Spuren zu verwischen und die Leichen soweit wie möglich verschwinden zu lassen. Anfangs wollten sie sie einfach vergraben, aber das haben die Angehörigen nicht zugelassen, also hat man die arg verstümmelten Leichen auf den LKW geladen und war in Richtung Tuxtla Gutierrez losgefahren. Der Konvoi ist jenem der Journalisten auf der engen Straße entgegengekommen. Die haben dann gewußt: Gelegenheit verpaßt, und schnell reagiert. Sie haben die beiden Wagen gewendet und sich an den Konvoi angehängt. Kein ungefährliches Spiel. Die Polizisten waren mit ihren Nerven am Ende nach all den peinlichen Befragungen. Dabei hatten die Kollegen in Chenhaló ja nur Befehle befolgt, wenn sie die Paramilitärs gewähren ließen. Ohne Zwischenfälle stellten die Journalisten den Führer der Mannschaft, der etwas von juristischen und sanitären Gründen faselte und vorgab, daß die Provinzverwaltung den Ausbruch von Seuchen verhindern wolle. – Für die Überlebenden allerdings ein weiterer Schlag ins Gesicht, eine unerträgliche Verschärfung des Schmerzes.

Am kommenden Tag, dem 24. Dezember 1997, erschien ein offener Brief von Bischof Samuel Ruiz in einigen Zeitungen. Adressiert an das Gottesvolk der schwer geprüften Diözese San Cristóbal. Er begann mit den Worten: »Diese Weihnachten sind für die Christen in unserer Diözese, in unserem Bundesstaat und im ganzen Land Tage der Trauer. Darum fällt es uns im Moment furchtbar schwer, einander fröhliche Weihnachten zu wünschen. Uns scheint es, als wäre das Kind tot geboren.« Und in bezug auf den gewaltsamen Abtransport der Leichen schrieb der Bischof und machte damit auch für den Fremden einiges verständlicher: »Die Menschen flehten uns an: ›Helft uns, damit wir unsere Toten begraben können. Verhindert, daß man sie uns nimmt!‹« Wer die Seele indigener Menschen kennt, weiß, daß es für sie unverzichtbar ist, ihre Toten auf ihre Art zu beklagen und zu bestatten. Aber selbst diesen allerletzten Trost hat man ihnen genommen.« – Abschließend stand in diesem brüderlichen Hirtenbrief zu lesen: »Herodes wollte das Kind töten, aber es ist ihm nicht gelungen. Es wird ihm auch heute nicht gelingen, auch wenn noch so viel unschuldiges Blut dieses harte und trockene Land tränken muß. Ich und Bischof Raul bitten die Gläubigen all unserer Pfarren und Missionsstationen, dieses Weihnachten 1997 als einen Tag der Trauer in der Hoffnung zu begehen. Gott, der Herr des Himmels und der Erde, der in seinem Sohn Mensch geworden ist, um uns seinen Frieden zu bringen, segne uns alle.«

Dieser weihnachtliche Hirtenbrief, den ich hier natürlich nur in Ausschnitten zitiert habe, hat unglaublich schnell die Runde gemacht und für Aufsehen gesorgt. In Mexiko war und ist man es nicht gewohnt, daß Fakten in aller Öffentlichkeit klar und ungeschminkt ausgesprochen werden, schon gar nicht Fakten dieser Art. Diesen Brief kannte man in der Hauptstadt, in anderen Bundesstaaten und bis hinein in die letzten Täler von Chiapas und auch bei jenen, die weder lesen noch schreiben konnten. Die Politiker auf lokaler, regionaler und nationaler Ebene begannen wild um sich zu schlagen und zu lügen, daß sich die Balken bogen. Erstaunlich, was in diesen Tages alles mehr oder weniger frei erfunden und assoziiert worden ist. Die putzigste Version war jene von den beiden zerstrittenen Clans, die eine Privatfehde ausgetragen hätten. Verglichen mit den Fakten und den Opfern wirklich phantasievoll.

Mich allerdings interessierten diese Spekulationen nur am Rande. Ich hielt mich an die Mitarbeiter vom Don Samuel, die von keinerlei parteipolitischen Interessen angekränkelt waren. Das war vor allem Schwester Esther, Generalsekretärin und Kanzler, vor allem aber die Seele der Diözese San Cristóbal. Sie war in diesen nachweihnachtlichen Tagen kaum im Bischofshaus anzutreffen. Ihr Büro verwaist. Die Papiere auf den Tischen aufgetürmt. Ihr Platz war nicht hinter Mauern, ihr Platz, so formulierte sie es bei unserer Begegnung, war draußen in der Kälte; bei den verzweifelten und verängstigten Menschen in den Dörfern und Lagern und natürlich auch bei den Hinterbliebenen, als unter dem Druck der Öffentlichkeit die Leichen endlich freigegeben wurden und die Angehörigen kommen konnten, sie heimzuholen. Schwester Esther erzählte von diesen Stunden, und ich hatte dieser starken, zitternden Frau meinen rechten Arm fest um die Schultern gelegt, um sie irgendwie zu stärken, zu stützen. Mit Unterbrechungen kam es stoßweise: »Es war ein Schmerz, ein Schmerz, der aufplatzte wie eine Knospe. Es war ein sich vervielfachender, unsagbarer Schmerz, der aufbrach, als wir gemeinsam die Särge, einen nach dem anderen öffneten, damit sie ihre Toten identifizieren konnten. Immer wieder diese Stimmen, diese unterdrückten Schreie: Nein, das ist nicht mein Vater. Nein, das kann meine Mutter nicht sein. Ich erkenne ihr Gesicht nicht. – Es ist mir unsagbar schwergefallen zu sagen: Schau, Schwester, vielleicht ist er es, ist sie es doch, auch wenn du sie jetzt nicht mehr erkennen kannst, nach allem, was mit ihm, mit ihr geschehen ist. Gib trotzdem die Kleider hinein und auch die Schuhe. Es war schrecklich, die Menschen darum bitten zu müssen. Es ging ja um Details, es ging um Sandalen, um Gürtel, um Kleinigkeiten. Üblicherweise wird ein Toter von den dafür im Dorf zuständigen Leuten unter rituellen Gesängen gewaschen, mit Kräuterextrakten eingerieben und bekleidet. Eine tote Frau trägt ihre Charta, ihren Wickelrock, ihren Huipil, ihre Bluse und irgendein letztes Geschenk. Hier aber war nichts außer diesen nackten, blutverschmierten Leibern, einfach nur tot, zerschlagen, wie Müll in einem Plastiksack. In ihren Körpern wurde auch ihre Kultur geschändet. Es war einfach ein sich mehrfach überlagernden Schmerz.«

Für einen Ausländer, einen Fremden ist die Welt der indigenen Völker nicht so einfach zugänglich, da muß man schon so lange und so intim mit diesen Menschen zusammenleben, wie Don Samuel, Sr. Esther und die anderen Mitarbeiter der Diözese. Doch einen Hauch des Mysteriums durfte ich dann am 31. Dezember erfahren. Für diesen Tag, den neunten Tag nach dem Massaker, war im Tal von Acteal, direkt am Tatort, eine Trauerfeier angesetzt, eine Novene, wie das so üblich ist. Mehr als 3000 Menschen aus den umliegenden aber auch aus entfernteren Gemeinden und aus der Hauptstadt waren zusammengeströmt. Die letzten zehn Kilometer war man singend und betend in einer Prozession die gewundene Bergstraße entlang gegangen, immer gewärtig, daß das Militär eine Sperre errichtet haben könnte. Nichts. Kein Schatten eines Soldaten oder eines Polizisten. Die Sache hatte international zuviel Staub aufgewirbelt. Außerdem hatten sich auch eine Reihe ausländischer Reporter angesagt. Also besser gute Miene zum bösen Spiel machen und wie üblich auf harmlos und freundlich tun, um das arg verschmutzte Schaufenster wieder etwas zu polieren.

Etwa zwei Kilometer vor dem Ziel taucht ein Lastwagen auf. Ein Moment der Unsicherheit, der Angst unter den Menschen. Kein Wunder, sind doch in diesem Streckenabschnitt viele Soldaten zusammengezogen, als müßten sie eine hochgerüstete, fremde Armee besiegen. Aber heute, nur das wissen die Leute nicht, bewegt sich nichts. Die Unsicherheit verfliegt, als der Dominikaner P. Pablo, den sie als Freund und Bruder kennen, den Leuten bedeutet, zur Seite zu treten und den LKW passieren zu lassen. Er hält an der Spitze des Zuges. Ziegelsteine werden abgeladen. Jeder Frau, jedem Mann und auch den größeren Kindern wird ein solcher roter Stein übergeben. Das Motto: Unsere Schwestern und Brüder sind von uns gegangen. Sie haben ihr Haus verlassen. Wir wollen ihnen ein neues Haus bauen. – Die Leute nehmen die Ziegel auf und der Zug setzt sich wieder in Bewegung. Die Menschen tragen ihre Ziegel nicht nur die ebene, asphaltierte Straße entlang, sondern dann auch den steilen, glitschigen Weg hinunter nach Acteal. Man merkt sofort, diese Menschen sind solche Wege gewohnt, wissen umzugehen mit so engen, steilen und rutschigen Pfaden zwischen Felsen und Baumwurzeln hindurch. Es ist ihr Land, ihre madre tierra, ihre Mutter Erde, ihre Heimat. Ich versuche, es ihnen, allerdings mit ziemlicher Mühe, gleichzutun. In den Büschen hängen überall noch blutgetränkte Fetzen von Hemden und Röcken, stumme Zeugen des schrecklichen Geschehens, dessen wir heute gemeinsam gedenken wollen.

Es folgen für mich und vermutlich auch für die anderen an die vier unvergeßliche Stunden des Totengedenkens, einer Trauerarbeit, die ich bis dahin nicht gekannt hatte. Eine naht- und bruchlose Mischung aus einem katholischen Trauergottesdienst und indianischen Totenritualen, mit Kerzen, Gebeten, Gesängen, Gaben, Gesten des Mit- und Füreinander. Dann lösen sich sieben Männer aus der dichtgedrängten Menge. Sie tragen schwarze, mit vielen bunten Bändern geschmückte, breitkrempige Hüte, weiße Hemden und Hosen und schwarze Ponchos. Ihre Aufgabe ist es, die eigentlichen Totengebete anzustimmen. Die Stimmung unter den Menschen, so fühle ich es hier mitten unter ihnen, wird immer dichter, immer beklommener. Sie lassen den Schmerz hochkommen, geben ihm Raum. Die Kinder scheinen das zu spüren und werden unruhig. Manche beginnen laut zu weinen. Andere wimmern vor sich hin. Auch das Husten wird stärker. Kaum einer oder eine hier, die nicht erkältet ist. In diesen Tagen mit den ungewohnt extrem kalten Nächten, kein Wunder. Viele von diesen Leuten, von den Vertriebenen vor allem, leben in Laubhütten, ohne jeden Schutz. Auch die anderen Hütten sind nicht dicht. Die Bekleidung dünn und dürftig. Schuhe haben sie meist keine und wenn, dann dünne Plastikpatscherln, und auch die Ernährung reicht nicht aus. Abgesehen von den Ermordeten, sterben Kinder und alte Leute wie die Fliegen in diesen nachweihnachtlichen Tagen in Acteal. Außerdem möchte ich nicht wissen, wie hoch hier der Prozentsatz an Tuberkulosekranken ist. Medizinische Versorgung ist ein Fremdwort, vor allem seit auch der letzte Strohhalm weg und Victorio, der Gesundheitsarbeiter, tot ist.

Mich packt ein irgendwie irrationales Gefühl von geschuldeter Solidarität, als ich an mir hinunter, auf meine festen, warmen Schuhe und die Wollsocken schaue. »Zieh die Schuhe aus. Du stehst auf heiligem Boden!« zuckt es mir durch den Kopf. Ich weiß nicht wirklich warum, aber plötzlich stehe ich ebenso mit bloßen Füßen auf dem eiskalten Lehmboden wie sie. Während ich weiter den monotonen Gesängen lausche und in die mich umgebenden, verhangenen Gesichter schaue, merke ich gar nicht sofort, daß meine Füße erstaunlicherweise nicht kalt, sondern wohlig warm sind.

Die Menschen haben sich während der Gesänge langsam niedergekniet und vielfach die Augen geschlossen. Es betet in ihnen, könnte man es ausdrücken. Inzwischen hat man den Dorfältesten, der neben dem Altar an einen Baum gelehnt sitzt, das knarrende Mikrofon in die Hand gegeben. Ein gütiges Prophetengesicht unter festem, weißem Haar, weiße, buschige Augenbrauen und ein dichter Schnurrbart. Jetzt ist er aufgestanden, stützt sich mit der linken Hand auf einen dicken Bambusstock und umklammert mit der knorrigen Rechten das ungewohnte, kleine, metallene Ding. Es ist an ihm, die eigentliche Totenklage anzustimmen. Einige Zeit singt er mit fester Stimme so alleine vor sich hin, während die Menschen um mich immer tiefer in ihren Schmerz hineinzufallen scheinen. Irgendwann fängt jeder und jede für sich, in einer eigenen Melodie, einem je eigenen Rhythmus an, in die Klage des Alten einzustimmen. Das geht eine Weile so. Die Zeit ist irgendwie versunken. Und dann fließt alles hinein in ein allgemeines Weinen, Schluchzen und Schnupfen. Irgendwie verliert sich darin die ganze Spannung dieser Stunden, als hätten die Gesänge, Gebete und Tränen alles gelöst, gelöst hinein in eine befreiende Ruhe. Irgendwie, das habe ich vorher nie und nirgends empfunden, wird man auch als Fremder, Außenstehender, Beobachter, Berichterstatter Teil des Ganzen, Teil des Betens und Teil auch der aufklingenden, erlösenden, weichen Musik. In dieser jetzt so ganz gelösten Stimmung umarmen die Menschen, drücken einander stumm die Hände, oder fallen einander auch stürmisch um den Hals. Die Totenfeier wird zu einem Fest der Geschwisterlichkeit. Das ist ihre spirituelle Lebensrealität, die wie alles andere auch, wie der Schmerz, das Leid, die Not, das Elend, Teil des Ganzen ist, das ihr Leben ausmacht.

In der katholischen Meßfeier sind wir inzwischen, nach dem Totengedenken, bei der Gabenbereitung angekommen. Die Menschen bringen nicht, wie sonst üblich, irgendwelche Feldfrüchte dar, sondern es kommen die roten Steine ins Spiel. Ein junger Katechist spricht sie an: »Die Steine, die wir gebracht haben, sind rot wie das Blut Jesu und wie das Blut unserer Schwestern und Brüder, die an diesem Ort ermordet worden sind. Darum nehme jeder und jede seinen, ihren Stein und bringe ihn zu dem Kreuz, das wir dort bei der Baumgruppe aufgerichtet haben.« – Schon in den nächsten Tagen soll mit dem Bau einer Kapelle begonnen werden, zum Gedenken an die Toten und als ein Haus des Gebets für die Lebenden. Der ganze Platz gerät in Bewegung. Auch von den dahinterliegenden Hängen fließen tausende Ziegelsteine zu dem Holzkreuz bei der kleinen Baumgruppe.

Während das Vaterunser gesungen wird, halten viele Menschen einander an den Händen. Andere stehen mit ausgebreiteten und nach oben gewandten Handflächen und heben ihre Augen gegen den langsam sich verdunkelnden Himmel. Um den aus Brettern und Ästen errichteten Altar haben sich inzwischen Männer und Frauen versammelt, denen die Priester kleine Körbe oder Holzschalen mit Hostien reichen. Ehrfürchtig nehmen abgearbeitete Hände die Gefäße entgegen. Jeder und jede von ihnen wird gesegnet, bevor sie sich in alle Richtungen auf den Weg machen.

Auch auf mich bewegt sich eine kleine Gestalt zu. Es ist eine Frau mit einem von Alter und Sorgen gezeichneten Gesicht, in dem ich gerne lesen würde. Über ihrem, noch immer dunklen Haar trägt sie ein weißes, mit gelben Zeichen besticktes Tuch. Zwei Schritte vor mir hält sie einen Moment inne. Ihr Blick fällt auf meine nackten Füße und die danebenstehenden Schuhe. Ein unendlich mildes Lächeln überstrahlt dieses faltige, dunkle Gesicht. Wärme durchströmt mich, als ich aus ihren schmalen Händen die Hostie nehme. Bevor sie weitergeht auf ihren kleinen, nackten Füßen, streift ihre Hand noch zärtlich meinen Arm. Ich habe ein solches Gefühl nicht gekannt, und es war mir, als hätte ich zum ersten Mal in meinem Leben die heilige Kommunion empfangen.

Zwei Tage nach diesem 31. Dezember 1997 traf ich Sr. Esther im Bischofshaus in San Cristóbal. Sie war natürlich nicht nur dort gewesen, sondern auch die ganze Nacht bei den »Bienen« geblieben, um noch dort beizustehen, wo ihre Hilfe gebraucht wurde. Sie erzählte von diesen Stunden: »Als ich unter den kaputten Dächern auf wackeligen Holzbalken im Regen stand und es auch immer noch kälter wurde, war ich verzweifelt und habe laut zu Gott gerufen: Wo bist Du, Gott der Armen? Wo bist Du, wenn Dein geliebtes Volk, wenn Deine Armen leiden? – Und da haben diese Menschen, vor allem waren es Frauen, geantwortet und mir gesagt: Fürchte dich nicht, Gott verläßt uns nicht. Gott ist immer bei uns. – Sie haben mir die Botschaft des Evangeliums in Erinnerung gerufen. Während ich als Ordensfrau, nach ihm geschrieen habe, haben sie, die Armen, die Verwundeten, die Geschlagenen, die Antwort gewußt: Gott ist mit uns, er verläßt uns nie. Sie haben einen so großen, einen so tiefen Glauben, daß meiner mir ganz klein und schwach erschienen ist.«

NACH DEN BIENEN STIRBT DIE PARTEI

Das Ereignis von Acteal, das sich im gesamt-mexikanischen Kontext natürlich nur winzig ausnimmt, hat eine Lawine in Gang gesetzt, deren Ausmaß sich vor allem die Mächtigen und deren ausländische Unterstützer nie hätten ausmalen können und wollen. Eine Handvoll armer Barfüßiger in Chiapas gegen die Macht der PRI, der Partida revolucionaria institucionalisada, seit 70 Jahren unangefochten an der Regierung, lächerlich. Nun, so lächerlich war das eben nicht, und Salinas de Ortarie, Präsident und Chef eines der größten Clans der mexikanischen Oligarchie, hatte eben nur die offenbar immer wieder laut geäußerten Wünsche aus Washington gehört und dabei die Zeichen der Zeit übersehen. Ihm ging es nicht um die Menschen in den Wäldern und Tälern, die den Weißen schon seit 500 Jahren völlig gleichgültig waren, sondern um den unermeßlichen Reichtum dieses Landstrichs und die massiven Kapitalinteressen des Auslands, die damit verbunden waren. Der Präsident hatte zwar den Aufstand der Zapatistas wahrnehmen müssen und sich ihm auch ebenso halbherzig wie heuchlerisch gebeugt, das berühmt gewordenen Kommuniqué von 18. Jänner 1994 hatte er aber offensichtlich nicht wirklich gelesen und schon gar nicht ernstgenommen. Hier stand zu lesen:

»Wofür wollt ihr uns vergeben? – Daß wir nicht Hungers sterben? Daß wir nicht stumm bleiben in unserem Elend? Daß wir nicht stillschweigend die gigantische historische Last der Verachtung und des Verzichts akzeptiert haben? Daß wir uns mit Waffen erhoben haben, als wir alle anderen Wege versperrt fanden? Daß wir Mexikaner sind? Daß wir mehrheitlich Indigenas sind? Daß wir das ganze mexikanische Volk zum Kampf aufgerufen haben, zum Kampf um das, was ihm gehört? Daß wir für Freiheit, Demokratie und Gerechtigkeit kämpfen? Wer muß um Vergebung bitten und wer kann sie gewähren? Jene, die sich Jahr für Jahr an einen gedeckten Tisch gesetzt haben und immer satt geworden sind, während sich mit uns solange der Tod an den Tisch gesetzt hat, bis er so sehr zu uns gehört, daß wir ihn nicht mehr fürchteten? Sollen jene uns vergeben, die uns unsere Seelen mit Erklärungen und Versprechungen vollstopfen, statt Gerechtigkeit zu schaffen?«

In Zahlen schaute das zu dieser Zeit wie folgt aus, um nur einiges herauszugreifen: 70 Prozent der Kinder sind unterernährt; während 60 Prozent der aus Wasserkraft gewonnenen Energie aus Chiapas stammen, haben 34 Prozent der indigenen Bevölkerung keinen Stromanschluß; 78 Prozent haben keinen Zugang zum öffentlichen Gesundheitsdienst; 42 Prozent verfügen über kein fließendes Wasser; 42 Prozent haben keine Kanalisation; 50 Prozent leben in Hütten und Häusern ohne zementierten Boden; 30 Prozent der Bevölkerung über 15 Jahre sind Analphabeten, 62 Prozent haben die Grundschule nicht absolviert. In Chiapas werden täglich 100.000 Barrel Erdöl gefördert, obwohl die Hauptquellen bis heute nicht erschlossen sind, aber kein Tropfen dieses schwarzen Goldes kommt der Bevölkerung zugute.

Diese Zahlen, die Grausamkeit der 70.000 Regierungssoldaten und deren paramilitärische Handlanger sind der Hintergrund, vor dem der verwegene und immer vermummte Trupp der Zapatistas und Subcommandante Marcos, ihr Sprecher, agierten und agieren und inzwischen ein immer wichtigerer Bestandteil einer revolutionären Bewegung in Mexiko geworden sind. Dieser Marcos ist ein weißer Intellektueller, der perfekt auf dem Klavier der neuen Medien spielt. Marcos ist natürlich nicht sein richtiger

Name, sondern ein »nom de guerre«, der aus den Anfangsbuchstaben jener fünf Städte gebildet wurde, in denen am 1. Jänner 1994 der Aufstand ausgebrochen ist:

M steht für Margueritas,
A für Altamiro,
R für Rancho Nuevo,
C für Chenal,
O für Ocosingo und
S für San Cristóbal de las Casas

Mit seinem bürgerlichen Namen soll der Kommunikationswissenschaftler und Literat, der mehrere Maya-Idiome aber auch europäische Sprachen spricht, Rafael Gulyen heißen. Aber niemand weiß Genaueres und wenn, so sagt er es nicht. Auch der Mann, den man inzwischen für seinen Vater hält, hat nichts ausgeplaudert und nur gesagt: »Wäre dieser MARCOS mein Sohn, ich wäre sehr stolz auf ihn.«

Der Unmut gegen die Politik der Regierung ist nach den Ereignissen in Chiapas explosionsartig angestiegen. Ein Beispiel: Am 2. Jänner 1997 demonstrierten in San Cristóbal etwa 200 Menschen gegen die Morde von Acteal. Nur zehn Tage später füllt sich in der Hauptstadt der etwa sechs Hektar große Sócalo mit aufgebrachten Menschen. Es war etwa eine Million, die von allen Seiten zum dem riesigen Platz im Herzen der Stadt strömte.

Nach all den Reden, Parolen, Liedern, treffe ich noch am selben Abend P. Miguel Concha, den Prior der Jesuiten und einen profunden Vordenker in Sachen revolutionärer Bewegung. Er spricht immerhin im Namen der rund 44.000 Mitglieder der Superiorenkonferenz und, wie er meint – im Namen der Mehrheit des mexikanischen Volkes, wenn er sagt: »Wir wollen einen politischen Wandel, um die Probleme in Chiapas, aber nicht nur dort zu lösen und die Suche nach Frieden voranzutreiben. Uns interessiert die offizielle Rhetorik nicht mehr, uns interessieren die Fakten. An den Fakten sieht man deutlich, daß die Politik sich ändern und sich endlich aus der ideologischen und wirtschaftlichen Umklammerung durch die USA lösen muß.«

Chiapas ist heute ein vermutlich im Auftrag der USA von der mexikanischen Armee besetzter Bundesstaat. Die mehr als 70.000

Uniformierten sind mit modernstem Gerät Made in USA ausgestattet, mit Lastwagen, Flugzeugen und Waffen neuesten Typs. Es gibt überall Kasernen und Lager, eine totale militärische Präsenz, die nirgendwo den Menschen dient, sondern ganz offensichtlich nur den Interessen der Konzerne und des Pentagon.

In diesem Zusammenhang und im Rückblick auf die Geschehnisse in Acteal wirkt das, was Präsident Ernesto Zedillo Ponce de León an diesem Abend des großen Aufstandes am Sócalo im nationalen Fernsehen von sich gibt, als purer Zynismus: »Es gibt viel mehr, was uns Mexikaner eint, als was uns trennt. Es gibt viel mehr, das dazu beiträgt, uns zusammenzuführen, als uns auseinanderzureißen«, flötet er mit Engelszungen und spricht von Würde und Gerechtigkeit für alle und davon, daß die mexikanischen Regierung niemals der Gewalt zustimmen würde, weil Gewalt noch niemals Probleme gelöst, sondern zu immer mehr Gewalt geführt habe und so weiter und so weiter, als wäre den Menschen nicht gerade Gewalt vorexerziert worden. Die Menschen glauben solchen Worten längst nicht mehr. Die Verteidigung der Menschenrechte sei beispielgebend für die westliche Welt, sagt ein anderer Regierungssprecher, und auch das glaubt niemand mehr angesichts der Tatsachen. Das offizielle Mexiko ist seit 70 Jahren daran gewöhnt, die Auslage zu polieren und die dunklen Flecken der Realität einfach wegzuleugnen, aber Acteal hat gezeigt, daß das nicht mehr möglich ist. Der Dominikaner P. Pablo Romo spricht das direkt an: »Wir wundern uns nur noch, wie plump die ganze Angelegenheit behandelt wird, denn all diese Aussagen spiegeln eine erstaunliche Unsensibilität und Ahnungslosigkeit der Regierung wider. Sie verleugnet die Realität, in der sie handelt. Im Grunde kann man daraus schließen, daß es im Herzen der Macht längst zu einer inneren Zerreißprobe gekommen ist. Dieser innere Machtkampf scheint enorme Ausmaße angenommen zu haben, die zwangsläufig zu Fehleinschätzungen und eklatanten politischen Fehlern führen. Man darf ja nicht vergessen, daß die PRI länger an der Macht ist, als jede andere Partei auf der Welt. Es ist klar, daß es da zu gravierenden Abnützungserscheinungen gekommen ist, die aber einfach nicht zugegeben, sondern zugekleistert werden. Diese Dummheit, diese Kopflosigkeit, diese Trägheit, diese unverschämten Lügen beleidigen das Volk und die Welt.«

Pater Pablo spricht dann auch von einer Mitschuld, einer Komplizenschaft der europäischen Regierungen, die die Probleme der Menschen in diesem riesigen Land einfach nicht sehen, sich darum nicht annehmen möchten, weil das ihr wirtschaftlichen Kreise störe. Vor allem Deutschland kritisiert er, das Präsident Ponce de Léon einen großen Empfang bereitet und das Thema Menschenrechte nicht einmal angesprochen habe, obwohl oder gerade weil Mexiko einer der bedeutendsten Handelspartner Deutschlands sei und wörtlich: »Ich meine, daß es sehr wichtig wäre, daß ethische Prinzipien die Basis für diplomatische und wirtschaftliche Beziehungen sind. Es müßte wenigstens ein minimaler moralischer Konsens in solchen Beziehungen gesucht und gefunden werden.« Für den international bekannten Wirtschaftsexperten Uriel Arechíga liegt der Schlüssel allerdings nicht sosehr in den europäischen Hauptstädten, als in unmittelbarer Nachbarschaft, in den USA: »Die mexikanische Wirtschaft liegt in Ketten. Es gibt keine einzige wirtschaftliche und damit auch politische Entscheidung mehr, die Mexiko ohne den Einfluß der Vereinigten Staaten treffen könnte. Die Tatsache, daß die Kaufkraft des Pesos gegenüber dem Dollar im Sinkflug begriffen ist, bedeutet Inflation. Mexiko war trotz eines Wirtschaftsaufschwunges nicht fähig, eine eigenständige Industrie aufzubauen, das heißt, daß sogar die Maschinen und alle Produktionsmittel aus dem Ausland kommen und sich auch das Betriebskapital nur in Dollar ausdrücken läßt, und das hat wiederum Rückwirkungen auf die Produktpalette. Die Geldbarone, die eigentlichen Herren dieses Landes, verlangen von der Regierung einen immer größeren Spielraum für ihre Verhandlungen und immer mehr Freiheit für ihr Kapital. Das heißt aber wiederum, daß immer mehr Kapital in immer weniger Händen kumuliert, und die weniger Verdienenden und vor allem die Armen die Rechnung zu bezahlen haben. Gegen die Armen kann die Regierung sich immer noch stark machen, während sie vor den in- und ausländischen Kapitalströmen immer öfter kapituliert.«

Das sind die Themen, die an diesem Abend und in den Tagen rund um die Demonstration auf dem Sócalo mit mexikanischem Temperament, also lautstark und wortreich, diskutiert werden. Jedenfalls hat der ausländische Besucher, der in diese Diskussionen hineingezogen wird, das Gefühl, daß hier, wie man bei uns sagt, »der Hut brennt«. Die Menschen wollen nicht mehr hinnehmen, daß nach außen hin schönes Wetter gemacht wird, während die Militarisierung der Gesellschaft im Inneren Tod und Zerstörung bringt. Der »Tod der Bienen« hat in diesem riesigen mittelamerikanischen Staat, dem Verbündeten der USA, ein politisches Erdbeben ausgelöst. Emilio Krieger, ein bekannter Anwalt und Rechtsexperte, nennt die Dinge deutlich beim Namen: »Auf diesen Verbündeten hätten wir leichten Herzens verzichten können. Die Amerikaner interessiert die mexikanische Erde nicht, sondern nur, was auf ihr wächst, und die Schätze, die sie birgt. Das hätte auch die Regierung aus jahrhundertealter Erfahrung wissen müssen. Aufgrund der niedrigen Löhne sind beide billig: die Früchte und die Bodenschätze, wie zum Beispiel das Erdöl. Sie wollen Ruhe und sie wollen Geld. Die hohen Gewinne, die hier zu erwirtschaften sind, verdanken sie der billigen Arbeitskraft des mexikanischen Bauern und Arbeiters.« Und der alte Herr schaut sehr realistisch in die Zukunft: »Als wählbare Partei ist die PRI am Ende. Wen immer sie für die kommenden Präsidentenwahlen im Jahr 2000 aufstellen wird, diese Wahlen wird sie verlieren.«

Und das war dann auch so. Im Parteienspektrum hatte sich neben der PRI und der PAN, einer kompakten Rechtspartei, das linke Wahlbündnis PRD profiliert, das bereits 1997 die Wahlen im Distrito féderal, dem Bundesstaat Mexico-Ciudad, gewonnen und mit Cuauhtemoc Cardénas den Bürgermeister gestellt hatte. Die weiteren Erfolge der PRD zehrten an den ausgelaugten Kräften der alten Schildkröte PRI, die sich schließlich im Jahre 2000 geschlagen geben mußte. Der neue Präsident hieß Vincente Fox, gab sich als ein Mann des Volkes, kam den Indigenas und dem EZLN der Zapatistas oberflächlich einen großen Schritt entgegen, schloß sich sogar einem der nationalen Protestmärsche an, aber an den grundlegenden Problemen der Abhängigkeit von den USA konnte auch er nichts ändern. Da war vielleicht ein politischer Geburtsfehler, den man im ersten Siegestaumel übersehen hatte: Vincente Fox hatte langjährige und intensive Bindungen zum großen Bruder im Norden: Bis vor Beginn des Wahlkampfes, den er bravourös und gut gepolstert geführt hatte, war er der Direktor von Coca-Cola für Mexiko und ganze Zentralamerika. Das verbindet. Bis heute jedenfalls ist nichts besser, dafür aber vieles schlechter geworden für die Menschen. Das Elend explodiert weiter, die Sklavenarbeit in den »Maquilladores«, den sogenannten »Freien Produktionszonen«, die wie Pilze aus dem Boden schießen, wurde nur noch schlimmer, und an den streng bewachten und abgeschotteten Grenzen zu den USA sterben jährlich immer noch Tausende meist junge Menschen.

Der aus Deutschland stammende aber in Mexiko geborene und als Mexikaner lebende Arzt Dr. Ricardo Loewe, ein profunder und sensibler Kenner der politischen Szenerie, hat mir, nachdem ich ihn um einen Kommentar zur Lage gebeten hatte und langsam ungeduldig geworden war, Anfang Dezember 2003 unter dem Betreff: ENDLICH! einen Brief geschrieben, wie er mexikanischer nicht sein könnte:

Liebe Dolores!

Du hast mir wieder die Finger in der Tür eingezwickt. Ich war gerade am Ordnen eines Wirrwarrs von Informationen über mehr als eineinhalb Jahrhunderte Gewalttätigkeit der USA gegen Mexiko. Ich wollte Dir erzählen, wie die Herren Jefferson, Houston oder Wilson sich gar nicht von Baby Bush oder Powell unterscheiden, wie die nordamerikanischen Machtträger sich mein Heimatland durch die tödliche Kombination von militärischen Eingriffen, betrügerischer Diplomatie und hochstaplerischer Wirtschaft angeeignet haben. Meine Absicht war, Dir historische Beweise zu übermitteln, die zeigen sollen, daß die Art des kleinen habgierigen Bush für uns schon lange keine Neuigkeit mehr ist.

Ich wollte Dich und Deine Leser an unsere geopolitische Lage erinnern, die eine – durch einen provozierten Krieg nach Süden verschobene – dreitausend Kilometer lange, bewaffnete Grenze mit einem Land teilt, dessen Einwohner sich den Namen »Amerikaner« aneigneten und an ein »Manifest Destiny« glauben, an ein Land, das so gastfreundlich ist, wie das mit Lebkuchen behängte Haus der Hexe in »Hänsel und Gretel«, ein Land, das für uns, gelinde ausgedrückt – unbequem ist.

Auch habe ich es für notwendig erachtet, Dir mitzuteilen, daß die Herrschaft der Erdölbarone nur eine Facette der permanenten Eroberungskampagne gegen Mexiko ist, wenn auch Opa Prescott Bush die »Zapata Off Shore Oil Co« während der fünfziger Jahre zur Deckung der CIA-Tätigkeit gegen Kuba gründete, mehr als ein halbes Jahrhundert bevor die Zapatisten sich fest auf die besten Erdölquellen von Mexiko setzten, um sie vor der Ausplünderung zu schützen.

Auch wollte ich Dir erklären, daß Standard-Oil-Rockefeller bereits im Jahre 1905 den Wert sogenannter Entwicklungshilfe deutlich erkannte, indem er meinte, daß medizinische Versorgung bei der Unterwerfung primitiver Völker gegenüber Maschinengewehren einen gewissen Vorteil habe, wenn man mit ihnen funktionierende koloniale Strukturen aufbauen möchte.

Noch war die Leiche von Emiliano Zapata warm, als die Rokkefeller Foundation 1919 in Mexiko einzog, aber die Maschinengewehre sind geblieben. Wie soll ein mit Propaganda und Wohlstand umkreister Mitteleuropäer begreifen, daß diese »primitiven Völker«, wie sie die Rockefeller Foundation nennt, eine jahrtausendealte Geschichte und Kultur besitzen, die uns das Recht gibt, anders zu sein? Wie könnt ihr, da drüben, jenseits des Altantik, begreifen, daß für uns, wie auch für Millionen Chicanos in Kalifornien, New Mexiko, Arizona und Texas, Mexiko ein quasi von den USA besetztes Land ist, auch wenn auf jeder Seite der künstlichen Grenze anders gekämpft werden muß? Deshalb sprechen wir nicht mit Selbstmitleid sondern mit Zorn über den aktuellen Zustand der wucherischen Außenverschuldung, der völlig verfehlten Wirtschaftspolitik, der Angriffe auf unsere Kultur und Identität, der Abhängigkeit der mexikanischen Politik und der ungebrochenen Eroberungskriege der USA. Ich schlage Dir vor, uns wenigstens auf eine homöopathische Reise – mehr ist hier wohl nicht drin – durch die Konjunktursituation Mexikos zu begleiten:

Erste Station: Nordgrenze
Die US-Kapitalisten haben ihre Spitzenindustrie in ihr Hinterland an der Südgrenze verlagert, in die Gegend, die sie »Southwestern Sunbelt« nennen. Dadurch haben sie die Situation der Fremdarbeiter verändert. Jetzt werden nicht mehr nur Landarbeiter, sondern billige Industriearbeiter benötigt. Infolge dieser Veränderungen hat sich auch das Migrationsmodell, das jährlich mehr als fünf Millionen Menschen umfaßt, gewandelt. Die illegalen Arbeiter werden immer weniger über die Metallmauer oder den Fluß geschleust, da sie in der Wüste von den Rangern zu Dutzenden

aufgegriffen werden, sondern benutzen den Luftweg auf immer kreativere Weise. Auf der mexikanischen Seite wächst die Masse der Arbeiterinnen in den sogenannten Maquilas, in der, wie es heißt, »Veredelungsindustrie«. Schon vor 30 Jahren hat man sich entschlossen, hier nur weibliches Personal einzusetzen, weil es billiger war und die Frauen weniger Gewerkschaftserfahrung hatten. Was sich in diesen Fabrikationsstätten, die quasi exterritorial, also den staatlichen Gesetzen nicht unterworfen sind an Ausbeutung, Unterdrückung, Vergewaltigung in jeder nur denkbaren Form abspielt, ist kaum vorstellbar und so etwas wie moderne Sklaverei, wenn nicht noch schlimmer.

Zweite Station: Südgrenze
Die US-Unternehmer verschieben ihre Grenzen mutwillig, je nach Bedarf. Sie nisten sich in den an Bodenschätzen reichen Gebieten einfach ein, um – but of course – den Fortschritt, und zwar ihren eigenen, zu fördern. Von dem in der Zwischenzeit weltbekannten Chiapas führt eine Gasleitung wie eine lange Nabelschnur bis Reynosa, beziehungsweise bis Brownsville. Auch in Campeche gibt es Erdöl, und in den Bergen von Oaxaca liegen Gold, Uran und Titan, Mineralien, die von den nordamerikanischen und kanadischen Bergbaufirmen gen Norden und dann gen Osten befördert werden. Außerdem befindet sich in Oaxaca einer der artenreichsten Regenwälder, auf den die Genindustrie bereits ihre gierigen Blicke geworfen hat, weil sich da unglaubliche Mengen an angeblich patentierbarem Material finden. Dieser Bundesstaat, dessen Bevölkerung zu der ärmsten Mexikos zählt, ist auch von großer strategischer Bedeutung. Am Isthmus von Tehuantepec soll ein Trockenkanal als Alternative zum Panama-Kanal entstehen, der die Hafenstädte von Salina Cruz am Pazifik und Coatzacoalcos an der Altantikküste mit Schiene und Autobahn verbinden wird.

Das einzige Problem für die »Wohltäter«, die doch nichts anderen wollen, als den Fortschritt der Regionen zu fördern, ist die Tatsache, daß es dort Millionen von primitiven, dunkelhäutigen und schmutzigen Indigenas gibt, die diese Art von Wirtschaft »Plunder« nennen. Deswegen werden sie systematisch eingesperrt, gefoltert, vertrieben oder ermordet. Menschenverachtung Made in USA, nenne ich das.

Dritte Station: Von Puebla bis Panama
Der gegenwärtige Präsidenten Vincente Fox war Geschäftsführer von Coca Cola in Mexiko und Mittelamerika. Natürlich führt er das Land, als wäre es ein Unternehmen, und Mexiko ist tatsächlich ein Paradies für ausländische Investoren geworden, gleichzeitig jedoch eine Hölle für die Arbeiter. Der Erfolg der Maquilas, in die ein Minimum investiert wird, in denen minimale Löhne bezahlt werden, womit ein maximaler Gewinn erwirtschaftet werden kann, verführte die Multis zu der Idee, solche Maquilas von Puebla bis Panama aus dem Boden zu stampfen.

Die Jeansstoffindustrie in Puebla, wo Markenware wie Levis oder Calvin Klein erzeugt wird, war das entscheidende Beispiel. Die Wachstumsraten der »Sweatshops« bis in die hintersten Winkel Mexikos mit immer niedrigeren Löhnen setzten die Erfolgsstory fort. Nun geht es auch um den Tourismus, den Kanal von Tehuantepec, die Kaffeeproduktion und die Ausbeutung der Regenwälder. Die in der Folge entstehenden Megaprojekte wie Staudämme, Autobahnen und sonstige Zerstörungsfaktoren haben schon hunderttausende Menschen aus ihrer Heimat vertrieben. Wohin? – In die Slums der Städte, also ins Elend.

Vierte Station: Unbegrenzter Gewinn
Die Schlacht von San Jacinto im heutigen Texas, die übrigens nur 20 Minuten dauerte, bedeutete die definitive Niederlage Mexikos. Der Kapitulationsvertrag von Guadalupe-Hidalgo wurde als Folge dieser Schlacht im Jahre 1848 unterschrieben. Die Regierung verpflichtete sich damals, die Hälfte des Territoriums um 15 Millionen Dollar zu verkaufen. Seither ist, Revolution her oder hin, Mexiko an die USA gebunden. 145 Jahre später wurde das NAFTA-Abkommen unterschrieben. Im wesentlichen handelt es sich um einen 2000 Seiten umfassenden juristischen Schinken, der alle De-facto-Zustände einer von den USA abhängigen Wirtschaft umfaßt.

Schon drei oder vier Jahre vor der ominösen Unterschrift hatte die mexikanische Regierung die Verfassung derart verändert, daß nicht einmal die eigene Mutter, die mexikanische Revolution von 1919 bis 1917, sie wiedererkennen würde. Das Verbot, Latifundien zu besitzen, die Trennung von Staat und Kirche, die Arbeiterrechte, die Garantie staatlicher Leistungen wie öffentlicher Transport, Stromversorgung, Gesundheitsbetreuung und Recht auf Bildung, alle diese »revolutionären« Leitmotive wurden abgeschafft. Und damit war natürlich die Zeit des Imperiums gekommen. Der Weg war frei für die »Free Trade Area of the Americas«, die natürlich nach der US-Gesetzgebung funktioniert, und das bedeutet »zollfreier Warenverkehr von Norden nach Süden und hohe Verkaufssteuer von Süden nach Norden.« Das ist eben die *Pax Americana*. Vor 1994 waren Mexiko der Hinterhof der USA, jetzt ist es nur noch ihr Friedhof.

Fünfte Station: Medien, Schulen, Universitäten
Die gesamte Information ist in Händen der reichen Medien-Unternehmer. Der Krieg gegen die alternativen Radiosender, die durch eine absurde Gesetzgebung stillgelegt werden, sowie das aufdringliche Jingle des CNN zerstören das kollektive Leben und fabrizieren Egoisten. Die Informationsfreiheit wird überall abgeschnürt. Ein erst vor einigen Wochen verabschiedetes Gesetz schreibt für Bücher zehn Prozent Mehrwertsteuer vor. Auch die Forschung wird von den Marktbedürfnissen internationaler Konzerne bestimmt.

Sechste Station: Autoritätsmißbrauch
Die Soldaten, Polizisten und paramilitärischen Truppen haben die öffentliche Gewalt in Händen. Folter in den Gefängnissen ist an der Tagesordnung. Die Gesetze gegen sozialen Protest wurden verschärft wegen des alten Vorwandes der »Staatssicherheit«. All dies ist in Mexiko zum Alltag geworden.

Warum? – Der Zustand der Ausbeutung und Ungerechtigkeit ist ohne massive Unterdrückung nicht mehr aufrechtzuerhalten. Die Soldaten sind demgemäß nicht mehr dort, wo sie hingehören, in ihren Kasernen, sondern auf der Straße. Aus der Masse der Armen werden mehr und mehr Jugendliche rekrutiert und ausgebildet, damit sie auf ihre eigenen Leute schießen, wenn sie sich zu wehren beginnen.

In diesem brisanten Klima hat Herr Fox, der Coca-Cola-Mann, am 12. September 2001 dem kleinen Bush natürlich pflichtschuldigst seine uneingeschränkte Unterstützung zugesagt. Er hat offensichtlich noch immer nicht bemerkt, daß sein eigenes Land sich in einem unausgesetzten Kriegszustand befindet, in dem die mexikanische Bevölkerungsmehrheit das Opfer ist. Wir hatten den Eroberungskrieg des Jahres 1947, den Vernichtungskrieg der Jahre 1965 bis 1974, den Low Intensity-War und heute haben wir etwas, was das Pentagon hinter vorgehaltener Hand einen »Netzwerkkrieg« nennt, der nicht nur gegen eine Guerilla, sondern gegen alle geführt wird, die sich irgendwie in Opposition befinden und sich kritisch äußern.

Siebente Station
Trotz allem: Widerstand ist an der Tagesordnung. Die Zapatistas und ihre Ziele kennt man, aber sie sind nicht allein. In vielen Bundesstaaten gibt es autonome Gemeinden, in denen nicht nur Indigenas, Bauern und Gewerkschaftler, sondern auch christliche Basisgruppen, Frauenvereine, Vereinigungen von Verschuldeten, Intellektuelle und viele andere um Selbstbestimmung und gegen den Neoliberalismus kämpfen. Heute werden Fronten und Vernetzungen auf regionaler und nationaler Ebene gebildet, und sollte Klein-Bush Lust auf einen neuen kriegerischen Akt in Richtung Mexiko bekommen, würde das, wie im Irak, für die nordamerikanischen Zenturios kein Spaziergang werden. Denn uns reicht es.

Dein Ricardo

Biographische Notizen
Dr. Ricardo Loewe, Sohn österreichisch-deutscher Flüchtlinge, ist wie sein Vater und Großvater Arzt, Menschenrechts-Aktivist und Journalist und seit Jahrzehnten in der mexikanischen demokratischen Bewegung tätig.

EIN VOLK WIE EINE MUSCHEL

Am Beginn des 1. Kapitels schwammen die Holzplanken der »Santa Maria« vor den Felsen des Cap Haitien, und bis heute gehen die Menschen in diesem kleinen Land über die Dornen ihrer 500jährigen Kolonisierungsgeschichte und auf den Scherben ihrer immer wieder einmal aufgedämmerten und dann wieder zerstörten Hoffnungen. »Ein böses Erbe«, habe ich als Titel über dieses Eröffnungskapitel, mit dem ich den Boden Lateinamerikas betreten habe, gesetzt. »Ein böses Erbe« Europas, habe ich damit gemeint. Und die USA, die heute in der Welt die erste Geige spielen wollen, sind letztlich auch nichts anderes als ein Erbe Europas, das sollten wir nicht vergessen, bevor wir mit dem langen Finger auf die Verfehlungen und Verbrechen des »Imperiums« zeigen. Ein junger Guatemalteke hat mir einmal die Frage gestellt: »Welches ist das gefährlichste Tier der Welt?« Nachdem ich eine Weile herumgeraten hatte, kam grinsend die Antwort: »Der Europäer!« Da ist schon etwas dran, schließlich waren es wirklich die Europäer, die sich an die Eroberung und Ausbeutung der Welt gemacht haben, die Millionen und Abermillionen sogenannter Wilder massakriert, ganze Völker ausgelöscht und ihre Schätze eingeheimst haben. Der Reichtum des an Rohstoffen eher armen Europa begründete sich auf der Beute aus diesen Jahrhunderte währenden Raubzügen.

Es ist also naheliegend, wenn ich am Ende dieser sehr punktuellen und natürlich auch skizzenhaften Rundreise noch einmal zum Ausgangspunkt auf die von Cristóbal Colón »entdeckte« Insel Kiskeya, nach in Besitznahme durch die spanische Krone »Hispaniola« genannt, in der Karibik zurückkehre, die heute die beiden Kleinstaaten Dominikanische Republik und Haiti beherbergt. »Es ist das Schönste, was je eines Menschen Auge erblickt hat«, hat der Seefahrer damals in sein Bordbuch geschrieben, als hätten jene, die dort seit urdenklichen Zeiten lebten, keine Augen im Kopf gehabt. Aber das waren für ihn ja, wie wir in der Folge erfahren haben, keine Menschen gewesen.

Natürlich würde ich bei meiner Rückkehr in die Karibik auch auf meinem geliebten »grünen Krokodil«, auf Kuba Station machen. Aber welche Schweinereien dort passiert sind, wie man die jungen Rebellen belogen und betrogen hatte, bis sie sich in die Arme der UdSSR geflüchtet haben, wie die »Revolución« zwischen die Fronten des Kalten Krieges geraten und die Affäre in der Schweinebucht beinahe zu einem Dritten Weltkrieg geführt hätte, das alles und vieles mehr wäre natürlich wert, beschrieben zu werden, und ich kenne mich da auch recht gut aus. Trotzdem meine ich, daß Kuba und sein Schicksal einen wesentlichen höheren Bekanntheitsgrad hat, als die Nachbarinsel Hispaniola und vor allem der kleine Staat Haiti. Eine kleine Legende vielleicht noch, die Bartolomé de Las Casas überliefert hat: Damals, nach den schrecklichen Dingen, die mit den Ureinwohnern passiert waren, ist es einem Kaziken, einem Häuptling, gelungen, sich zuerst in die Berge und dann auf ein winziges Boot zu retten und nach Kuba zu flüchten. Kuba hieß übrigens damals schon Kuba, und keinem Eroberer und Kolonisator ist es je gelungen, einen anderen Namen durchzusetzen. Er traf auf Menschen dort und versuchte sie vor dem zu warnen, was da auf sie zukommen könnte: »Traut den Weißen nicht, wie wir. Sie sind keine Götter, sondern sie huldigen einem überaus grausamen Gott, in dessen Namen sie uns Menschen ausrotten.« Und aus einem kleinen Lederbeutel nahm er einen Klumpen Gold heraus und sagte: »Seht, seht, das ist ihr Gott, das ist der Gott der Christen.«

Aber nun zu meinen Reiseaufzeichnungen aus Haiti vom September 1991. Dort lese ich: »Blödsinn! Ist ja nur ein Traum, Nachhall der schrecklichen Bilder, der schlimmen Erzählungen über den Terror der Militärs in den vergangenen Jahren.« – Ich war erst am Abend aus dem Norden, aus Gonaive in die Hauptstadt Port-au-Prince zurückgekehrt. Dort hatte ich gemeinsam mit einem jungen französischen Geistlichen stundenlang das Dokumentationsmaterial des Regionalbüros von Justitia et Pax durchgeackert. Eine wirklich scheußliche Sammlung. Kein Wunder also. Dann wieder Schüsse, einer prallte von meinen Alu-Jalousien ab. Also nah. Doch kein Traum. Es ist noch stockfinster. Ich krabble nach dem Schalter der Nachttischlampe. Nichts – auch das noch! Stromausfälle sind hier üblich. Aber vielleicht besser so! – Die Batterien in der Taschenlampe sind auch leer. Also krame ich nach Zündhölzern und zünde den Kerzenstummel an. Kurz nach halb drei. Montag, 30. September. Der Tag meiner geplanten Abreise. Die Koffer sind schon halb gepackt.

Wie hatte Pater Daniel beim sonntäglichen Mittagessen mit dem Bischof von Gonaive gesagt? Für heute ist die Gefahr vorbei, denn Staatsstreiche gibt es in Haiti immer am Samstagabend, da ist den Soldaten in den Kasernen langweilig. – Ich hatte noch gefragt, ob das einer der haitianischen Sonntagsscherze sei. Nicht ganz, hatte er aus seinem schmalen, schwarzen Bärtchen gegrinst. – Nicht ganz. Die Gerüchteküche brodelt schon wieder.

Wie recht Pater Daniel mit seinem »Nicht-ganz-Scherz« gehabt hatte, bestätigte sich so gegen fünf Uhr, als eine der Schwestern bei mir anklopfte und meine düsteren Ahnungen mit aufgeregter

Stimme bestätigte: »De nouveau un coup d'etat.« (»Schon wieder ein Staatsstreich.«) Eine Stunde später sitze ich im Refektorium und höre einen Live-Bericht von Radio Antilles vom Champs de Mars, dem Platz um den Präsidentenpalast, dem »Weißen Haus«. Der Reporter spricht von wilden Schießereien um das Palais National, von Barrikaden, brennenden Autoreifen, von einer unabsehbaren Menschenmenge, die sich aus allen Teilen der Stadt kommend angesammelt habe.

Als ich mich aufgrund der unerträglichen Spannung dieser Stunde und unter Protest der Schwestern aus dem Zimmer und auf die Dachterrasse des Hauses schleiche, sehe ich zwar nicht das Palais National, wo die Menschenmenge rast. Ein Berghang ist dazwischen. Aber in den Straßen, die ich einsehen kann, sind ebenfalls Menschenmengen unterwegs, viele Menschen mit Macheten, Eisenstangen und was immer auch bewaffnet. Alle sind in Richtung Zentrum unterwegs. Angst vor dem, was dort geschehen könnte, schnürt mir die Kehle zu. Wohin ich schaue, dicke, schwarze Rußschwaden, von den brennenden Barrikaden aus Autoreifen und wer weiß, auch von in den Pneus brennenden, verkohlenden Menschen. Nach einigen, mit meinem Mikrophon und dem kleinen Fotoapparat umhergehend und schauend verbrachten Minuten, gellt mir ein Schuß in den Ohren. Verdammt, das war knapp. Ich springe hinter die Tür, um die darauffolgende Salve abzuwarten, gehe mit wackeligen Knien nach unten und verzieh mich in mein Zimmer. Nach drei Wochen, die ich durch dieses armselige, ausgebeutete Land gefahren bin, nach unzähligen Gesprächen mit ebenso verzweifelten, wie hoffnungsfrohen tapferen Menschen, Jungen und Alten, die so Unglaubliches durchgemacht und erlitten hatten, entwickelt sich die Frage: »Warum muß das sein, warum muß das wieder so kommen?« zu einer Endlosschleife in meinem Hirn.

Sind 500 Jahre Ausbeutung nicht genug? War es nicht genug, daß die US-Vasallen Duvalier Papa und Baby-Doc dem Land wirklich noch den letzten Nerv gezogen, die letzten Wälder abgeholzt haben, um dem damals herrschenden militanten Anti-Kommunismus der US-Administration Genüge zu tun, damit es keinen Busch und Baum mehr gäbe, hinter dem ein versprengter »Kommunist«, sprich ein renitenter Armer, ein von den »Tonton Macoutes« Verfolgter sich verstecken könnte? Was war aus dem geworden, was Cristóbal Colón »das Schönste« genannt hatte, das ein menschliches Auge je erblickt hatte? Den Fragen in dieser Nacht war kein Ende beschieden.

Die Nerven bis zum Äußersten angespannt, mitleidend mit diesem Volk, das in den Jahrhunderten tatsächlich hart geworden war wie eine Muschel. Die Urbevölkerung war ausgerottet, und sie, die Nachkommen der Sklavenhalter wie der Sklaven, hatte ein immer von außen, zuerst von den Franzosen und jetzt von den USA abhängiges Schicksal ereilt, dem der unterdrückte Teil einmal zu entkommen suchte mit Hilfe dieses sicherlich über die Maßen glorifizierten Armenpriesters Aristide.

Schon einmal in diesem Jahr, am 6. Jänner 1991, hatte das Volk von Haiti seinen Präsidenten, den damals noch nicht einmal amtierenden Père Jean-Bertrand Aristide, verteidigt. Damals hatte der ehemalige Duvalier-Innenminister und Chef der berüchtigten »Tonton Macoutes« – der »Onkel Menschenfresser«, wie der Diktator François Duvalier seine Leibgarde genannt hatte –, einen Staatsstreich gegen eben gewählten Präsidenten versucht. Das geknechtete Volk war aufgestanden wie ein Mann, und seine Methoden hatten bei vielen Angst und Schrecken verbreitet. Mit Macheten, Stangen und Stöcken bewaffnet waren sie damals sengend und brennend durch die Straßen gezogen. Sie hatten Häuser, aber nicht nur das, sie hatten auch Menschen angezündet. »Père le brun« heißen diese aus Südafrika entlehnten, grauenvollen Mordwerkzeuge, die berüchtigten »Halskrausen«, mit Benzin getränkte Autoreifen, die den Opfern über den Kopf gestülpt und dann angezündet werden.

Damals im Jänner haben die Massen auch die etwa 200 Jahre alte Kathedrale eingeäschert, den Sitz der Bischofskonferenz und die Nuntiatur überfallen, da sie die Hierarchie, allen voran den Duvalier-treuen Erzbischof Lacondé, für den versuchten Staatsstreich verantwortlich machten.

Zum ersten Mal in seiner blutigen Geschichte hatte das Volk von Haiti sein Staatsoberhaupt frei wählen können und sich am 16. Dezember mit über 70 Prozent für den bekannten und beliebten Armenpriester Jean-Bertrand Aristide entschieden. Und dann wollten die Menschen ihn eben auch ab dem vorgesehenen Stichtag der Amtseinführung am 7. Februar an der Spitze des Staates sehen, und sie haben sich durchgesetzt, nicht friedlich, sondern mit Gewalt, wie es der von Terror und Gewalt bestimmten Geschichte der haitianischen Gesellschaft entsprach.

Und in dieser Nacht waren sie wiedergekommen, um den neuerlich putschenden Militärs die Stirn zu bieten. Aber diesmal hatten die Militärs unter ihrem Oberkommandanten Raoul Cedras vorgebaut. Eine Blamage wie im Jänner wollten sie nicht mehr riskieren, jetzt ging es ums Ganze, um die Ausschaltung des kleinen Priesters, der dabei war, ihre Privilegien anzutasten, nein mehr noch, zu eliminieren. Das durfte nicht sein. Das war ihnen alles zu lieb geworden, sie hatten sich nach fünf Jahren ebenso uneingeschränkter wie brutaler Machtausübung nicht mit dem neuen und demokratisch gewählten Präsidenten abfinden können. Jetzt ging es ums Eingemachte, um das Budget für das kommende Jahr.

Es war eine Reihe von Umverteilungen der Gelder vorgesehen, vor allem auf dem sozialen und auf dem Bildungssektor. Die Staatseinnahmen hatten sich in den vergangenen sieben Monaten fast verdoppelt, weil nicht mehr gestohlen werden konnte, weil auch erstmals Großverdiener ihre Steuern und Stromrechnungen bezahlen mußten, was von jenen natürlich als äußerst unangenehm empfunden wurde. Eine Säuberung des Justizapparats war vorgesehen. In den Amtsstuben sollte sauber gemacht werden. Eine Gewaltentrennung zwischen Armee und Polizei war angekündigt. Eine Erhöhung des Mindestlohnes würde die Unternehmer hart treffen, und eine intensive, das ganze Land erfassende Alphabetisierungskampagne viel Geld kosten, denn immerhin galt es, im Laufe der Zeit 86 Prozent der Bevölkerung Lesen und Schreiben beizubringen. Die Militärs und die zu Reichtum gekommenen »Macouts« sahen ihre Felle davonschwimmen, und dazu kam jetzt auch noch die internationale Anerkennung Aristides nach seiner flammenden Rede vor den Vereinten Nationen in New York.

Ja, das hatte ich in den letzten Tagen, an denen ich in diesem sperrigen Land unterwegs gewesen war, auch mit bekommen. Präsident Aristide war zur UNO-Vollversammlung nach New York eingeladen worden, um dort das Wort zu ergreifen und erstmals in der Geschichte dieses geknechteten Landes über das Lebensrecht der haitianischen Bevölkerung zu reden. Ganz

Haiti, soweit Radiogeräte vorhanden waren, hing am Übertragungstropf, hingerissen, begeistert. Und dann war er wiedergekommen. Ich war, mit anderen, zu einer Pressekonferenz ins »Weiße Haus« geladen. Wir warteten eine halbe Stunde, eine Stunde, zwei Stunden. Wer nicht kam, war Aristide. Er hatte, wie man uns mitteilte, Station in der Cité Soleil gemacht, einem Slum-Viertel, in dem er früher viel gearbeitet hatte. Er gab sich, wie manche bissig bemerkten, ein »Bad in der Menge«, um seinen Erfolg auszukosten.

Nach diesen sinnlos verwarteten Stunden hatte ich noch einige Interviewtermine, war dann in mein Kloster auf einem Hügel über der Stadt zurückgekehrt und noch spät abends mit einigen Schwestern auf der Dachterrasse gesessen, um die Kühle des Abends zu genießen. »Dolores, du wirst sehen, wenn du wiederkommst, wird Haiti ein anderes Land sein.« Mit »Titide«, wie sie den neuen, jungen Präsidenten liebevoll nannten, weil er der letzte Hoffnungsträger in diesem Sumpf, in diesem Grind aus Armut und Zerstörung war, »werden wir Haiti neu erschaffen, als ein Land, in dem es Gerechtigkeit und Menschenwürde für alle geben wird. Haiti wird eine andere, eine bessere Gesellschaft haben. Alles öffnet sich dem, was da kommen wird und kommen soll. Wir spüren schon jetzt, wie die Saat aufzugehen beginnt«, klang es aus den begeisterten Kehlen dieser hart arbeitenden Frauen, mit ihren hellen und dunklen Gesichtern. Dieser Traum währte dann gerade noch ein paar nächtliche Stunden, bis zu den Schüssen am 30. September. Politisch war Jean-Bertrand Aristide in seiner kurzen Amtszeit keineswegs unumstritten, hatte er doch die Reichen und Mächtigen, hatte er vor allem die Exekutive, und das Militär gegen sich. Daran war er nicht ganz unschuldig. Gerade er, der so oft mit dem Tod bedroht worden war, der sosehr unter der Gewalt, unter der seinem Volk angetanen Ungerechtigkeit, an der Armut, an dem Massenelend der Entrechtung gelitten hatte und mutig dagegen aufgestanden war, gerade er hätte wissen müssen, was dieses Volk braucht. Sicher, Stolz und Würde, die er immer wieder reklamiert hatte, sicher, ja das auch, vor allem aber Frieden und Versöhnung, Versöhnung der immer noch gespaltenen Lager – ehemalige Sklavenhalter hier, und ehemalige Sklaven dort. Aber er hatte die Sprache, die er als Oppositioneller, als Priester der

Armen gepflogen hatte, mit ins Präsidentenamt genommen und ganz offenkundig vergessen, daß er Präsident aller Haitianer geworden war, auch wenn er natürlich gewußt hatte, daß die »Macouts«, die Militärs, die Reichen und Mächtigen ihn nicht gewählt hatten. »Politisch unkorrekt«, würde man das heute mit einem Modewort ausdrücken.

Egal, an diesem ersten Tag des Putsches hatten alle Menschen in Haiti Angst um das Leben des Präsidenten. Aus unterschiedlichen Gründen. Die einen, weil sie ihn kannten und liebten, ihn als ihren Retter und Garanten für eine bessere Zukunft verehrten, und die anderen wohl aus Angst vor einer verheerenden Reaktion der Volksmassen, vor einem Blutbad.

Die Spannung an diesem Tag war nahezu unerträglich, da wir in diesem Konvent auf einem Hügel über den heiß umkämpften Hauptstraßen Route de Delmas und Route de L'Aeroport eingeschlossen waren. Um zehn Uhr verlautbarte die Informationsministerin, daß Aristide in Sicherheit sei. Um drei Uhr Nachmittag verstummt dann auch die letzte Stimme im Radio. Funkstille. Um sechs Uhr ein Anruf: »Sie haben das Palais.« Zehn Minuten später ein zweiter Anruf: »Sie haben das Palais und sie haben Titide.« Die weißen Schwestern werden blaß, die schwarzen aschgrau. Was wird jetzt geschehen? Die Schwestern wissen, daß es allen bekannt war, auf welcher Seite sie selbst gestanden sind. – Es geschah nichts besonderes, außer daß ich wußte, daß ich an diesem Tag das Land nicht würde verlassen können. Sei 's drum. Es wurde weiter geschossen. Es krachte einmal näher, einmal ferner. In der Nacht, so gegen drei Uhr, an Schlafen war ohnedies nicht zu denken – wilde Bewegung, Sirenen, Geschrei. Ein Flugzeug startet. Was soll das? – Erst viel später erfahren wir, daß dies jene Maschine war, mit der Jean-Bertrand Aristide nach Venezuela ausgeflogen worden ist. Die Chefverhandler – nun wer wohl: natürlich die Leute von der US-Botschaft – hatten gesiegt und ihren haitianischen Widerpart aus den Klauen seiner Gegner gerettet, um ihn sich gefügig zu machen. Der neue starke Mann in Haiti, General Raoul Cedras, soll später erklärt haben: »Eigentlich wollten ihn alle töten, die einen wollten ihn erschießen, die anderen wollten ihm die Halskrause verpassen, aber die Amis haben uns allen den Spaß verdorben.«

Das haitianische Volk hingegen war trotz des tiefsitzenden Schocks froh, daß Aristide überlebt hatte. Die Unruhen ebbten ab, auch wenn es immer noch zu vereinzelten Übergriffen kam und immer wieder Blut floß. Die Menschen verkrochen sich wieder in ihre Häuser und Hütten, versuchten, von den letzten Vorräten zu überleben. Die Straßen waren menschenleer, und da auch der Luftraum gesperrt war, saß ich im Konvent über der Stadt fest und versuchte so gut ich konnte, den Schwestern zu helfen, um die immer wieder an die Türe klopfenden Hungernden aus der Nachbarschaft zu versorgen. Drei Tage lang war auch das Telefon abgeschaltet, so daß wir gänzlich von der Außenwelt abgeschnitten waren. Kaum war die Leitung wieder offen, fand sich auch eine Antwort auf meine bange Frage: Wie komme ich da je wieder hinaus? – Der damalige österreichische Honorarkonsul, ein Geschäftsmann mit guten Verbindungen und langjährigen Erfahrungen, hatte für mich die Möglichkeit erwirkt, in einem kleinen Privatflugzeug nach Santo Domingo ausfliegen zu können. Natürlich ohne Gepäck. Also packte ich am sechsten Tag vor allem mein Aufnahmegerät und die bespielten Kassetten in die kleine schwarze Tasche, und ab ging es mit einer Sondergenehmigung zum Flugplatz. Als die kleine Maschine abhob, war eine Sondermaschine der UNO mit einer Verhandlungsdelegation gerade im Anflug. Nach ihrer Landung sollte der Luftraum wieder gesperrt werden. Es war knapp, aber es klappte.

Wenige Tage nach meiner Abreise kamen dann einige Einheiten aus den USA, die nach dem Rechten sehen und Ruhe und Ordnung wieder herstellen sollten. Sie kamen und sie blieben, wie das so üblich ist. Jean-Bertrand Aristide war in der Zwischenzeit von Venezuela in die Vereinigten Staaten gebracht und dort offensichtlich einer Spezialbehandlung unterzogen worden. Niemand weiß, was wirklich mit ihm geschehen war, aber als er nach vielen Monaten wieder als Präsident von Gnaden der USA eingesetzt wurde, war der Armenpriester nicht mehr arm und auch kein Priester mehr. Er hatte eine reiche Exil-Haitianerin geheiratet, eine luxuriöse Villa am Stadtrand von Port-au-Prince und seine Amtsräume im Palais National bezogen, von wo er als US-Marionette den armen kleinen Inselstaat ebenso machtgierig und korrupt regiert. Haiti ist nach wie vor Drogenumschlagplatz für die großen Fische unter den Dealern.

Das geknechtete und weiter in Armut und Unbildung gehaltene Volk von Haiti war um eine große, glühende Hoffnung ärmer und um eine bittere Erfahrung reicher. Einmal in ihrer langen, schmerzhaften Geschichte hatten diese Menschen geglaubt, gedacht, gehofft – 500 Jahre der Unterdrückung und Versklavung wären genug. Uncle Sam hatte sie eines Besseren belehrt.

Dieses »hart wie eine Muschel« gewordene Volk der Haitianer läßt sich nicht mehr so leicht dupieren. Das zeigte es in den ersten Jännertagen des Jahres 2004. Gefeiert sollte werden! Am 18. November 1803 waren in der Schlacht von Vertrières die französischen Kolonisatoren besiegt worden, und am 1. Jänner 1804 wurde die Republik Haiti ausgerufen, der erste »schwarze Staat« des Kontinents. Da sollten in diesem Jahr 2004 die Feierlichkeiten zum 200. Jahrestag über die Bühne gehen. Nun, das lief nicht so wie geplant. Erste Feuerchen glimmten in Gonaive, der Stadt im Nordosten des Landes, nicht weit vom Cap Haitién, einem Städtchen, in dem die Unabhängigkeitsurkunde damals verlesen worden war. Die Feuer sprangen schnell über, und in Port-au-Prince kam es bereits zu mächtigen Ausschreitungen zwischen Anhängern und Gegnern von Jean-Bertrand Aristide. Die Mittel der Auseinandersetzungen glichen dem der oben beschriebenen Konflikte: Tränengas, Plastikrohre, Macheten, Brandsätze und die immer vorhandenen Autoreifen.

Der Hauptgegner war diesmal der einstige Liebling: Jean-Bertrand Aristide. Die Menschen sind von ihm zutiefst enttäuscht, fühlen sich von ihm verraten und wollen nichts anderes, als von seiner korrupten Herrschaft befreit werden. Sie nehmen ihm, dem ehemaligen Priester, seinen Verrat am Volk übel, seine Machtgier, die er, wie andere vor ihm, auf die »Tonton Macoutes«, die »Onkel Menschenfresser«, und heute auf seine überwiegend aus dem Slumviertel Cité Soleil rekrutierten »Chimères« stützt. Sie nehmen ihm alles übel, vor allem aber den Verrat an den Grundwerten der Gerechtigkeit und Solidarität.

Nun, vermutlich wird seines Bleibens nicht mehr lange sein, denn die Schutzmacht im Norden mag keinen Wirbel und keine weltweiten Schlagzeilen. Man lehnt sich gerne zurück und genießt, aber wenn einer so öffentlich Schwierigkeiten macht, pflegt man sich von ihm auf irgendeine Weise zu trennen. Wer übrigbleiben wird, ist wieder einmal das geknechtete Volk der Haitianer im Armenhaus der Karibik, in einem wunderschönen, an sich nicht armen Land, das eine bessere Geschichte verdient hätte.

* * *

Im Zuge dieser Haiti-Geschichte bin ich auf eine engagierte junge Frau gestoßen, die für den »Entwicklungshilfe-Klub« in Wien im Sommer 2003 in Haiti gewesen ist. Eine erste Begegnung, ein spontaner, sehr persönlicher Bericht von Gabriele Tabatabai:

Verlaß die Worte, nimm die Lieder

Es war meine erste Chance, mich mit einem Land näher zu beschäftigen, das ich bisher höchstens als exotischen und sehr armen Teil der Karibikinsel Hispaniola und als Nachbarn des begehrten Urlaubszieles Dominikanische Republik wahrgenommen hatte. Grund dafür war die nötige Vorarbeit für die Weihnachtsaktion des »Entwicklungshilfe-Klubs«, der 2003 ein Mutter-Kind-Projekt in Haitis Hauptstadt Port-au-Prince ausgewählt hatte. Mit einer englischen Kollegin der Hilfsorganisation OXFAM machte ich mich mit eher gemischten Gefühlen auf den Weg.

Die offizielle Reisehinweise des Außenministeriums in Wien hatten Grund zur Besorgnis gegeben. Da hieß es wörtlich: »Angesichts der anhaltend instabilen politischen, sozialen und wirtschaftlichen Lage wird seit 2. April 2003 vor Reisen nach Haiti gewarnt. Es gibt in Haiti keine sicheren Zonen. Besondere Vorsicht ist nach Einbruch der Dunkelheit geboten. Hilfeleistung von Seiten der lokalen Behörden kann nicht erwartet werden. In den Slumvierteln der Hauptstadt kommt es täglich zu Gewaltverbrechen. Vor dem Besuch solcher Viertel wird ausdrücklich gewarnt. Etc.«

Auf dem Flug von New York nach Port-au-Prince sind wir die einzigen weißen Passagiere. Und als nach etwa drei Stunden Flug die Insel aus dem Meer auftaucht, wird mir bewußt, warum die Nachfahren der hierher verschleppten schwarzen Sklaven, dieses Land »Ayiti« nannten. In der Sprache längst ausgerottete Ureinwohner heißt dies kurz und bündig »bergig«, und bergig ist diese Insel allemal.

Lange vor der Landung tauchen erste Siedlungen auf. Halbfertige Häuser, aufgemauert zur ersten Geschoßdecke, aus der die vor sich hinrostenden Eisenstäbe der Hoffnung auf spätere Aufbaumöglichkeiten ragen. Der Flughafen: einfach, nüchtern. Hier gibt es nichts Überflüssiges. Und das, was da ist, erscheint dringend reparaturbedürftig. Die Abfertigung: zügig und reibungslos.

Wir werden von einer OXFAM-Mitarbeiterin abgeholt. Auf der Fahrt in die Stadt läßt mich ein Gedanke nicht los: Wenn das die Prachtstraße in die Hauptstadt ist, wie schaut es dann im Rest des Landes aus? Links und rechts der Straße verfallene Hütten, überall Menschen, die irgendwelchen Kleinkram zum Kauf anbieten. Hungrige Augen, Kinder in zerfetzten Klamotten. Schlimmer als alles, was ich bis dahin in anderen Teilen der Welt gesehen hatte. »Armenhaus«, hatte irgend jemand vor meiner Abreise über Haiti gesagt.

Den nächsten Vormittag nützen wir, um die nähere Umgebung zu erforschen. Einige hundert Meter von dem hübsch angelegten Hotelgelände entfernt, eine belebte Straße. Neugierig das bunte Treiben beobachtend, landen wir in einer der Seitenstraßen, die eigentlich so etwas wie ein Markt ist. Auf beiden Seiten hocken oder stehen dichtgedrängt Frauen, Kinder und auch einige Männer, die allerlei Waren anbieten: Plastiksandalen, Bananen, Karotten, Taschen, Hefte, selbstgebackenen Brotfladen, Wasser, das becherweise aus einem Kübel angeboten wird, Schrauben, Scheren, Kämme, Bänder für die kunstvoll geflochtenen Zöpfchen auf Mädchenköpfen, Kerzen und immer wieder Berge schäbiger Secondhand-Klamotten aus den USA. Dazwischen türmen sich große, weiße Säcke mit der Aufschrift: US-Rice. Sie sind der Ruin der letzten haitianischen Reisbauern, die mit diesen Dumping-Preisen niemals mithalten können.

Je weiter wir vorankommen, desto dichter die Menge, aber nirgendwo Bedrängung, nirgendwo Bedrohung. Obwohl wir die einzigen Weißen in diesem Gewühle sind, begegnen wir keinerlei Feindseligkeit. Die Menschen sind uns gegenüber entweder gleichgültig, meist aber freundlich, offen, ja herzlich. Sie sind so arm, wie wir uns das niemals hätten vorstellen können, aber der Ausdruck in den Gesichtern und die Art, wie sie sich bewegten, haben etwas so Würdevolles, daß es uns immer wieder in Erstaunen versetzt. Ich fragte mich allen Ernstes, woher unser Außenministerium wohl seine Informationen bezieht, oder anders herum gefragt, wer wohl an solch abschreckenden Aussagen Interesse haben könnte?

Die Lebensbedingungen in dieser Stadt, ja im ganzen Land sind katastrophal, schlimmer aber noch die tiefgehende Enttäuschung über das Idol Aristide. Er sei, so sagt man uns, eine Marionette in der Hand des Puppenspielers aus Washington und nur noch an der Erhaltung seiner Macht im Namen des »großen Bruders« interessiert. Und um das zu gewährleisten – das wird natürlich nicht dazu gesagt –, werden der notleidenden Bevölkerung immer neue Bürden und Beschränkungen auferlegt.

Gespräche mit Verantwortlichen im Gesundheitsbereich machen die erschreckenden Lebensbedingungen der Menschen, vor allem der Frauen und Kinder, noch deutlicher: Dr. Henrys, Mitarbeiter einer NGO, im Wortlaut: »Die Menschen in Haiti haben die schlechteste Gesundheitsversorgung der ganzen Region. Eines von zehn Kindern stirbt vor Vollendung des ersten Lebensjahres. Auch die Sterblichkeit der Mütter ist extrem hoch. Auf 10.000 Einwohner kommt maximal ein Arzt. Drei Viertel dieser Ärzte arbeiten in der Hauptstadt – und der Rest des Landes? Wen interessiert das? Krankenschwestern gibt es noch weniger als Ärzte und kaum Hebammen. Kaum eine Frau hat während der Schwangerschaft und bei der Geburt irgendeine Betreuung. Wenn die NGO's nicht da wären, gäbe es nicht einmal das. Also, frage ich, wo ist die Regierung und wo ist die sogenannte Schutzmacht USA? Den billigen Reis und den anderen Ramsch können sie sich behalten. Was wir brauchen, sind Lebensgrundlagen.«

In den Begegnungen mit den Leuten in den Gesundheitszentren klingt alles in diesem berechtigt dramatischen Tenor, ganz egal, wo wir hinkommen. Und trotzdem, da gab es auch eine für mich völlig neue Entdeckung, ein akustischen Phänomen: Die Menschen singen bei der Arbeit. Die Männer, die irgendwo schwerste Arbeiten verrichten, singen. Frauen, die von früh bis spät ums Überleben ihrer Familien kämpfen, singen, und die Kinder sowieso.

Eines ist mir jedenfalls klar geworden. Dieses Land hat ein großartiges Potential. Es könnte genutzt werden, wenn man die Menschen dort förderte, wo sie bereits aktiv sind, in den vielen kleinen, schon bestehenden Gruppen, die bereit sind, mit Intelligenz, Flexibilität und Ausdauer Pläne zu schmieden, Strukturen aufzubauen und Verantwortung zu übernehmen. Alles an den Menschen in Haiti ist außergewöhnlich: ihre Geschichte, die Entwicklung ihrer Sprache, ihre Lebenseinstellung, ihre Sicht der letzten Dinge. Wir sollten ihnen eine Chance geben, die sie von den USA mit Sicherheit nicht bekommen, denn schließlich hätten wir als Europäer hier doch eine gewisse Bringschuld, oder?

Biographische Notizen
Gabriele Tabatabai wurde 1958 in Spittal/Drau geboren und ist dort auch aufgewachsen. Ab 1980 war sie vier Jahre an der Österreichischen Botschaft in New Delhi tätig, studierte anschließend Pädagogik, Sonder- und Heilpädagogik in Wien und arbeitet seit 1990 im »Entwicklungshilfe-Klub« mit, dessen Geschäftsführung sie 1999 übernommen hat. Seit 1991 ist sie mit dem aus dem Iran stammenden Maler Assad Tabatabai verheiratet und lebt mit ihm und Sohn Benjamin in Wien.

Dolores M. Bauer

ISRAEL/PALÄSTINA

Wenn aus Opfern Täter werden

Berichte, Gespräche, Begegnungen

Reihe: „Eine Recherche"
Dolores M. Bauer
**Israel/Palästina
Wenn aus Opfern Täter werden.
Berichte, Gespräche, Begegnungen.**
230 Seiten, Format
21 × 13 cm, Efalin,
mit farbigem
Schutzumschlag
ISBN 3-85167-125-2
**EUR 23,90 / SFr 42,–
Schon in 3. Auflage**

So ausweglos die Situation in Israel/Palästina auch erscheinen mag, so wissen doch alle Israelis und alle Palästinenser, denen noch ein Funken Vernunft geblieben ist, daß es keine Alternative zum Frieden gibt. Beide Völker haben ein Recht auf Sicherheit, ein Recht auf Frieden in Gerechtigkeit. Die Völkergemeinschaft ist dazu aufgerufen, alles zu tun, um die Protagonisten der Streitparteien an den Verhandlungstisch zurückzubringen und das zu ermöglichen, was Rabbi Tovia Ben Chorin einmal sagte: »Der wahre Friede, wenn er kommt, wird ein Zeichen sein für die Welt.«

3. Sterbendes Land

Im Lager der Nächsten

Es war spät geworden an diesem 16. März 1985. Hinter mir lagen mehr als 500 Straßenkilometer in der Gluthitze dieses Landstrichs, ein Berg an Hindernissen, hervorgerufen durch sudanesische und internationale Bürokratie, und dann unzählige schreckliche Bilder, Bilder der Hölle, Visionen letzter Dunkelheiten, absoluten Ausgestoßenseins, totaler Entwürdigung menschlicher Existenz, gepaart mit Ohnmacht und Hilflosigkeit: das Flüchtlingslager Wad Kowli an der sudanesisch-äthiopischen Grenze.

Erschöpft und ausgedörrt war ich endlich in dem Verschlag aus Strohmatten angekommen, den man für mich als »große Ausnahme« innerhalb des Lagers, nahe des Ausganges eingerichtet hatte. »Eingerichtet« ist gut, denn dort gab es außer einer minimalen Intimität nichts weiter als ein altes, wackeliges Feldbett, aber immerhin stand meine Tasche, die ich vor ersten notwendigen Gesprächen mit einigen Verantwortlichen beim Eingang abgegeben hatte, wie verabredet neben dem Bett und, was noch überraschender und einfach großartig war, irgendein freundlicher, guter Geist hatte eine kleine Thermoskanne mit Minztee daneben hingestellt.

Ich ging zu den schräg gegenüberliegenden sogenannten Duschen, die man mir gezeigt hatte, und versuchte, kurz und wassersparend den Schweiß und den Staub dieses langen Tages wenigstens notdürftig abzuwaschen. Dann ging ich zurück zu meinem »Zimmer unter dem Sternenzelt« und sank todmüde auf das ziemlich unbequeme Lager. Ich war noch zu unruhig, um einschlafen zu können, aber ich hatte meine brennenden Augen geschlossen und versuchte langsam zur Ruhe zu kommen, als sich fliegenleicht eine kleine Hand auf meinen Oberarm legte. Als ich dann nach einem Augenblick der Unsicherheit die Augen aufschlug, wurde das Händchen, das einem etwa acht- oder auch zehnjährigen Buben gehörte, mit einem Mal sehr bestimmt und sehr fordernd. Er flüsterte irgend etwas. Ich verstand kein Wort, aber soviel verstand ich, daß es dringend war und keinen Aufschub duldete. Der Kleine, nur mit einem hellen Fetzen über den mageren Schultern bekleidete Bub hatte nur wenig Verständnis dafür, daß ich noch in meine Hose und mein T-Shirt schlüpfen wollte und unter dem Bett nach meinen einfach hingeworfenen Sandalen suchte. Wie sollte er auch. Ich nahm meinen afrikanischen Korb und meine Lampe, und schon zog er mich ins Dunkel. Vorsichtig und doch eilig stiegen wir über die herumliegenden Schlafenden. Nach etwa zehn Minuten blieb er vor einer, mit einem flackernden Öllicht nur schwach erleuchteten Hütte stehen und bedeutete mir einzutreten. Ich duckte mich tief und schlüpfte in die Hütte. Eine junge, schöne Frau lag auf einer Strohmatte. Um sie herum einige ältere, einige jüngere Gesichter – fragende Gesichter. Ich hatte keine Ahnung, was ich hier sollte, was diese Menschen von mir erwarteten, aber jetzt war weder die Zeit noch die Möglichkeit, Fragen zu stellen. Es ging um das Hier und Jetzt als Mitmensch. Soviel war mir klar in diesem seltsamen Augenblick, und schließlich hatte man mir ja am Tor gesagt, daß ich in der Nacht der einzige weiße Mensch innerhalb des Lagers sein würde, denn alle internationalen Helferinnen und Helfer würden in ihren jeweiligen Camps übernachten. Und daß in dieser Lage weiße Haut für Hilfe stand, wurde mir auch schlagartig klar. Wie sollte ich diesen Menschen hier auch beibringen, daß ich als Journalistin hier war und nichts als ein Mikrophon und ein Tonbandgerät als Instrument und Werkzeug mitgebracht hatte, an diesem Ort also im Grunde völlig fehlbesetzt und so hilflos war wie sie selber?

Ich kniete neben der Frau nieder, suchte den Puls, schrieb es meiner Aufregung zu, daß ich ihn nicht fand, beugte mich nieder, legte meine Wange an ihren Mund und dann mein Ohr auf ihre Brust – nein da war kein Atem, kein Herzschlag, da war kein Leben mehr. Ich richtete mich auf, hob die Arme in einer Geste der Ohnmacht hoch und schüttelte den Kopf. Der junge Mann neben mir nickte und schloß mit einer unsagbar traurigen Bewegung die Augen der Toten. Eine Weile blieb alles ruhig. Was sollte ich jetzt tun? Ich wußte es nicht. Ich sprach ein Gebet. Keine Formel, kein Psalm, nichts Erlerntes und lange Gewußtes wäre mir jetzt eingefallen. Ich redete einfach mit unser aller Vater, mit ihrem und meinem Gott und blieb dabei nicht allein. Aus allen Ecken dieser dumpfigen Hütte betete, summte und sang es in langen, nur gehauchten Tonfolgen. Ein De Profundis, ein Halleluja, ich wußte es nicht. War ja auch nicht wichtig. Es war, verging, und wird bleiben über die Zeit.

Wie lange wir so kauerten, weiß ich nicht mehr. Irgendwann standen sie alle auf, hoben die Tote vorsichtig und behutsam auf und trugen sie hinaus. Die Letzte, die hinausging, es war eine völlig ausgemergelte, ältere Frau, sie drehte sich noch einmal um und deutete mit der Hand auf einen Lederbeutel neben der Matte, auf der die Tote gelegen hatte, und es schien, als lächelte sie mir aus ihrem fast zahnlosen Mund irgendwie ermunternd zu. Dann hörte ich die sich entfernenden Tapper im Sand und dann nichts mehr außer dem Grundgeräusch des nächtlichen Lagers, Husten, Stöhnen, Gemurmel, ein Lachen irgendwo und die fernen Trommeln.

Ich nahm den Beutel, zog die Schnur auseinander und erschrak. Da war etwas Lebendiges. Ich wurde ganz vorsichtig, griff mit beiden Händen hinein und förderte etwas zutage, das entfernt einem kleinen Menschen ähnlichschaute. Ein Bub, ein furchtbar häßliches, weberknechtähnliches Geschöpfchen. Ein überdimensional großer, kahler Schädel, überspannt mit graugelber Haut, unter der sich klopfend und bläulich die Venen abzeichneten. Wie Pergament das alles. Ein Nichts von Gesicht, in dem in tiefen, dunklen Höhlen riesige, dunkelbraune, fiebrig glänzende Augen lagen. Scharfe Falten um Mund und Nase. Sonst war da nicht viel. Arme und Beine dünn wie Flaschenhälse, ein schrundiges Körperchen, dessen Becken gerade in meine hohle Hand paßte. Der Atem schnell und stoßweise. Das Herz flatternd, wie das eines verängstigten Vogels, und dann diese Fieberschauer, die alles, was da noch lebte, erbeben ließen.

Was tun? – Kein Mensch weit und breit, der zu dieser nächtlichen Stunde hätte helfen können, und auch ich hatte nur leere Hände. Das Etwas nuckelte gierig an meinem Fingerknöchel. Mehr hatte ich nicht zu bieten, und selbst wenn ich etwas Eßbares in meiner Tasche gehabt hätte, ich hätte nicht gewagt, es ihm zu geben, aus Angst ihn zu töten. Also blieb nur eines: Warten, den Morgen erwarten. Ich legte mich auf den Rücken, dorthin, wo die junge Mutter gelegen hatte, und nahm den Winzling vorsichtig hoch und legte ihn mir auf den Bauch. Dann versuchte ich nichts anderes, als einfach ruhig und tief zu atmen, was mir in dieser prekären Situation gar nicht leichtgefallen ist. Es half, half wie damals bei meinem Jüngsten, der nach einer ziemlich komplizierten Ankunft in dieser Welt auch sehr zerbrechlich gewesen war. Der Atem wurde ruhiger, die Fieberschauer seltener, das Köpfchen schwerer und bald hingen auch Arm und Beine schlaff und entspannt an mir herunter. Irgendwann bin ich dann vermutlich auch eingeschlafen und als ich aufschreckte, hörte ich draußen Stimmen. Die Familie war zurückgekehrt. Sie sprachen leise, leiser jedenfalls als die Vögel, die den Morgen kündeten.

Ich wartete noch eine kleine Weile, stand dann vorsichtig auf, schützte den Kleinen mit einem Fetzen, den ich gefunden hatte, vor der Morgenkühle und schlüpfte aus der Hütte. Da standen sie alle mit fragenden Augen, aber als sie das kleine Wesen lebendig in meinen Armen sahen, mündeten die Fragen in einem Hauch von Lächeln. Ich schaute sie alle an, einen nach dem anderen und wandte mich dann an den jungen Mann, den ich für den Vater des Kindes hielt. Ich nahm ihn kurz entschlossen ganz einfach an der Hand und setzte mich, trotz seiner zuerst abwehrenden Haltung, in Bewegung. Ich wollte zum nächsten »Feeding-Center«. Da waren zwar sicherlich noch keine Ärzte und Schwestern, aber vielleicht einige der Betreuer, die ja ebenfalls Flüchtlinge waren, also die Sprache des jungen Mannes kannten. Dort erfuhr ich, daß mein »Weberknecht« etwa zwei, drei Monate alt sein sollte, auf der langen Flucht geboren worden war und jetzt kaum über zwei Kilo wog, und ich erfuhr auch einiges über die Familie. Schlimm, wirklich schlimm. Der Vater war vor einigen Wochen in einem äthiopischen Gefängnis unter der Folter gestorben. Als die junge Frau diese Nachricht empfangen hatte, hatte sie sich und das Kind einfach aufgegeben. Der Schmerz, die Ausweglosigkeit waren wohl die eigentlich Todesursache und nicht das Fieber, das sie in dieser Nacht ans Ziel ihrer Reise gebracht hatte.

In welches Leben, o mein Gott, hatte ich dieses kleine Geschöpf in meinen Armen hinein gerettet? – Aber dieser junge Mann neben mir, der, wie ich erfahren hatte, nicht der Vater des Kindes, sondern sein Onkel, der Bruder der Toten war, der würde es mit Hilfe der Familie vielleicht schaffen, dem Kleinen Vater und Mutter zu sein. Vielleicht würde er eines Tages mit meinem »kleinen Weberknecht« sogar heimkehren können, in das lichte Tal, drüben in Tigray.

Mit dieser durchaus quälenden aber auch von einer vagen Hoffnung getragenen Frage, die mich letztlich bis heute nicht losgelassen hat, ging ich damals an der schmalen Hand des kleinen Buben, der mich geholt und begleitet hatte, vom »Feeding-Center« durch das Lager zu meinem Platz hinter den Strohmatten zurück. Alleine hätte ich in der noch herrschenden Dunkelheit den Weg durch das Wirrwarr niemals gefunden. Als der Kleine mich verlassen hatte, ließ ich mich einfach, so wie ich war, fallen, nicht um zu schlafen, das würde wohl sinnlos sein, sondern nur um mich auszustrecken, die letzte relative Kühle der Nacht für ein paar Atemzüge zu nutzen. Ich meine, diese »relative Kühle« betrug so um die 30 Grad, eine Temperatur, unter der wir und der Rest Europas im Sommer 2003 mehr als drei Monaten stöhnten. Es ist alles relativ.

Bald, das heißt ziemlich genau um sechs Uhr, würde die Sonne über dem Sudan wieder aufgehen, nein nicht aufgehen, wie bei uns, sondern sie würde weißgelb und giftig in die Höhe schießen und endlose zwölf Stunden lang, ungerührt über dem knochentrockenen, nach Wasser lechzenden Land stehen, fern den Seufzern der geschundenen Kreatur, um dann wie ein Stein ins schmutzige Grau der über allem liegenden Dunstglocke zu fallen. Keine Dämmerung, kein sanfter Morgen, linder Abend. Nichts von den Orange- und Rottönen romantischer Sommerträume.

Das hatte ich vier Tage lang erlebt. Dreimal mußte ich die Strecke zwischen Khartum und El Gedaref, der letzten größeren Stadt vor der Grenze zu Äthiopien, zurücklegen, nur weil man mich auf einen speziellen Stempel, den ich zum Eintritt in das Flüchtlingslager gebraucht hätte, nicht aufmerksam gemacht hatte. Dreimal zwischen acht und zehn Stunden unter dieser brüllenden Sonne, der Fahrtwind glutheiß, raubte einem den Atem. Das Metallgehäuse meines Aufnahmegerätes und mein Mikrophon waren so heiß, daß ich es nicht anfassen konnte, dabei waren die Dinger in einem zugedeckten Korb zu meinen Füßen, also nicht der Sonne direkt ausgesetzt gewesen.

Jetzt, unter den ein wenig von einem leichten Wind bewegten alten Bäumen meines »Millionen-Sterne-Hotels« von Wad Kowli, zogen die Bilder des sterbenden Landes links und rechts der Straße wieder an mir vorbei. Ich setzte mich auf, nahm ein paar kleine Schlucke aus der Thermoskanne mit dem köstlichen Minztee, um die Bilder zu verscheuchen und vielleicht doch ein paar Augen voll Schlaf zu bekommen. Sinnloses Bemühen. Sie waren da und plärrten in mein Gedächtnis: ockerfarben, graubraun bis an den Horizont, ohne Baum, ohne Strauch. Tausende tote Tiere in den verschiedensten Stadien der Verwesung, aufgedunsen, aufgeplatzt, verdorrt, die Gebeine weiß, in der Sonne gebleicht. Dabei – und, das machte es vermutlich noch schlimmer –, hatte man mir noch vor zwei Tagen erzählt, daß vor kaum zwei Menschenaltern das ganze Gebiet zwischen Khartum und El Gedaref von dichtem Wald bedeckt war, einem Wald, der dann in die fruchtbaren Savannen des Ostens mündete. Ein etwa fünfzigjähriger Sudanese hatte mir erzählt, daß er als junger Mann mit seinem Großvater in den Wäldern nahe Khartum noch Elefanten gejagt hatte. Und wenn man weiß, was ein Elefant an Nahrung braucht, um zu einem jagdbaren Wild heranzuwachsen, kann man sich ja ein Bild von der Landschaft machen. Und jetzt nichts mehr, außer Kameldorn und Wüste, nein, nicht einmal Wüste, einfach totes oder doch sterbendes Land.

Westliche Technologie, westliches Know-how und eine falsche, auf kurzfristigen Profit bedachte Agroindustrie hatten der fruchtbaren Erde den Garaus gemacht. Der Sudan, einstmals gerühmt als »Brotkorb Afrikas«, kann seine eigene Bevölkerung nicht mehr ernähren. Mehr als fünf Millionen Menschen waren in diesem Jahr 1985 direkt vom Hungertod bedroht. »Nach den Bäumen stirbt der Mensch«, dieses alte indianische Sprichwort war mir noch nirgendwo so drastisch vor Augen geführt worden, wie hier. Und in dieses bedrohte Land strömten jetzt noch die Hungernden der ebenso mutwillig ausgebeuteten und zerstörten Nachbarländer. Eineinhalb Millionen Flüchtlinge aus Äthiopien, aus dem Tschad, aus Uganda und Zaire brauchten Wasser und Nahrung, kamen aus dem Nichts ins Nichts, als Bettler zu Bettlern.

Was war geschehen? – Die Menschen hatten die Unersetzlichkeit des Reichtums an üppig wucherndem Grün nicht erkannt. Sie hatten die Wälder mehr und mehr abgeholzt, zu Geld gemacht, zu Holzkohle verbrannt, zum Bau ihrer Häuser verwendet und die gerodeten Felder mit Sorghum, Baumwolle, Erdnüssen und anderen Feldfrüchten bebaut. Ihr Erfolg, der bescheidene Wohlstand der Bauern zog Spekulanten an. Böden wurden ihnen zu Spottpreisen abgekauft, oder, wenn einer nicht verkaufen wollte, wurde er auch kurzerhand enteignet, samt Familie vertrieben. Es entstanden riesige Anbauflächen, die an ausländische Geschäftsleute und internationale Konzerne verkauft oder einfach »zur Nutzung« übergeben wurden. Flächen bis zu eineinhalb Millionen Acres, das sind etwa 6000 Quadratkilometer. Die meist mit den USA oder Saudi-Arabien alliierten fremden Konzerne brachten westliche Technologie ins Land, schwere Maschinen und Insektizide. Aus fruchtbarem Bauernland wurde profitable Agroindustrie mit hohen Überschüssen und Exporterlösen, vor allem was den Soja-Anbau als Tierfutter für das saudiarabische Königreich angeht.

Nur, die sensiblen Böden hielten nicht lange durch, höchstens ein paar Jahre. Es war für die Konzernchefs und ihre Handlanger allerdings nicht schwer, immer neues, ausbeutbares Land zu bekommen. Es gab im Sudan genügend korrupte Politiker, die am Ausverkauf des Landes mit verdienten. Diese Art der Agrarpolitik, die fruchtbares Land verödete, die Bauern zu landlosen Lohnarbeitern machte, die inzwischen längst als Arbeitslose die Slums bevölkerten oder eben in irgendwelchen Hungerlagern, eigenen Hungerlagern krepierten, diese Art der Agrarpolitik hat im Grunde kaum mehr als zehn Jahre zu ihrer Zerstörungsarbeit gebraucht. Kein Wunder, daß der ehemals fruchtbare, reiche Sudan zu einem Hungerland geworden war. »Die Dürre, die wir jetzt, in diesen Jahren 1984/85 haben, ist also keineswegs ein rein klimatisches Phänomen, sie ist von Menschen gemacht und in Wahrheit eine Katastrophe«, sagte mir noch in Khartum Dr. Ali Desr, ein sichtlich verzweifelter Soziologe und Landwirtschaftsexperte.

Vor dem Hintergrund dieser Katastrophe hoben sich dann wie Schemen die Elendsgestalten in einem Flüchtlingslager wie Wad Kowli ab. Dem Sudan wäre es nicht zuzumuten gewesen, auch nur einen dieser von Hunger und Krankheit gequälten Menschen zu versorgen. Und so war es nur recht und billig, daß hier die internationale Gemeinschaft, spät aber schließlich doch, mit ihren Überschußgütern in die Bresche gesprungen ist. Im Jänner, als die ersten Helfer mit leeren Händen in der Sandwüste am ausgetrockneten Aruna-Fluß gestanden hatten, waren ihnen die Leute wie die Fliegen gestorben, so einfach verlöscht zwischen zwei Atemzügen. Kaum Lebensmittel, kaum Wasser, kaum Medikamente – nichts, was sie diesem unaufhörlichen Strom des Elends hätten entgegensetzen können. Nach einer sündteuren und nur mangelhaft funktionierenden Luftbrücke zwischen Europa und hier waren dann erst Anfang Februar die ersten nennenswerten Transporte mit Hilfsgütern angekommen. Jetzt klappte es ganz gut, und die Versorgung mit dem Allernotwendigsten war relativ sichergestellt, von den täglichen Pannen einmal abgesehen. Aber immer noch war die Sterberate hoch, bei den unter Fünfjährigen lag sie bei täglich 15 pro 1000, bei den älteren Kindern und Erwachsenen auch noch bei etwa elf pro 1000. Bei fast 300.000 Menschen, die da im Lager vegetierten, war das ein dichtbesetzter Friedhof, der täglich wuchs. Da war die junge Frau der vergangenen Nacht nur ein ganz kleines Mosaiksteinchen des Elends, das mir allerdings nicht aus dem Sinn ging.

Ich löste mich aus meinen Gedanken und all den Bildern, die auf mich eingestürmt waren, stand auf, ging hinüber zu den Duschen, die an sich ein Witz waren. Ich wusch mir das Gesicht, putzte mir die Zähne, packte mein Tonbandgerät in den weichen Korb aus Sisalfasern, den kenianische Frauen vor einigen Jahren für mich geflochten hatten, und machte mich wieder auf den Weg, diesmal freiwillig und bei Tageslicht. Ich ging nicht weit, ganz in meiner Nähe hatte in einer Strohhütte Angela Berry, die Verantwortliche für die Lebensmittelversorgung, ihr Büro. Angela Berry kam aus den USA, war ein junges, schmales, blondes Geschöpf mit Augen, tief wie verträumte Bergseen, dem man nicht zugetraut hätte, daß sie hier die Arbeit eines Riesen zu leisten imstande war. Und sie sprach auch von einer Mammutaufgabe, wenn sie von ihrer Arbeit erzählte: »Es geht ja nicht nur darum, daß genügend Lebensmittel für die Menschen da sind, sondern es geht auch um Fragen der Logistik, die entsprechenden Menschen zur richtigen Zeit zu den Familien zu bringen. Ich arbeite jetzt seit fünf Jahren im Flüchtlingswesen, aber das hier ist die bisher schwierigste Aufgabe, weil wir überhaupt keine Möglichkeit haben, selbst irgend etwas zur Versorgung der Menschen beizutragen, es gibt keine Alternativen. Die lokalen Märkte sind leer. Da ist keine Tomate, keine Zwiebel, nichts. Da genügt es schon, daß irgendwo auf der Strecke ein paar Lastwagen im Sand stecken bleiben, daß eine Achse bricht, irgend etwas für hiesige Verhältnisse völlig Normales passiert, und die Sterberate schnellt wie eine Fieberkurve in die Höhe. – Aber da ist noch etwas anderes, die Infrastruktur. Hier in Wad Kowli zum Beispiel haben wir zu wenig Getreidemühlen. Wir müssen den Leuten immer wieder die ganzen Körner geben. Sie haben aber keine Möglichkeit, sie zu kochen oder wenigstens zu rösten. Also essen sie einfach die Körner wie sie sind. Das stillt das Hungergefühl für eine kleine Weile, aber die Körner liegen nur im Magen und gehen letztendlich unverdaut wieder ab, landen im Boden. Vielleicht, wenn irgendwann doch Regen kommen sollte, könnte es sein, daß die Körner zu sprießen beginnen, aber die Menschen, die sie ausgeschieden haben, werden längst tot sein.«

Angela versank für einen Moment im Schweigen, bevor sie, einen Ton der Verzweiflung in ihrer dünnen Stimme, nahezu tonlos sagte: »Das ist das Härteste hier. Wir geben diesen Menschen nicht einmal genug zum Überleben, geschweige denn zum Leben. Und das betrifft nicht nur die Flüchtlinge, sondern genauso die vielen Hungernden im Land selbst. Ich muß gestehen, und das quält mich Tag und Nacht, eigentlich schäme ich mich für mein Land und all die anderen reichen Länder, die sich über die Jahre und Jahrzehnte mitschuldig gemacht haben an der Katastrophe, vor der wir heute stehen.«

Nach diesem für mich sehr wichtigen und doch etwas länger gewordenen Gespräch, bedankte ich mich bei Angela, legte für einen Moment meinen Arm um diese schmalen Schultern, während sie meine freie Hand mit ihren beiden Händen festhielt, als Geste eines geschwisterlichen Einverständnisses, und trat in die Realität dieses Lagers hinaus. Meine Notizen über diese Stunden, dieses langen Tages aus dem Jahr 1985: Am Anfang glaubt man an Halluzinationen, an Trugbilder, an die Ausgeburt krankhafter Phantasien. Man glaubt einfach nicht, was man sieht, da war die Nacht milde gewesen, weil sie diese Deutlichkeit, diese Brutalität verhindert hatte. Im Schleier der ständig über dem Lager stehenden, von Lastwagen und Menschen aufgewirbelten Staubwolke, ein Gewimmel unwirklicher Kreaturen, ebenholzschwarze Gestalten, mit einigen schmutzigen, nicht einmal mehr die Blößen bedeckenden Baumwollfetzen, die vielleicht einmal weiß oder beige gewesen sind und jetzt in allen Grau- und Brauntönen changieren. Wirre, in steifen Strähnen abstehende Kraushaarbüschel, kahl geschorene, knochige Schädel, eingefallene Wangen, tiefliegende, fiebrige Augen, ausgemergelte Körper, Arme und Beine wie Spinnen, offene, schwärende Wunden. Taumelnd viele, wie Betrunkene, einander stützend, um sich nur nach wenigen Schritten in den Sand fallen zu lassen. – Ich gehe wie in Trance, irre plan- und ziellos durch diese gespenstische Szenerie, bleibe immer wieder vor den niedrigen, nicht einmal mannshohen Hütten oder Unterständen stehen, aus Stroh geflochten, die Türöffnungen mit Fetzen verhängt, um irgendeinen Rest an Intimität zu wahren.

Ein paar Kinder wagen sich näher an die Fremde heran, greifen mich an, betasten mich, und ein Mädchen legt ihr kleines Händchen in meine Hand. »Salama«, sagt das kleine Stimmchen. Salama, heißt Frieden. »Salama«, antworte ich und kämpfe mit den Tränen, nicht den Tränen der Rührung oder Trauer, sondern Tränen der Ohnmacht und des Zorns. Mein Gott, wo ist Frieden, Frieden inmitten dieses unvorstellbaren Elends, hinter dem Krieg liegt und Tod und die Bomben und Geschütze auf dem Weg, die sie gezwungen haben, nur nachts zu marschieren und sich tagsüber irgendwo zu verstecken? Auf diesem letzten Wegstück bis zur Grenze sterben die meisten, hat man mir erzählt, diese Erschöpfung so knapp vor dem Ziel rafft sie dahin. An diesem Tag hatten sie wieder drei tote Kinder gefunden und zwei alte Leute. Die Flüchtlinge hatten sie einfach liegen gelassen, weil keiner mehr fähig gewesen war, die toten Körper zu tragen. Jeden Tag hatten sie Tote gefunden dort draußen, kaum einer weiter als drei oder fünf Kilometer entfernt.

Da fiel mir die Geschichte von Kollegen von der BBC ein, die man mir berichtet hatte. Mit zwei Landrovern war das Fernsehteam in der Nacht von El Gedaref aufgebrochen, um in den frühen Morgenstunden an dem Platz zu sein, an dem die Tigrayer normalerweise über die Grenze kamen. Sie hatten die Wagen in Position gebracht, die Scheinwerfer und die Kameras auf den Wagendächern montiert. Da tauchten sie auch schon auf, dunkle Gestalten im Dunkel. Die Scheinwerfer knallten in die verstörten Gesichter der Menschen. Sie schrieen, stoben in wilder Panik auseinander, fielen, stürzten übereinander. Die Kameras surrten. Tolle Bilder hatte man da geschossen, Bilder für die braven, satten Bürger daheim, Bilder auf Kosten der letzten Kräfte verzweifelter Menschen, die glaubten, in einen Hinterhalt geraten zu sein, naheliegend, nach allem, was sie durchgemacht hatten auf ihrem langen, gefahrvollen Marsch zwischen den Fronten des erbitterten Bürgerkrieges in ihrem Land. Ob diese Art von Sensationsfilmerei noch etwas mit Journalismus zu tun hat?

Ich empfand nichts als Scham ob der Entwürdigung dieser elenden, geschundenen Menschen und verstand die Bitterkeit in der Stimme eines Gesprächspartners vom Tag vorher. Jacob Aktet war Arzt gewesen in seinem Land, bevor er bereits vor 16 Jahren wegen der immer massiver werdenden politischen Verfolgung in den Sudan geflüchtet war. Er wußte also wovon er redete: »Diese jetzige Massenflucht steht in einem direkten Zusammenhang mit der durch die Politik Mengistus und durch den Krieg bewirkten Unsicherheit im Land. Diese Bauern, die hierher kommen, sind die wirklichen Opfer des Kampfes zwischen den Regierungstruppen und den Armeen der verschiedenen Oppositionsbewegungen, einer der vielen Stellvertreterkriege in Zeiten des ›Gleichgewichts des Schreckens‹. Natürlich ist es auch die Dürre, aber es wäre trotzdem möglich, diese Menschen im Land zu versorgen, ihnen über diese schwere Zeit hinwegzuhelfen, aber es geschieht nichts. Die Dürre ist nichts Neues, seit dieses Land in den vergangenen Jahrzehnten ökologisch zugrunde gerichtet wurde. Die Dürre ist nicht neu, das hatten wir bereits 1972 und 1974. Damals hat es 200.000 Tote gegeben, und die jetzige Dürre kam nicht aus heiterem Himmel, da hätte man vorsorgen können, aber nein, man ließ es einfach laufen. Die Lösung müßte nicht hier, sondern im Land selbst gefunden werden. Aber da gibt es eben das Problem der Tigrayer, der Eritreer und all der anderen Völker und Ethnien, die nicht mehr bereit sind, sich vom Mengistu-Regime unterdrücken, einsperren, foltern und töten zu lassen. Solange sich die politischen Zustände nicht ändern, gibt es keine Ruhe und keinen Frieden und damit keine Lebensmöglichkeit für diese Menschen. Dabei wollen sie letztlich nichts anderes, als zurück in ihre Heimat, und wenn der Regen kommt, werden auch viele zurückgehen, wenn sie bis dahin überlebt haben, aber sie werden nicht in Ruhe ihre Felder bestellen können, weil sie bedrängt und verfolgt werden, immer wieder zwischen die Fronten geraten.

Hier im Augenblick zu helfen ist sicherlich wichtig, aber ich versuche, meinen Kollegen vom Flüchtlings-Hochkommissariat immer wieder zu sagen, daß es noch wichtiger wäre, würde die internationale Gemeinschaft Druck auf die Regierungen hier wie dort ausüben, statt ihre eigenen politischen Interessen zu verfolgen und ein wenig Hungerhilfe als Feigenblatt vor ihre Machenschaften halten.«

Jakob Aktet war, während er redete, ja richtig sprudelte, immer lauter und immer zorniger geworden, was ich nur zu gut verstehen konnte, obwohl ich am Tag danach, als ich im UN-Büro in El Gedaref dieses Gespräch geführt hatte, die Bilder noch nicht kannte, die inzwischen auf mich eingestürmt waren.

Ich war fast den ganzen Tag unterwegs, mit den Ärzten, mit den Schwestern, mit den Dorfältesten und Vertrauensleuten – von Hütte zu Hütte, um nach den Kranken zu sehen, neu auftretende Krankheitssymptome rechtzeitig zu erkennen, neues Sterben zu verhindern oder die Toten wegzuschaffen. Ich war auf diesen Wegen auch immer wieder an den Aruna-Fluß gekommen, der irgendwann einmal sehr malerisch die waldbestandene Hochebene umspült haben muß. Es spülte, es murmelte, es plätscherte, es floß nichts mehr. Im ausgetrockneten Flußbett nur noch da und dort giftig blaugrün schimmernde Tümpel. Und doch, ich habe nicht nur einmal Frauen oder Mädchen mit Krügen oder Plastikgefäßen daraus Wasser schöpfen gesehen, ich habe nicht nur einmal kleine Buben lustig schreiend und spielend darin beim Baden beobachtet. Alleine beim Hinschauen drehte es einem den Magen um. Das Alles war wirklich die Grenze des Verkraftbaren, und die Kraft dieser Bilder des Grauens, ich muß es ehrlich gestehen, hat bis heute nicht nachgelassen, und doch weiß ich, daß es solche oder ähnliche Bilder heute, 18 Jahre später, wieder gibt, denn Äthiopien und der Sudan hungern wieder, und das schon seit einem Jahr.

Nach verschiedenen Angaben könnte die Zahl der Notleidenden und vom Hungertod Bedrohten bei anhaltender Dürre in den nächsten Wochen auf über zehn Millionen ansteigen. Nun gut, hier in Österreich hat wenigstens die Caritas reagiert und ihre traditionelle August-Sammlung im Sommer 2003 unter das Motto *Dürre in Äthiopien* gestellt, und auch sonst ist weltweit Nahrungsmittelhilfe angelaufen. Die Frage ist nur, kommen die Säcke mit Getreide, Reis, Sorghum, die Ölkanister, kommen die Multivitamin-Präparate und Eiweißkonzentrate für die heutigen »Weberknechte« mit ihren spindeldürren Ärmchen und Beinchen der Lösung des Problems auch nur irgendeinen Schritt näher, solange die Weltgemeinschaft, die einheimische Politik und auch die betroffene Bevölkerung das einfach so hinnehmen, ohne der Sache auf den Grund zu gehen und die Fragen nach den wahren Ursachen radikaler zu stellen?

Im »Deutschlandfunk« berichtete Ludger Schadomsky unter dem Titel »Hungersnot im Garten Eden« aus Äthiopien und begann mit folgenden Worten: »Die Augen geschlossen, die Arme zum Himmel erhoben, steht Fikade Semagne auf dem staubigen Dorfplatz von Worken. In Ge'ez, jener Sprache aus dem ersten Jahrhundert nach Christus, die bis heute als orthodoxe Kirchensprache überlebt hat, bittet der Dorfpriester um erlösenden Regen und die Gnade Gottes, denn, so meint er: Die derzeit herrschende Dürre ist die Strafe Gottes für die sündigen Menschen.« Wie dem auch sei, bereits zu Ende des vergangenen Jahres war es der äthiopischen Regierung und auch den Leitern der internationalen Hilfsorganisationen vor Ort, wie damals 1974 und 1984, klar, daß eine neue Hungernot droht und daß davon wenigstens ein Fünftel der Bevölkerung betroffen sein würde. Der Aufschrei allerdings hatte nicht mehr Qualität als der berühmte Ruf: »Haltet den Dieb!« wenn es bereits zu spät ist. Die Argumente der Agrarökonomen und Entwicklungshilfekritiker waren auch diesmal ungehört verhallt. Sie weisen seit Jahren, spätestens seit den Hungerjahren 1984/85, auf die wahren Ursachen hin: die globale Klimaveränderung, das ungebremste Bevölkerungswachstum von immer noch drei Prozent, die systemimmanente Ungerechtigkeit und eine seit Jahrzehnten verfehlte Agrarpolitik.

Wenn man daran denkt, daß noch im 16. Jahrhundert Reisende Äthiopien als »Garten Eden« beschrieben haben, als ein Gebiet, in dem es reiche Ernten und niemals Hunger gibt, muß man doch erkennen, daß da irgend etwas falsch gelaufen sein muß und nach wie vor falsch läuft. Nahrungsmittelhilfe aus den Überschußgütern der reichen Länder, die zwar vielleicht im Moment vor dem Verhungern rettet, letztlich aber Abhängigkeit schafft und Eigeninitiative zum Erlahmen bringt, kann des Rätsels Lösung nicht sein.

* * *

Damals im März 1985 blieben mit noch knappe eineinhalb Tage im Lager von Wad Kowli. Trotz des furchtbaren Geschehens, trotz der beklemmenden Bilder, der dramatischen Gespräche erinnere ich mich doch auch an hellere Eindrücke, die ich nicht aus dem Gedächtnis streichen will, weil sie einfach auch dazu gehören.

Da war die Landschaft: Während einem in dem ziemlich flachen Land zwischen El Gedaref und dem Lager die verdorrten und entwurzelten auf den Kronen liegenden Schirmakazien gespenstisch entgegenhüpften, war das weitläufige Lagergelände von einer an sich bestechenden Schönheit, eine letzte Oase mit zwar schon gelichtetem, aber doch auch noch alten Baumbestand, die einem eine Idee von der ehemaligen Beschaffenheit des Landes vermittelt hat. Die grausame, ständig in der Luft stehende Staubwolke, die ich beschrieben habe, konnte in der Sonne beinahe golden glitzern und ein fast mystisches Licht verbreiten, ein Licht, in dem dann diese Elendsgestalten merkwürdig verklärt aussahen: hohe, schmale Gestalten, edle Frauengesichter, Ehrfurcht gebietende, an biblische Bilder erinnernde Prophetenköpfe, würdevolle Bewegungen. So beschrieben es jedenfalls später die Fotos, die ich dort gemacht hatte. Merkwürdig das ganze, dieses Ineinander von Schönem und Grauenvollem. – Da war die unglaubliche Solidarität zwischen den Lagerinsassen, die einander in rührender Weise geholfen und auch das Allerletzte miteinander geteilt und ihre Zuneigung, ihre Zärtlichkeit nicht verleugnet und damit ein Trotzdem-Klima der Mitmenschlichkeit vermittelt hatten, und da war der unglaubliche Einsatz der meist jungen Leute von den Hilfsorganisationen, die oft mit ziemlich leeren Händen bis über jede Grenze der Verkraftbaren alles gegeben haben.

Dann aber war es Zeit, all das hinter mir zu lassen und in die Hauptstadt des Landes, in dem ich mich befand, zurückzukehren. Ich hatte Glück, und mußte nicht noch einmal die lange Glutstrecke zurücklegen. Einer der Ärzte von »Save-the-children-Fonds«, einer britischen Hilfsorganisation, den ich bei meinen langen Wanderungen durch die Stationen dieses Lagers kennengelernt hatte, sagte mir, bei dem Flug nach Khartum übermorgen sei noch ein Plätzchen frei und er könnte mich mitnehmen.

So war es dann auch, und wir landeten gut und heil in der Hauptstadt. Ich nahm mir ein Taxi und fuhr zum Hotel »Meridian«, in dem ich ein Zimmer reserviert hatte. Statt in dieses Zimmer zu gehen, ließ ich meine kleine, schwarze Reisetasche in der Hotelhalle stehen und ging, ausgedörrt wie ich war, schnurstracks in die Bar, lehnte mich völlig erschöpft an die Theke und bestellte ein großes Glas Orangensaft, das ich in mehr oder weniger einem Zug hinunterstürzte und das dann drei Wochen lang wie ein Stein in meinem Magen liegen und für eine Weile jede Nahrungsaufnahme verhindern sollte

Der nächste Teil meiner Arbeit begann, und der hatte allemal Vorrang vor dem verkorksten Magen, denn die Zeit war knapp und kostbar.

DER BOGEN WAR EINFACH ÜBERSPANNT

März 1985: Aufgrund einer beispiellosen Initiative des irischen Rocksängers Bob Geldof, der unter dem Eindruck einer Fernsehdokumentation über das Ausmaß der seit mehr als einem Jahr tobenden Hungerkatastrophe in Äthiopien die internationale Popszene in Wallung gebracht und in kurzer Zeit mehr als acht Millionen Pfund eingespielt hatte, sind spät aber doch auch die europäischen Medien aufgewacht und haben eine gemeinsame Aktion, den *Äthiopien-Tag,* ausgerufen. Auch der ORF hat sich damals daran beteiligt und für den Hörfunk meiner Abteilung den Auftrag erteilt, da mitzumachen. Ich begann zu recherchieren, erkannte sehr bald, daß da eine ganze Journalisten-Lawine in Gang gesetzt worden war und daß bereits ein Autobus-Shuttle-Verkehr zwischen dem »Holiday Inn« in Addis Abeba und diversen Hungerlagern eingerichtet worden war. Das war nun absolut nicht Meines. Ich erklärte schlichtweg: »Ich fliege nicht nach Äthiopien, sondern werde versuchen, in den Sudan zu kommen.« – Ich hatte erfahren, daß der Osten des Landes die letzte Chance für die Hungerflüchtlinge sei. Tatsächlich ergatterte ich ein Visum über eine bekannte Baufirma, deren Chef das Generalkonsulat innehatte, weil dort für die österreichische Firma Millionenaufträge liefen. Die näheren Umstände interessierten mich nicht. Das Visum war mir wichtig, und es wurde mir ausgestellt.

Nach meiner Ankunft in Khartum und ersten Gesprächen, machte ich die für mich überraschende Entdeckung, daß nicht nur das äthiopische Volk, sondern auch das Volk des Sudan massiv vom Hunger bedroht war, wovon man bei uns kein Wort erfahren hatte. Auch der politische Grund dafür war ziemlich schnell gefunden: Im Zeitalter des Kalten Krieges war es natürlich, daß ein marxistisches Regime wie jenes unter dem »Roten Negus«, Mengistu Haile Mariam, klarerweise Schuld an einer Hungerkatastrophe sein mußte, nicht aber ein mit den USA verbündetes Regime, wie jenes des seit 1969 regierenden sudanesischen Diktators Jafar al-Numeiri. Da war vornehmes Schweigen angebracht.

Als ich allerdings am 10. März in Khartum angekommen war, hatte der letzte Akt des Dramas um den bulligen Potentaten Numeiri, der die Mehrheit der Menschen in dem mit 2,5 Millionen Quadratkilometern flächenmäßig größten Landes Afrikas durch seine von Nepotismus, Korruption und Mißwirtschaft geprägte Politik in Not und Elend manövriert hatte, bereits begonnen. So verwirrend sich die Situation in diesen Märztagen für die Sudanesen, wie für die Fremden darbot, so klar scheint der Ablauf im Rückblick, und es ist wirklich erstaunlich, wie präzise die Inszenierung dieses spät, aber doch abgelaufenen Schlußaktes über die politische Bühne gegangen ist. Eine knappe Chronologie möge dies deutlich machen:

1983: Die eskalierende Verschuldung des Landes und die Einführung des Scharia, des islamischen Rechts, beunruhigte und verärgerte die Gönner des sudanesischen Regimes, allen voran die USA und Ägypten, eine der ehemaligen kolonialen Protektoratsmächte – die andere war Großbritannien gewesen – zunehmend.

Gegen Ende des Jahres 1984 wurden die Warnungen aus Washington immer dringlicher: Wenn es nicht bald zu einem wirtschaftlichen und politischen Kurswechsel kommen würde, würden die USA ihre Hilfslieferungen und hohen finanziellen Zuwendungen einstellen oder zumindest drastisch reduzieren.

Freund Numeiri hatte durch seine plötzlich als zu eng empfundene Verbindung mit der radikalen Moslembruderschaft den Bogen überspannt und war dabei, obgleich es diese Diktion damals noch nicht gegeben hat – vom Freund zum »Schurken« zu mutieren. Inzwischen kennen wir diese Karrieren ja zur Genüge. Eigentlich müßte hier die Frage gestattet sein, warum diese Mechanismen für ein Israel unter Sharon, der doch eigentlich auch längst den Bogen überspannt hat, nicht angewendet werden?

Jänner 1985: Ein Akt der Unmenschlichkeit und exorbitanter politischer Dummheit bringt das Faß zum Überlaufen: Numeiri ließ den 85jährigen Islamreformer Mahmud Taha öffentlich hinrichten.

März 1985: Von 4. bis 7. März hielt sich ein hoher Vertreter der USA im Sudan auf, um Ordnung zu schaffen und die notwendigen Schritte einzuleiten, diplomatisch natürlich, denn damals saßen die Bomben und Raketen noch nicht so locker im Gürtel. Es war niemand geringerer als der damalige Vizepräsident, und sein Name war George Bush, in der Zwischenzeit senior. Bei seiner Ankunft formulierte er die amerikanischen Interessen im Sudan sehr klar: »Der Sudan ist eine Schlüsselnation in einer unruhigen Region. Das Wohlergehen des Landes, seine Entwicklung und seine Stabilität sind bedeutend für die Region und daher auch für uns ...« (Anm.: Im Süden des Sudan gibt es reichhaltige, noch nicht voll genutzte Erdölvorkommen.)

Da war also nicht mehr von »Präsident Numeiri« die Rede, der bislang, trotz all seiner Verbrechen, seiner ständigen Vergewaltigung der Menschenrechte, der Schrecken des berüchtigten Khobar-Gefängnisses im Norden der Stadt, in dem jeden Donnerstag Hände und Füße amputiert, Auspeitschungen und Kreuzigungen exekutiert worden waren, als einzige Möglichkeit für den Sudan gegolten hatte. Jetzt ging es plötzlich nur noch um die Bedeutung des Landes an sich. Und so ist dann auch alles Schlag auf Schlag gegangen. Der Sturz des Diktators von Amerikas Gnaden war also vorprogrammiert, obgleich er sich eilfertig bemühte, die unausgesprochenen Wünsche des Gastes auszuführen. Zwanzig prominente Moslemführer, sieben Richter des Staatsgerichtshofes und der Strafverfolgungsbehörde wurden verhaftet. Auch den außenpolitischen Berater des Präsidenten, das geistige Oberhaupt der sudanesischen Moslembruderschaft, Dr. Hassan al Turabi, schickte Numeiri hinter Gitter. Man hatte einen Aufstand der Anhängerschaft befürchtet, aber nichts rührte sich, auch als das Regime in den darauffolgenden Tagen mehr als 200 weitere Moslembrüder, die über die Jahre aus Ägypten und Saudi Arabien eingeschleust worden waren, in die Gefängnisse schickten.

In der Woche nach dem 10. März wurde dann auch eine nächste US-Forderung gehorsam erfüllt: Die letzten Falaschas, äthiopische Juden, wurden in aller Heimlichkeit über Port Sudan nach Israel ausgeflogen, und den Rebellen des John Garang, die im Südsudan, dort, wo das Erdöl und die reichen Bodenschätze unter der Erde ruhten, für Unruhe sorgten, wurden ein einseitiger Waffenstillstand und Verhandlungen angeboten.

Knapp zehn Tage später verkündete Jafar al-Numeiri über die staatliche Rundfunkstation »Radio Omdurman«, er habe den Oberbefehl über die Streitkräfte seinem erst knapp nach dem Besuch aus den USA ernannten Verteidigungsminister General Swar al-Dahab übertragen und werde sich in wenigen Tagen auf einen zweimonatigen privaten Urlaub in die USA begeben.

Alles andere lief dann wir am Schnürchen, so daß eine straffe Regie dahinter vermutet werden mußte: Wenig später reiste Jafar al-Numeiri jedenfalls in Begleitung des US-Botschafters nach Kairo ab, wo er lange Jahre bleiben und sich seines finanziell bestens abgesicherten Lebens erfreuen sollte. Es ist schon etwas wert, »gute Freunde« zu haben, die die Strenge nicht zu weit treiben.

An diesem 25. März geschah allerdings auch noch etwas anderes: Die von der Weltbank geforderten Preiserhöhungen für Brot und andere Grundnahrungsmittel um fast ein Drittel wurden bekanntgegeben, und das brachte das Faß zum Überlaufen. Noch am selben Abend kam es in Omdurman zu ersten Unruhen und Ausschreitungen, die schnell auf die Hauptstadt und hier vor allem auf die Intellektuellen, auf Ärzte, Gewerkschafter und Rechtsanwälte übergriffen.

Nur zehn Tage später wurde der Generalstreik ausgerufen. Es gab keinen Strom, zum Teil kein Wasser, kein Telefon, keine ärztliche Versorgung, eigentlich nichts mehr. Der Luftraum, alle Flugplätze, der Hafen, alle Grenzen wurden von der Armee gesperrt.

Dieses Kapitel habe ich nicht mehr selber miterlebt, denn ich hatte meinen Flugplan eingehalten, obgleich es mir in politisch heißen Zeiten wie den damaligen gar nicht leicht gefallen war. Aber was das weitere Geschehen anging, blieb ich natürlich so weit wie möglich am Ball.

Mit der Ausreise Numeiris war es nicht mehr getan. Die drohende Eskalation der Unruhen, die Gefahr von Blutvergießen brachte die Verständigung zwischen Militär und Gewerkschaften über die offizielle Absetzung des Staatschefs. In Khartum brach ein Freudentaumel aus, der in eine Art Volksfest mündete. Schließlich öffneten sich die Tore aller Gefängnisse, auch jene von Khobar, dem Ort des Schreckens. Eine provisorische Militärregierung wurde eingesetzt, die Geheimpolizei aufgelöst und alle Minister wurden verhaftet.

Für die USA war die Sache sozusagen nach Plan gelaufen, denn General Swar al-Dahab war ein langjähriger loyaler Freund der USA, dem man auch beste Verbindungen zum CIA nachsagte, was seine bisherige Rolle als Vertrauter des Staatschefs im Nachhinein vielleicht in einem etwas anderen Licht erscheinen ließ. Jedenfalls: Letzter Akt. Letzte Szene. Der Vorhang über 15 Jahre Konfusionspolitik Marke Jafar al-Numeiri war gefallen.

Was hatten diese Jahre für den Sudan bedeutet? Einige Antworten hatte ich noch vor meiner Abreise gefunden:

Wirtschaft
Um die jährlichen Kreditschulden abzuzahlen, bräuchte der Sudan 150 Prozent seiner Export-Einkünfte. Das Produktions- und Verteilungssystem, vor allem für die Landwirtschaft, ist zusammengebrochen. Nichts geht mehr: Die Folgen: endlose Schlangen vor den Geschäften, vor den Bäckereien und Tankstellen vor allem.

Bildungswesen
Wenn alle Schulabgänger der höheren Schulen zusammengerechnet werden, ergibt das etwa 90.000 junge Menschen, die vor den Toren der Universitäten stehen. Alle Universitäten und Hohen Schulen und Akademien zusammen haben aber nur eine Aufnahmekapazität von 5000. Wohin also mit den restlichen 85.000? Wobei noch dazukommt, daß das lediglich ein Problem der Städte ist, denn am Land funktioniert schon lange nichts mehr. Arbeitsplätze für junge Menschen fehlen auch. Wohin also soll dies führen, wenn nicht in die Kriminalität, in den Terror, in die Anfälligkeit für die Lockrufe der Fundamentalisten?

Sicherheit
Die Straßen und Plätze der Stadt waren nicht mehr sicher, Diebstahl, Raub und Überfällen an der Tagesordnung. Die Gesellschaft war brutalisiert und kriminalisiert durch das explodierende

Elend und die immer manifester werdende Ungerechtigkeit. Der Bürgerkrieg im Süden ging mit unverminderter Härte weiter, und weil das Leben zwischen den Fronten für die Zivilbevölkerung unerträglich geworden war, wuchsen die Flüchtlingsströme im eigenen Land von Tag zu Tag. Die sudanesischen Städte explodierten an ihren zerfransten Rändern, allen voran Khartum. Der Teufelskreis schloß sich: siehe oben.

Gesundheitswesen
Die Ausgaben für medizinische Versorgung beliefen sich Ende der siebziger Jahre noch auf etwa 20 Millionen US-Dollar; 1985 kratzte man gerade noch vier Millionen zusammen, und das bei einer wachsenden Verelendung der Bevölkerung. Der öffentliche Gesundheitsdienst existierte nur noch rudimentär. Die einzige Chance, die blieb, war, das Glück zu haben, in einem der kleinen christlichen Ordensspitäler aufgenommen zu werden.

Zu letzterem Thema hatte ich in meinen letzten beiden Tagen im Land die Möglichkeit zu einem Lokalaugenschein. Zwei Schnappschüsse, um das Bild klarer zu machen, um an der Realität des Alltags zu zeigen, was die Entwicklung, die dieses Land gemacht hat, für Menschen ganz konkret bedeutet.

Es war an einem Freitag, als ich um sechs Uhr früh mit zwei Ordensschwestern und einem jungen Arzt in das etwa 30 Kilometer außerhalb von Khartum gelegene Dorf Mai gefahren bin. Es war eines dieser Mud-bricks-Dörfer mit ihren Lehmkubussen mitten in der Wüste, ohne Baum, ohne Strauch, wie ich sie zu Hunderten entlang der Straße nach El Gedaref graugelb verweht als Schemen in der Weite gesehen hatte. Noch vor einer Generation soll dieses Dorf Mai im sogenannten »green belt«, dem Grüngürtel südlich der Stadt gelegen sein. Dieser grüne Gürtel hat Schutz vor den Sandstürmen geboten und fruchtbares Gartenland umschlossen. Wir hielten in einem mit Baracken bestandenen Areal, in denen an den anderen Tagen ein wenig unterrichtet wird, falls zufällig ein Lehrer kommt. Es ist kurz nach sieben Uhr, und schon standen Frauen in langen Schlangen vor der Tür. Jede von ihnen eines oder mehrere Kinder im Arm oder an der Hand. Sie warten geduldig, bis die Schwestern in Aktion treten. Unterernährung, Mangelkrankheiten wie Marasmus oder Kwashiorkor,

Magen-Darm-Erkrankungen, Würmer vor allem, Infektionen, Augenkrankheiten, Schädigungen des Zentralnervensystems mit Lähmungen oder Verkrüppelungen – das kommt hier alles vor, und jede der Mütter erhofft Linderung, Heilung und Hilfe für das Kind. Die Schwestern helfen nach Kräften, Medikamente werden verabreicht, Überweisungen für ein Spital in der Stadt geschrieben und auch gleich der Transport zugesagt – denn wie sollten sie mit dem kranken Kind sonst dorthin kommen? Ohne dieses junge freiwillige Team gäbe es hier überhaupt keine medizinische Versorgung, so wie in den zahllosen anderen Dörfern, die irgendwo sonst in der Weite des Landes liegen. »Was geschieht mit denen?« habe ich die Schwestern damals gefragt. Achselzucken: »Na, die sterben dann einfach vor der Zeit, wie Millionen andere.«

Eines der Kleinen, ein etwa zehnjähriges Mädchen, ist so schwach, daß es nicht einmal mehr die Zuckerlösung, die eine der Schwestern ihr einzuflößen versuchte, schlucken kann. Die Augen der Mutter voll Ratlosigkeit und Verzweiflung. In mir tauchte angesichts dieses bis zum Skelett abgemagerten Kindes wieder das Bild meines »Weberknechts« aus dem Lager auf. Ob er es geschafft hat? Ob er ihn schaffen wird, meinen Traum von dem lichten Tal in Tigray?

Ein Vater brachte einen etwa zwölfjährigen Buben und setzte ihn auf einen Stuhl neben jenen des Arztes: Die verkrüppelten Beine baumelten lose über dem Boden. »Ein Fieber vor einem Jahr, seither ist das so« – der knappe Kommentar des Vaters. Warum er erst heute komme? – Er habe erst zufällig vor zwei Wochen von dieser Möglichkeit erfahren, und sein Dorf liege fast 100 Kilometer von hier entfernt. Gestern habe er Glück gehabt, daß ihn jemand mitgenommen hat. Der Arzt sprach dann von Spital und physikalischer Therapie. Die Augen des total abgemagerten Mannes schwammen in Tränen. Er habe kein Geld, um das alles zu bezahlen klar, woher auch? Eine der Schwestern trat hinzu, klopfte ihm auf die Schultern. Keine Sorge, ich nehme ihn mit, wir werden das schon machen. Dem einen oder anderen kann irgendwie geholfen werden, auch drüben in der anderen Baracke, in der junge Ärzte und Medizinstudenten ein ähnliches Ambulatorium für Erwachsene betreiben. Von Zeit zu Zeit kann man für einen einzelnen Menschen etwas tun. Aber was ist das, wenn so viele Hilfe bräuchten?

»Das Schlimme ist«, sagte mir später der Arzt, »daß der Grundzustand der Menschen so erbärmlich ist, weil die Ernährung einfach nicht ausreichend ist, und so die Krankheit leichtes Spiel hat. Wenn einer etwa 30 Pfund im Monat verdient – sofern er überhaupt Arbeit hat – und für ein Kilo Bohnen drei Pfund bezahlen muß, kann man sich die Ernährungslager einer Familie vorstellen, und dabei ist das hier, nahe der Hauptstadt, noch am besten.«

Am darauffolgenden Morgen ging es über eine unbeschreibliche Rumpelpiste gen West in ein Auffanglanger für interne Flüchtlinge. In der Nacht hatte es einen Sandsturm gegeben, die Fahrspuren auf der Piste waren verblasen und mit tückischen Wächten durchsetzt, in denen wir dann auch regelmäßig hängen blieben. Ich weiß nicht, wie oft wir aussteigen und schieben mußten, um den Karren wieder flottzukriegen. Dann waren wir naßgeschwitzt und erschöpft am Ziel. Etwa 1000 Frauen mit Kleinkindern standen in einer Warteschlange, Körper an Körper, um überhaupt Platz zu finden auf dem viel zu kleinen Vorplatz. So standen sie schon seit dem frühen Morgen, weil es geheißen hatte, es würde Mehl und Wasser ausgegeben werden, aber bis jetzt – und es ging auf Mittag zu – sei da noch nichts gewesen, sagte man uns. Diese endlose Schlange des Elends ohne Schutz, ohne Schatten der knallharten Sonne preisgegeben – nur für ein bißchen Mehl und Wasser. Dabei hatten diese Menschen, auf der Flucht vor dem drohenden Hungertod in ihren Heimatprovinzen Dafour oder Kordofan, endlose, erschöpfende Märsche über hunderte Wüstenkilometer hinten sich. Wie tief muß die Hoffnungslosigkeit dieser Menschen noch sinken, bevor sie sich aufgeben?

Das Elend blieb uns treu an diesem Tag, wohin wir auch kamen. Man hätte es überall finden können, im Norden, im Westen im Osten des Landes, wo der Hunger die Menschen aus ihren Dörfern, von ihren ausgetrockneten Feldern und verdörrten Weiden vertrieb. Im Süden kam zu alldem noch der brutale Bürgerkrieg, der nun schon seit mehr als 13 Jahren wütete. Erzbischof Zubeir Wako, einer der prominentesten Söhne des Südens und seit fünf Jahren Erzbischof mit Sitz in Khartum, hatte mir davon erzählt: »Die Situation in den Südprovinzen ist sehr schlimm. Vor allem in den Provinzen Bahr El Ghazal und Upper-Nile, und auch in einigen Provinzen von Äquatorial-Sudan gibt es große Unruhen. Dadurch funktionieren die sozialen Einrichtungen nicht mehr.

Das Bildungssystem ist zusammengebrochen, eine medizinische Versorgung faktisch nicht mehr existent. Die Menschen sind total verschreckt, niemand weiß, wie es weitergehen soll. Das Leben beschränkt sich auf die jeweilige Dorf- oder Stadtgemeinschaft, die Straßen sind zu unsicher. Ich glaube, der Süden des Sudan wird in seiner Entwicklung um Jahrzehnte zurückgeworfen. Und außerdem herrscht auch dort, in diesem fruchtbaren Teil des Landes, Hungersnot, weil auch dort der Regen ausgeblieben ist.«

Während der Rückfahrt stand mir dann ein Gespräch vor Augen, das ich am Vorabend mit dem jungen Soziologen Dr. Ali Desr geführt hatte. Er hatte mir die Ursachen für die wirtschaftliche und ökologische Katastrophe in seinem Land genauestens erläutert, sehr ruhig und sachlich. Aber irgendwann – er hatte gerade von den neuesten Schätzungen der akuten Opferzahlen gesprochen, bei denen die FAO bereits bei einer Zahl von etwa sieben Millionen direkt vom Hungertod bedrohten Menschen gelandet war –, da wurde seine Stimme rauh und scharf: »Schauen Sie sich doch bitte hier in Khartum einmal um. Die teuren Limousinen, die Yachten draußen am Nil. Die marmorblinkenden Fassaden der Luxushotels – wenn man das sieht, würde man doch nicht auf die Idee kommen, daß mindestens jeder fünfte Sudanese am Verhungern ist. Aber das ist eben diese Politik der ›Weißen Elefanten‹, die hier seit fünfzehn und mehr Jahren betrieben worden ist: window-dressing, Schaufensterpolitik für die investitions- und ausbeutungsfreudigen Ausländer. In der Landwirtschaft haben wir einen Ausverkauf größten Ausmaßes betrieben. Ausländische Konzerne haben unsere fruchtbarsten Böden vernichtet, haben aus Bauern und Viehzüchtern Lohnarbeiter und in der Folge arbeitslose Slumbewohner gemacht. Uns haben sie den toten Boden gelassen und ihre Millionengewinne mitgenommen, wobei die Herren in der Regierung noch fleißig abkassiert haben, ohne für die Entwicklung des Landes etwas zu tun. So kann es nicht weiter gehen. Fünfzehn Jahre Numeiri, fünfzehn Jahre amerikanische Schutzmacht sind nicht genug, sie sind einfach zuviel gewesen.«

Die ungeheuren und hier nicht aufzählbaren und schon gar nicht erklärbaren Probleme dieses riesigen Landes, haben, Numeiri hin, USA her, noch ganz andere und tiefer liegende Ursachen, die durch diese Art von politischer Konfusion nicht erzeugt, aber erheblich verschärft worden sind. Dieser Sudan als Staatsgebilde ist schlicht ein Unding. Mit einem Federstrich wurden Ende des 19. Jahrhunderts – damals, als die Kolonialmächte sich in Berlin die Welt untereinander aufteilten – zwei völlig verschiedene Kulturen, ja zwei Welten in gemeinsame politische Grenzen gezwungen: die arabisch-muslimische Welt des Nordens und die schwarzafrikanische, christlich-animistische Welt des Südens. Weder während der englisch-ägyptischen Protektoratsherrschaft, noch nach der Unabhängigkeit konnten die Völker des Südens vergessen, daß es die Händler aus dem Norden waren, die ihre Väter und Mütter, ihre Großväter und Großmütter als Sklaven verschleppt und verkauft hatten. Und die im Norden glaubten auch in einem unabhängigen Staat immer noch, die Menschen im Süden als Wilde und Sklaven behandeln zu können, was schon bald zu blutigen Auseinandersetzungen führte. Der Spaltpilz war also diesem geographischen und politischen Unding von Europas Gnaden praktisch in die Wiege geschmuggelt worden. Die zerstörerische Wirkung hat er bis heute nicht verloren, wie immer die Machthaber auch heißen mögen.

* * *

Mit der Einsetzung des amerikafreundlichen bis -abhängigen General Swar al-Dahab als Chef der interimistischen Militärregierung und all den anderen Aktionen in diesen frühen Apriltagen des Jahres 1985, war den USA sicherlich ein gut geplanter Coup gelungen. Aber letztlich, wenn man von heute zurückschaut, ist das US-Kalkül von Bush sen. über Bill Clinton bis George Bush jun. nicht aufgegangen. Weder die Militärs, auch weiterhin von den USA gestützt und gefördert, schon um der weiterlaufenden Ausbeutung der Ölquellen und Minen im Süden willen, noch die spätere Zivilregierung haben auch nur eines der wirklichen Probleme der sudanesischen Bevölkerung zu lösen versucht und waren daher auch nicht imstande, die verelendeten, vor allem jungen Massen vor dem wachsenden Einfluß der Moslembruderschaft und der aus Saudi Arabien kommenden radikalen Imame zu schützen.

Seit 1989 bestimmen Hassan al-Turabi, der Führer der sudanesischen Moslembrüder, und General al-Bashir die Geschicke des

Riesenlandes am Weißen und am Blauen Nil. Die Scharia wurde wieder eingeführt, die islamische Missionierung im Süden verstärkt, die christliche Minderheit verfolgt, eine moderne Art des Sklavenhandels eingeführt und die Menschen weiter in Hunger und Elend gehalten, auch weil internationale Lebensmittelhilfe weitgehend unterbunden und Hilfsflüge immer wieder verhindert werden.

Als 1998 die amerikanische Botschaft in Nairobi bombardiert wird, starten die USA ohne Beweis eines sudanesischen Backgrounds für dieses Attentat einen »Vergeltungsschlag«. Bill Clinton läßt in der Nacht zum 20. August die sudanesische »Chemiefabrik« Al Shifa von Bombern ins Schutt und Asche legen. In den US-amerikanischen Medien wird dies als Triumph über die radikalislamische terroristische Bedrohung gefeiert. Viel leiser und etwas kleinlaut mußte man wenig später allerdings zugeben, daß es sich bei dem Ziel um eine der wenigen Arzneimittelfabriken des Sudan gehandelt hat, einem Land also, in dem die medizinische Versorgung wirklich im Argen liegt. In der Zwischenzeit hatten wir ja ausführlich Gelegenheit, solche und ähnliche Peinlichkeiten mit nicht auffindbaren Massenvernichtungswaffen kennenzulernen.

FRAUEN TRAGEN DIE SCHWERSTE LAST

Ich bleibe in der Zeit, nämlich im Jahr 1985, und ich bleibe in der Region, begebe mich nur etwas weiter südlich nach Nairobi, in die Hauptstadt Kenias. Dort ging im Juli jenes Jahres, im kenianischen Winter mit sehr angenehmen Temperaturen, die offizielle Weltfrauenkonferenz der Vereinten Nationen zum Abschluß der »Dekade der Frauen« in Szene. Ich erschien zeitgerecht zur feierlichen Eröffnung im Kenyatta-Zentrum und stellte schnell fest, daß die weiblichen Regierungsdelegationen im wesentlichen den normalen UN-Orchesterton übernommen hatten und im Grunde das sangen, was die männlichen Eliten ihrer unterschiedlichen Regierungen ihnen aufgetragen hatten. Als dann noch die offizielle Delegation der USA unter Führung der Reagan-Tochter Maureen in eher unpassender, weil arroganter Weise auf Supermacht gespielt hatte, hatte ich vorläufig genug von dieser perfekten aber schiefliegenden Inszenierung und zog mich auf akademischen Boden zurück. Ich wußte längst, daß sich auf dem Gelände der Universität etwa 16.000 Frauen, wahrhaftig von »allen Enden der Erde« unter dem Titel FORUM 85 zusammengefunden hatten. Dort schien eher mein Platz zu sein, und tatsächlich war das vermutlich die bis dahin bunteste Veranstaltung, an der ich jemals teilgenommen hatte, sowohl dem äußeren Erscheinungsbild, wie auch den Inhalten nach. Hier wurde es spürbar, daß in der Mitte der achtziger Jahre des vergangenen Jahrhunderts die Frauenbewegung tatsächlich eine der großen sozialen Bewegungen war, eine Bewegung, die bereits damals global vernetzt war. Die vielleicht nachhaltigste Erfahrung dabei war, daß jede dieser Gruppen, wo immer sie auch herkamen, im eigenen Land mit existentiellen Problemen und Widerständen zu kämpfen hatten, daß sie aber hier erfuhren, daß sie nicht alleine sind, daß da viele am selben Strang ziehen. Da könnte sich doch etwas in Richtung Veränderung in Bewegung setzen lassen und vielleicht am ehesten dort, wo die Macht am dichtesten gewebt ist. Und während Maureen Reagan in alle nur verfügbaren Fettnäpfchen getreten war, artikulierte sich auf dem Campus das »andere Amerika« und zwar ziemlich zahlreich und lautstark. Aber davon später.

In den Zelten, großen und kleineren Hörsälen, in den Institutsgebäuden, Gängen und draußen auf den Plätzen des weitläufigen Geländes hatte ich Gelegenheit, mit vielen Frauen aus allen Weltgegenden zu sprechen und mir ein Bild von der realen Situation der Frauen, der Familien, der Kinder unter dem Schatten des rasant um sich greifenden Systems des Neoliberalismus zu machen. Und neoliberaler Kapitalismus amerikanischer Prägung, das wußten damals nur wenige und auch heute spricht es sich nur langsam herum, war und ist »ein System, um die Interessen einzelner zu legitimieren«, wie der Nobelpreisträger für Wirtschaft Joseph Stiglitz schreibt, und diese Interessen einzelner lagen damals und liegen heute sicherlich nicht bei den Armen dieser Welt, sondern bei den Reichen und Schönen.

Während einer Veranstaltung in einem der Zelte war mir eine hochgewachsene Frau aus dem Südsudan aufgefallen. Dem schmalen Gesicht, mit den unter hervortretenden Backenknochen eingefallenen Wangen, über denen dunkle Glutaugen leuchteten, konnte man die schlechte Versorgungslage in ihrem Land und die existentiellen Sorgen ansehen, deren Zeugin ich einige Monate vorher geworden war. Sie war nur mit Hilfe des Leiters einer kenianischen, katholischen Hilfsorganisation auf abenteuerlichen Wegen nach Kenia gekommen, da eine legale Ausreise nicht möglich gewesen wäre. Jetzt stand sie da auf der kleinen Bühne, sie war schön und voller Würde, und trug mit sonorer Stimme einen Text vor, der beeindruckte:

> *Sie tragen die Kinder.*
> *Sie tragen die Last*
> *Sie holen die Früchte vom Feld,*
> *die Bananen, den Mais,*
> *die Kasava, den Reis.*
> *Sie tragen die Früchte nach Haus*
> *und zum Markt für das bißchen Geld.*
> *Sie tragen das Wasser,*
> *in Krügen, Kanistern,*
> *sie schleppen es weit.*
> *Sie tragen das Leben und*
> *tragen die Zeit.*
> *Sie tragen im Feuerholz die Gewehre,*
> *werden geschlagen, gepeinigt,*
> *unter der Folter geschunden*
> *und später verbinden sie Wunden,*
> *singen den Toten die Lieder.*
> *Sie tragen die Kinder.*
> *Sie tragen die Sorgen.*
> *Sie tragen das Leben.*
> *Sie tragen das Morgen.*

Später, als ich Frau Wako, sie ist Lehrerin und eine Verwandte des Erzbischofs von Khartum, zu einem Gespräch traf, wurde sie sehr deutlich: »Wir möchten uns ja gerne entwickeln, aber die Probleme in unserem Land werden von Tag zu Tag größer. Die Straßen sind gesperrt, Soldaten überall. Wie soll man da Nahrung bekommen, wie noch säen und ernten, wo sauberes Wasser hernehmen? Ich kann nirgendwo hingehen, weil man mich, wie so viele andere, einfach erschlagen würde. Wie sollen wir uns da entwickeln? Wir, die Frauen, sind die wahren Opfer, und die Kinder natürlich. Die Männer sind weg, sind im Busch und kämpfen, wir sind die Opfer.« – Auch sie hält den Bürgerkrieg, der nun schon so lange tobt, für eine Folge einer falschen Grenzziehung, kolonialen Ehrgeizes, der ständigen Intervention der Großmächte und einer ökologischen wie ökonomischen Zerstörung des Landes. »Wir, die wir noch die Chance auf Bildung gehabt haben, wir sind im Grunde alle Entwicklungshelfer. Wir würden unser Völker, unsere Frauen und Kinder gerne weiterentwickeln für eine bessere Zukunft, wie aber soll Entwicklung möglich sein ohne Frieden?«

Für den späteren Nachmittag des kommenden Tages hatte ich eine Gruppe unterschiedlichster Frauen in eine etwas ruhigere Ecke des Parks zu einem Gesprächstreffen eingeladen. Sie sind alle gekommen. Wir saßen auf bunten, aus Sisalfasern geflochtenen Matten im Gras, unter Bäumen. Ein beinahe unpassend idyllisches Bild mit diesen Frauen in ihren Saris, in afrikanischen Gewändern, in Jeans oder irgendwelchen Blusen und Kitteln, und die Gesichter, sie könnten unterschiedlicher nicht gewesen sein, aber eben Frauengesichter, besorgte, zornige, aber doch von Lebensfreude strotzende Frauengesichter.

Eine der bekanntesten Vertreterinnen der Frauen des Südens, die meiner Bitte gefolgt war, war eine katholische Nonne, Schwester Soledad, von allen Sister Sol genannt, die in Manila eine sich inzwischen immer weiter ausbreitende Initiative für Prostituierte gegründet hatte, machte den Anfang, einfach so, ungefragt: »Wie kann Friede sein, wenn eine Mutter morgens zum Militärkommando gebracht wird, um dort ihren Sohn zu identifizieren, der zwei Tage vorher von Soldaten abgeführt und später erschlagen aufgefunden worden ist? – Wie kann Friede sein, wenn philippinische Frauen zu Tausenden wie Kühe oder Schafe zu Herden zusammengetrieben und aufs Äußerste gedemütigt und auch vergewaltigt werden? Wie kann Friede sein, solange Frauen und Männer, die für Menschenrechte eintreten, auf offener Straße ermordet werden?«

Diese bitteren Fragen blieben natürlich ohne Antwort, aber sie selbst leuchtete den Hintergrund aus, wie sie ihn erkannt hatte. Sie sprach vom wachsenden Widerstand der Menschen, die nichts mehr zu verlieren hatten und außerdem zunehmend erkennen mußten, daß die Unterstützung der Schutzmacht USA nicht dem Volk, sondern der Aufrechterhaltung der damals herrschenden Diktatur des US-Günstlings Ferdinand Marcos galt. Dann sprach Sister Sol, dieses Problem, wie es ihre Art ist, sehr direkt an: »Im Februar dieses Jahres erreichte Präsident Reagan im Kongreß eine neuerliche Finanzhilfe für die Philippinen. Dieses Geld aber ist nicht für die Verbesserung der Lebensbedingungen der Notleidenden, sondern es ist dazu da, Waffen und Munition für die Armee und die Paramilitärs zur Unterdrückung des Volkes zu kaufen.«

In dieselbe Kerbe schlug eine zierliche, kleine Frau aus Bangladesch. Sie war von ihrer Matte aufgestanden und strahlte trotz ihrer Kleinheit Würde und Kraft aus, die offensichtlich in einigen Jahrzehnten des Engagements gewachsen waren. Ihre Haut sehr dunkel. Ihr glatt zurückgekämmtes Haar hatte sie in einen schon dünn gewordenen Knoten im Nacken gelegt. Ihre Bewegungen, die mit dem Stoff des sonnengoldenen Saris harmonisch und gemessen spielten, eindrucksvoll. Ihre Stimme lauter, als man sie bei einem solchen Hauch von Frau vermutet hätte, und die Sprache klar: »Nehmen Sie unser kleines Land Bangladesch. In dieses kleine, unscheinbare und arme Land kommt großzügige Hilfe aus den USA, aber wofür ist diese Hilfe? – Vierundsiebzig Prozent bekommt das Militär für Waffen und Ausrüstung. Auch 60 Prozent der Lebensmittelhilfe gehen zur Armee, 30 Prozent zur Polizei und maximal zehn Prozent kommen zu denen, die hungern. Was ist das für eine Hilfe? – Ich frage mich, wozu brauchen wir überhaupt eine Armee? Sollen wir Indien angreifen oder Birma bekriegen? Was soll das? – Neulich als ich einen Beamten des US-Außenministeriums nach dem Sinn dieser Militärhilfe gefragt und gemeint habe, daß sich die USA im Jahre 1971 töricht verhalten hätten, als sie einen von 92 Prozent der Bevölkerung gewählten Mann fallen gelassen und für den Anschluß an Pakistan plädiert haben, hörte ich nur ein sarkastisches Lachen und die Bemerkung: ›Wir glauben nicht an demokratisch gewählte Führer, die sind zu sehr von den Bedürfnissen der Bevölkerung abhängig. Wir trauen eher den Militärs, denn die sind von uns abhängig.‹ Verstehen Sie jetzt, warum wir eine Militärdiktatur haben?«

Nun, so schwer zu verstehen ist das wohl nicht, und Bangladesch ist ja wirklich kein Einzelfall. Nur soviel dazu. In der Zwischenzeit ist die Tatsache bekannt, daß gerade in diesen achtziger Jahren die ehemals auf niedrigem Niveau arbeitenden aber funktionierenden

Subsistenzwirtschaften, die immerhin den Eigenbedarf abdeckten und teilweise auch für die kleinen lokalen Märkte produzierten, durch die Interventionen der Weltbank und des Internationalen Währungsfonds langsam aber sicher stranguliert wurden. Die Länder wurden mit massiven Druckmitteln gezwungen, ihre Märkte zu öffnen, das heißt, die ausländischen Investoren an ihre Ressourcen und entsprechende, natürlich ertragreiche Bodenflächen heranzulassen, gleichzeitig Import- und Handelsbeschränkungen aufzugeben und die meist ohnehin bescheidenen sozialen Systeme abzubauen. Ergebnis: In der Regel wurden die jeweils heimischen Märkte mit importierten Überschußgütern minderer Qualität überschwemmt, während die heimische Produktion mehr und mehr auf Export von »Cash Crops« ausgerichtet wurde, was allerdings nicht mehr der Versorgung der Bevölkerung diente und dazu noch in die totale Abhängigkeit vom Weltmarkt und den durch ihn diktierten Preisen und Bedingungen führte. Und das, was da über Jahre und Jahrzehnte unter dem zynischen Decknamen »Strukturanpassung« lief, führte direkt von einem bescheidenen Leben in die Armut, und von der Armut ins Elend, ohne daß das die Konsumenten in den reichen Industrieländern wirklich ad notam genommen hätten. Ein kleiner Beitrag hier und dort für die »Entwicklungshilfe« ja, aber sonst?« Die »Weltvernichter« konnten in Ruhe weiterarbeiten und tun das im Grunde bis heute.

An diesem späten Nachmittag auf dem Campus der Universität von Nairobi wollte ich es aber nicht bei diesem von ihr angeschnittenen Thema belassen, sondern fragte Frau Karreer, die streitbare Lehrerin aus Bangladesch, die ihren Universitätslehrstuhl längst mit der Arbeit in einem Frauenprojekt getauscht hatte, nach der für Bangladesch spezifischen Lage der weiblichen Bevölkerungsmehrheit. Ihre Antwort: »Das Hauptproblem, meine ich, ist die Landfrage. Ich würde schätzen, daß etwa 60 Prozent der Menschen ohne Land sind. Wir sind ein Agrarland, das langsam stirbt. Wenn einer kein Land hat, dann hat er eben gar nichts, dann kann er maximal als Lohnarbeiter für die in- und ausländischen Großbesitzer arbeiten, die unermeßlich reich sind. Da aber mehr und mehr Menschen ihr Land verlieren, weil es einfach gestohlen, einfach enteignet wird, drängen immer mehr auf den Arbeitsmarkt, die Löhne sinken, und die Menschen, vor allem die Frauen, arbeiten für fast nichts.«

Dazu kommt noch, erzählt Frau Karreer, sind die Frauen in Bangladesch schon an und für sich am Ende der gesellschaftlichen Leiter, sie werden kulturell, sozial und nun auch wirtschaftlich ausgebeutet. Wenn sie am Abend gekocht haben, ißt zuerst der Mann, dann essen die Kinder und erst dann, wenn etwas übrigbleibt, darf die Frau zugreifen. Das heißt aber, daß die Frauen kaum jemals ordentlich essen, entsprechend auch anfällig für Krankheiten aller Art sind und eine geringere Lebenserwartung haben.

Es war in diesen Stunden, die langsam in einen frühen aber dunklen und nur spärlich von den Laternen am Weg erleuchteten Abend übergingen, noch von anderen heißen Themen die Rede, von dem weltweit heftig diskutierten Chemieunfall in Bophal, bei dem 2500 Menschen getötet und die Gesundheit von mehr als 200.000 Menschen in die Zukunft hinein gefährdet worden ist. Nur ein Satz einer Frau aus Bophal zu diesem Thema: »Bophal ist nur ein Beispiel für die Unverträglichkeit dieses Wirtschaftsmodells und hat gezeigt, welch einen hohen menschlichen Preis ein Land für die Gewinnmaximierung der Wenigen zu zahlen hat. In all unseren Ländern dominiert multinationales Kapital die Wirtschaft, weil man bei uns noch ebenso billige wie rechtlose Arbeitskräfte findet. Heute ist es Bophal und morgen irgendein anderer Ort.« Ein weiteres Thema war das damals politisch hochbrisante Thema der Apartheid in Südafrika und damit der brutalen Ausgrenzung der schwarzen Bevölkerungsmehrheit, und nicht weniger brisant die weltweit explosionsartig ansteigende Prostitution, mit der wir sicherlich auch bei uns noch zu tun bekommen werden.

Was ich aber am Anfang dieses Abschnitts versprochen habe, war das Gesicht des »anderen Amerika«, das in dieser inzwischen abendlichen Frauenrunde im Gras auch präsent gewesen ist und nicht verschwiegen werden soll.

Die Universitätslehrerin Dr. Mc Gall aus New York City zum Beispiel sprach die Lage ohne Umschweife an: »Das andere Amerika ist ein Platz, an dem die meisten Männer und Frauen arbeitslos sind, an dem Frauen – auch in New York City – auf der Straße leben müssen, weil die Grundstücksmakler ohne Rücksicht auf die Bewohner älterer Häuser ihr lukratives Geschäft betreiben. Neue Unterkünfte für bedürftige Menschen werden einfach nicht gebaut, weil sich das nicht rechnet, also bleiben nur Massenunterkünfte oder eben die Straße. Arbeitsplätze werden schon aus dem Grund immer weniger, weil die Fertigung von Massenartikeln und überhaupt ein guter Teil der industriellen Produktion in Billiglohnländer ausgelagert wird. Wir müssen der Tatsache ins Gesicht sehen, daß die USA kaum mehr produzieren, sondern nur noch konsumieren, und der Preis für diese Fehlentwicklung ist hoch und muß von der Mehrheit der zunehmend verarmenden Bevölkerung bezahlt werden, während die Profite der Minderheit noch immer ins Aschgraue steigen.«

Wenn man bedenkt, daß diese Sätze im Sommer 1985 gesagt worden sind, muß man sich fragen, welchem Schwindel der Rest der Welt da aufgesessen ist, und daß es sich eigentlich erst heute langsam herumspricht, daß hinter den glänzenden Fassaden, den prächtig geschmückten Schaufenstern eine ganz andere Wirklichkeit zum Vorschein kommt.

Haben wir erst den großen Blackout in den Augusttagen 2003 gebraucht, um zu verstehen, wie verwundbar diese gloriose Supermacht, die der ganzen Welt ihren Willen aufzwingen und zeigen möchte, wo »der Bartl den Most holt«, im Grunde genommen ist? Die am weitesten technisierte und digitalisierte Wirtschaftsmacht verläßt sich in weiten Teilen des Landes, und wie wir gesehen haben, darüber hinaus, auf ein Stromversorgungsnetz, das schlichte 50 Jahre auf dem Buckel hat und noch dazu, dank der hochgelobten Privatisierung, miserabel bis gar nicht gewartet ist. Wie es mit den Kernwaffen in ihren Silos ausschaut, möchte ich eigentlich so genau gar nicht wissen, da erinnere ich mich noch zu gut an die Ängste, die von Wissenschaftlern und Technikern im Zusammenhang mit dem Datumssprung am 1. Jänner 2000 geäußert wurden, als man nicht wußte, wie die veralteten Computer-Systeme im Pentagon reagieren würden.

Ich meine, was uns vom großen Stromausfall 2003 gezeigt wurde, von der unglaublich disziplinierten und gelassenen Bevölkerung in den dunklen Straßen von New York, war ja wirklich beeindruckend, aber – und diese Frage hat sich bei mir in der Zeit vor und nach dem jüngsten Kriegsabenteuer im Irak aber auch schon früher gestellt: Haben wir wirklich alles gesehen? Nein, natürlich nicht, ist ja auch gar nicht möglich, aber gab es wirklich nur die Fun-Gesellschaft, die da Musik machte, durch die

Straßen tanzte, gab es da wirklich nur die »Stadt-Cowboys«, die so ganz plötzlich in fluoreszierenden Gewändern vor den Kameras standen? Gab es da nicht auch die verzweifelten Schreie in den dumpfigen U-Bahn – und Aufzugsschächten, die Menschen, die nach ungewohnten Gewaltmärschen irgendwo zusammenbrachen, die Menschen, die ohnehin bereits am Rande der Existenz jetzt überhaupt nur noch schwarz sahen, gab es die nicht?

Dr. Mc Gall sagte bereits 1985 auf dem Universitätsgelände von Nairobi: »Ich glaube, daß das Bild, das Europa und die Welt sich von den USA machen, vor allem von den Medien gezeichnet wird. Die andere Seite der USA, die ich und viele meiner Freunde kennen, kommt in diesen Medien einfach nicht oder nur in Ausnahmefällen vor. Nein, ich würde nicht direkt von Zensur sprechen, denn die Verfassung garantiert uns ja die Freiheit der Rede und auch die Pressefreiheit, aber in der Gesellschaft, in der wir heute leben, gibt es auch jede Menge an Manipulationsmöglichkeiten gegen diese und an anderen Freiheiten.«

Die bekannte amerikanische Bürgerrechtskämpferin und Friedensaktivistin Angela Davis griff noch direkter zu und nahm den damals amtierenden Präsidenten Ronald Reagan aufs Korn: »Es gibt bei uns immer mehr Menschen, die nur schwer verstehen können, wie es überhaupt möglich war, daß dieser Mann ein zweites Mal gewählt werden konnte. Es waren ja überhaupt nur 26 Prozent der Wahlberechtigten, die Reagan ihre Stimme gegeben haben. Bei einer nur etwa fünfzigprozentigen Wahlbeteiligung waren das allerdings immer noch zu viele. Viele haben inzwischen kapiert, daß sie einen Fehler gemacht haben, Bauern, die nun ihre Felder verlieren, weil wieder ein Konzern zuschlägt ebenso, wie Piloten und andere Leute, die weltweit sehen können, was die Folgen des Reaganismus sind.«

Fast noch schärfer als Angela Davis, die für ihre kämpferische Diktion bekannt ist, formulierte ihre Ablehnung des herrschenden Systems eine an sich völlig unscheinbare Frau, Angehörige der Methodistenkirche der USA, die sich eher spät und wohl zufällig zu dem Kreis in der Wiese gesellt hatte. »Meine lieben Freundinnen«, sagte sie mit leiser aber fester Stimme, »ich schäme mich für das Maß an Gewalt, das die Vereinigten Staaten den Völkern der Welt antun. Ich darf Ihnen sagen, daß die Mehrheit meiner Landsleute diese Art der Ausbeutungspolitik keineswegs unterstützt, aber die Konzerne, die Lobbys und der Militärapparat setzen sich über die Meinung des Volkes brutal hinweg. Ich bin überzeugt, daß 80 Prozent der US-Bürger im Grunde für ein Einfrieren der Atomrüstung sind und das Star-War-Programm ebenso ablehnen, wie die weltweite militärische Einmischung und die brutale Wirtschaftspolitik den USA.

Ich kann Sie nur alle bitten: Helft uns, bitte helft uns!«

* * *

Nun, da hat offensichtlich keiner und keine geholfen oder die Hilfe blieb hilflos gegen die militarisierten Wirtschaftsgiganten und ihre politischen Wortführer. Natürlich sind Globalisierung und Neoliberalismus inzwischen zu gängigen Begriffen geworden, die uns Tag für Tag in den Ohren klingeln und uns vor Augen stehen. Das war alles als Versprechen, ja geradezu als Verheißung gemeint, hatte also nachgerade einen religiösen Anspruch bekommen und, obwohl keine der Verheißungen verwirklicht worden ist, ganz im Gegenteil, ist diese ganze Globalisierungs-Maschinerie tatsächlich zu einer Art neuen Religion geworden – übrigens wesentlich erfolgreicher als das Christentum oder sonst eine der Weltreligionen. Sie hat ihre Tempeln, ihre Hohepriester, ihre Opferrituale und sie hat ihren »Gott«, nein Götzen, das Kapital. Und dieser Götze und seine Diener haben inzwischen durch ungehemmte Finanz- und Aktienspekulationen, die von Leuten betrieben werden, die noch nie einen Produktionsbetrieb, geschweige denn einen Bauernhof von innen gesehen haben, ganze Volkswirtschaften und Millionen und Abermillionen von Menschen – auch meinen kleinen »Weberknecht« aus dem Lager Wad Kowli – in den Abgrund gerissen.

4. Unter dem weiten Himmel Indiens

Indien ist an sich eine *ver*rückte politische Konstruktion, die nur europäischen Kolonisatoren, in diesem Fall den Briten, hat einfallen können, um alle Reichtümer dieses Subkontinents unter ihrer Krone zu versammeln. Es ist ein buntes Sammelsurium an Völkern, Rassen, Religionen, wie es unterschiedlicher nicht sein könnte. Heute ist Indien mit 1,3 Milliarden Menschen nach China das bevölkerungsreichste Land der Erde, mit einer Besiedlungsdichte von 324 Menschen pro Quadratkilometer. Obwohl 193 Millionen Menschen in explodierenden Megastädten mehr vegetieren als leben, ist Indien mit mehr als 70 Prozent Landbevölkerung immer noch ein Land der Kleinbauern, der Dörfer.

In die Schlagzeilen gekommen ist Indien im Herbst 2003 aber nicht wegen der immer wieder auflodernden Konflikte zwischen den politischen Parteien, zwischen den Religionen, Völkern und sozialen Klassen, sondern wegen einer kleinen, aus Albanien stammenden Frau. Am 26. Oktober 2003 wurde die Nonne, genannt »Mutter Teresa«, von Papst Johannes Paul II. seliggesprochen und somit zur Ehre der Altäre erhoben. Dies zu tun, war ein Herzenswunsch des greisen Papstes, den er sich als Krönung des 25-Jahr-Jubiläums seines Pontifikats quasi selber zum Geschenk machte.

Im März des Jahres 1980, zwei Jahre, nachdem sie den Friedens-Nobelpreis erhalten hatte, sagte sie in mein Mikrofon, worum es ihr bei ihrer Arbeit, ihrem Engagement im Grunde gehe: »Was wir tun, ist nicht mehr als ein Tropfen im Ozean. Würde dieser Tropfen aber nicht in den Ozean fallen, der Ozean wäre um eben diesen Tropfen ärmer.« Auf meine renitente Frage, warum sie ihre weltweite, aber auch nationale Bekanntheit nicht nütze, um die Politiker ins Gebet zu nehmen und für mehr sozialen Ausgleich in dem Ungerechtigkeitsstaat Indien einzutreten, kam aus dem kleinen, in Falten lächelnden Gesicht mit seinen dunkel blitzenden Augen die Antwort: »Gerade das ist das Wunderbare an unserer Arbeit, daß wir es jeweils mit einem ganz bestimmten Individuum, mit gerade diesem einen Hungrigen, mit gerade diesem einen Nackten, mit gerade diesem einen Heimatlosen zu tun haben. Das ist das Wesentliche. Das ist es, was alles verändert. Es geht nicht um die Zahl, es geht um den einzelnen, ganz konkreten Menschen, um den Mann, um die Frau, um das Kind, um den Menschen, der unsere Hilfe braucht, der zur Mitte, zum Zentrum unseres Auftrages wird.«

Es waren faszinierende drei Wochen, die ich mir ihr und ihren meist blutjungen »Missionarinnen der Nächstenliebe« in allen Zentren und Häusern in und um Kalkutta verbrachte, in den Waisenhäusern, den Frauenhäusern, den Kranken- und Sterbehäusern, den Leprazentren. Aber bei aller Hochachtung, vor dem, was dort geschah, so ganz überzeugt hat sie mich nicht, denn die Frage blieb: »Warum kein politisches Engagement, um die todbringenden Strukturen zu verändern? Wer, wenn nicht Sie, die von allen geachtet war, hätte dies bewerkstelligen können?« Sie habe, so die wiederkehrende Antwort, einen kontemplativen, dem Gebet und der Anbetung geweihten Orden gegründet und keine Gemeinschaft für Sozialarbeiterinnen.

Zwei kurze Blicke auf die Realität Kalkuttas, wie sie sich mir täglich auf dem Weg zwischen der kleinen Pension, in der ich wohnte, und dem Mutterhaus der »Missionarinnen der Nächstenliebe« darbot, nur um zu zeigen, was ich meine.

Am Beginn einer Reportage unter dem Titel »Golgatha ist überall«, gesendet in Ö1 am Karfreitag des Jahres 1980 schrieb ich: »Kalkutta. Fünf Uhr früh. Noch ist die Zeit der Krähen. Ihr Gekrächze und ihr dunkler Flügelschlag beherrschen die Stadt. Graurosa der Himmel, die Luft noch kühl. Die Strassen beinahe menschenleer. Ein dumpfes Rauschen über dieser Sieben-Millionen-Kloake, dieser schmutzigsten und furchtbarsten Stadt der Welt, wie es heißt. – Am Straßenrand erheben sich geisterhaft die ersten Gestalten. Man sieht nichts Genaues, nur Konturen, Dunst im Dunst, Grau im Grauen. Sie kriechen unter Zeitungen hervor, unter Packpapier. Sie wickeln sich aus fetzenartigen, dünnen Decken, bewegen sich langsam, marionettenhaft, als müßten sie die Gliedmaßen erst langsam von der Starre des nächtlichen Todes befreien, nur ist da nichts vom Klang himmlischer Posaunen zu hören. Nur die Krähen sind da. – Auch in der Hauptstraße ist es noch ruhig, einige wenige Autos, einige wenige Rikschas. In den Hauseingängen, in den schmalen Schluchten zwischen verkommenen Häusern, auf den Stufen, zwischen den Bretterbuden,

Fetzenhütten auf der anderen Straßenseite, der Backsteinmauer entlang, bewegt sich da und dort etwas, glühen kleine Kohlefeuerchen, reiben Hände sich die Kälte aus den ausgemergelten Körpern, holen das bißchen Leben zurück. – Es sind viele, es sind Millionen, es sind die meisten hier in Kalkutta, die nicht zwischen weißen Laken, die nicht in weichen Betten erwachen.«

Diesen Weg ging ich drei Wochen lang, einmal in der Morgenfrühe zum Gottesdienst im Mutterhaus, in dem sich mehr als 200 Schwestern und Novizinnen auf Jutesäcken am Boden kniend Kraft für den schweren Tag des Mitleidens holen und einmal todmüde irgendwann gegen Mitternacht. In einer solchen Zeit wächst, trotz aller Flüchtigkeit, Beziehung. Manch einer scheint mich schon zu kennen. Da grüßt einer, mit an die Stirn gehobenen, gefalteten Händen, dort lächelt mir eine zu. Auch ich habe mir schon das eine oder andere Gesicht gemerkt. Auch einige der am Pflaster Schlafenden sind mir vertraut geworden, wie der Alte, der immer querliegt, um den ich immer einen Bogen machen muß, um nicht über ihn steigen zu müssen. Während er bisher immer zur Seite gerollt lag, den Kopf auf den abgewinkelten Arm gebettet, liegt er heute flach am Rücken, den Kopf direkt auf dem Pflaster. Irgend etwas ist anders. Ich bleibe stehen, beuge mich hinunter, drehe seinen Kopf zu mir – aufgerissene, verdrehte Augen. Kein Puls, kein Hauch mehr aus dem offenen Mund. Irgendwann vor Tag muß ihn der Mut zum Leben verlassen haben. – Da kriechen ein paar Gestalten aus ihren Fetzen, stellen sich neben mich, mit ihren struppigen Haaren, mehr Wurzelknollen ähnelnd als Menschen. Eine vage Geste ihrer Hände, scheint zu sagen: Ja, so ist es eben. – Sie knien nieder, machen sich an dem Toten zu schaffen, behutsam, wie um einen Schlafenden nicht zu stören. Ich stehe noch eine Weile da, schaue ihnen zu, bis ich endlich begreife, wie überflüssig ich hier bin, und gehe.

Wie nahe Tod und Leben einander hier sind, das allerdings begreife ich erst etwas mehr als eine Stunde später, als ich nach meinem Abschied von Mutter Teresa und ihren Mitarbeiterinnen auf der anderen Straßenseite zurückwandere, um meine Koffer für den Weiterflug nach New Delhi zu packen. Auf einer Pritsche an einer verfallenden Gartenmauer, zwischen alten Öltonnen, Kisten und einer verrosteten Badewanne, liegt eine junge Frau, fast noch ein Mädchen. Schweißperlen auf der Stirn, trotz der Morgenkühle, die Hände fest auf den runden Bauch gepreßt. Neben ihr ein junger Mann. Er streicht sanft über ihr schönes, glänzendes, schwarzes Haar. Immer wieder lächelt er sie an. Ich wage nicht stehenzubleiben, um die Innigkeit dieser Szene nicht zu stören. – Hier wird Leben, dort war Tod. Hier wird ein neuer Mensch geboren, dort ging ein anderer hinüber. Obwohl ich in diesen Wochen einiges gesehen und erfahren hatte, in welche Art Leben dieses neue Menschenkind hineingeboren wird, ich kann einfach nichts dagegen tun, daß sich so etwas wie Freude in mir breitmacht ...

Am späten Abend desselben Tages eine völlig andere Szenerie. In einem riesigen, gepflegten Park am Stadtrand der Hauptstadt eine einem Palast ähnliche Villa. Einer der reichsten und mächtigsten Männer des damaligen Indien, die rechte Hand der Präsidentin Indira Gandhi, ist der Erbauer und Besitzer des riesigen Bauwerks. Der protzig zur Schau gestellte Prunk wirkt auf mich obszön. Die kleine Freude des Morgens verwandelt sich während dieser späten Stunden in nicht zu verleugnenden Zorn, nicht wegen der Picassos, Manets, Monets an den Wänden, der weitläufigen, prächtig möblierten Räume, auch nicht wegen der goldenen Tellerchen, Messerchen und Gabelchen auf dem reich gedeckten Tisch, sondern wegen des blanken Zynismus in der Stimme des attraktiven, hochgebildeten Brahmanen. Nach einer längeren Diskussion über die wirklich brennende Frage, für welches Farbfernsehsystem sich Indien entscheiden solle, bemerkte ich vermutlich etwas zu bitter, daß dies völlig gleichgültig sei, da 80 Prozent der indischen Bevölkerung nicht einmal über einen Stromanschluß verfügt und begann in der Folge von den Bildern zu erzählen, die sich mir in den vergangenen Wochen aufgedrängt hatten: »Eine dieser typischen modernen europäischen Sentimentalitäten. Die Briten waren da nicht so heikel«, kam es hörbar gelangweilt von meinem Gegenüber, und die wunderschöne, mit Schmuck überhauchte Dame des Hauses begann unruhig auf ihrem schön geschwungenen Stuhl zu rutschen, da sie offensichtlich der Ton in der Stimme des Gemahls alarmierte: »Ich kann Ihnen nur eines sagen, auch wenn das hart klingen mag: Es wäre ein gutes Jahr für Indien, würden zwei Millionen Menschen verhungern, das würde helfen. Aber all unsere Versuche und auch die Aktionen der Präsidentin in Sachen Zwangssterilisierung greifen nicht wirklich, um der Bevölkerungsexplosion Einhalt zu gebieten.«

Beides ist Realität, täglich erlebbare Realität in Indien, heute wie damals, der Zynismus der Reichen und Mächtigen, und das namenlose still erduldete Elend der Massen. Dieser Kneipp-Kur muß man sich in Indien stellen, wenn man mehr will, als sich den spirituellen Wogen hinzugeben oder die Schönheit der Landschaften und die Zeugen vergangener Kulturen zu bewundern.

FÜR FRAUEN EIN GEFÄNGNIS

Es ist später Abend. Ich sitze, an einen Baum gelehnt. Vor mir der träge dahin fließende Fluß, dessen Namen ich nicht kenne. Der volle silberne Mond spiegelt sich in den Fluten und verbreitet ein sanftes, wunderbares Licht. Weite und Stille um mich, nur die kleinen Geräusche der Nacht. Mein Inneres schwingt in den langen Melodien der Bajans, die sie den langen Abend drinnen im Haus gesungen haben. Ich hatte die ganze Zeit auf meinem flachen Pölsterchen, den Rücken an der kühlen Wand, gesessen und den Gesängen gelauscht. Man muß da nichts verstehen, man muß sich nur tragen lassen. Aber dann, als das zu Ende war, hatte ich das Bedürfnis nach Stille, und außerdem machte sich eine gewisse Müdigkeit breit, denn ich war nach den Flügen Wien–Bombay, Bombay–Pune, erst am Nachmittag im »Ishwari-Center« in dem kleinen Dorf Fhulgaum, etwa 20 Kilometer von Pune entfernt, angekommen. Die Lust auf tausend Fragen und intensive Gespräch war äußerst gering.

Da war plötzlich ein leises Rascheln im Gras hinter mir. Ich schaute mich nicht einmal um, so gefangen war ich von dem silbern glitzernden Bild vor mir. Ich spürte nur, wie sich ein leichter, schmaler Körper neben mir niederließ. Nach einer Weile fühlte ich einen Kopf, der auf meine rechte Schulter sank und wieder nach einer Weile spüre ich, daß mein T-Shirt feucht wurde. Ich wendete den Kopf ein wenig und sah in das Gesicht eines jungen Mädchens, das schon den ganzen Abend in meiner Nähe gewesen war. Ich zog meinen rechten Arm hoch und legte ihn um ihre Schultern. »Was tun?« schoß es mir durch den Kopf, aber ich tat nichts, verhielt mich ruhig, wartete ab. Eine kleine Stimme in gutem, leicht indisch gefärbtem Englisch drang an mein Ohr, aber nicht so, als würde sie mir etwas erzählen, sondern als ob sie diese wirklich schreckliche Geschichte einfach aus sich heraus, in die Nacht hinein loslassen wollte. Sie sprach davon, wie ihr durchaus begüterter Vater sie im Alter von zwölf Jahren an einen ihr unbekannten, wesentlich älteren Mann verkauft hatte. Sie war 13, als dann mit großem Pomp und Aufwand Hochzeit gefeiert wurde und sie in das Haus ihrer neuen Familie an der anderen Seite des Flusses übersiedeln mußte. Sie sprach von ihrer Schwiegermutter und davon, wie diese von Anfang an gesagt habe, sie solle sich, falls ihr Kind ein Mädchen sein sollte, ja nicht mehr nach Hause wagen. »Und dann«, so sprach die Stimme neben mir, »wuchs ein Kind in meinem Leib und mit dem Kind wuchs meine Angst.« Und dann war es so weit. Die Familie brachte sie in die Entbindungsstation, ließ sie dort aber alleine. Und das Kind kam und es war ein Mädchen. Die Hebamme fragte, was sie nun tun solle, ob sie ihr Gift auf die Brustwarzen streichen solle, damit das Kind die erste Mahlzeit nicht überlebe. So hielt man es in diesem Haus, wie in vielen anderen Gebärstationen Indiens, denn Mädchen sind unerwünscht. Sie wehrte sich mit all den Kräften ihrer Jugend und ihres natürlichen Empfindens. Am nächsten Tag wurde sie entlassen, hüllte das Kleine in ein Tuch und machte sich mutterseelenallein zu Fuß auf den Heimweg. Niemand hatte sie abgeholt, weder der Mann, noch die Familie. Böse Ahnungen erfüllten das Herz des halben Kindes. Dann kam sie zur Furt, über die man den Fluß überqueren konnte. »Und dort in der Mitte, dort wo das Wasser tiefer ist, habe ich mein Kind ohne es anzusehen aus dem Tuch genommen, es unter das Wasser gedrückt und als es sich nicht mehr rührte, einfach losgelassen. Ich bin aber nicht weitergegangen, sondern weg, ohne zu wissen wohin.« Der schmale Körper an meiner Seite, in meinem Arm bebte, und die Feuchtigkeit an meiner Schulter nahm zu. – Was macht man da? Einfach stillhalten und das Ganze annehmen, wie es ist.

In irgendeiner nahen Missionsstation hat dieses Bündel Elend dann Aufnahme gefunden. Die Schwestern, die solche Fälle aus Erfahrung kannten, wußten, was zu tun war, stellten die nötigen Verbindungen her und brachten sie zwei Tage später zu Sr. Rosalia, einer aus Goa stammenden Schwester des Ordens vom »Guten Hirten«, die mit Hilfe der Jesuiten in Pune das »Ishwari-Center«, ein Haus für Frauen mit solchen und ähnlichen Schicksalen, eingerichtet hatte, sie betreute und behutsam wieder ins ein normales Leben zurückführte, ihnen neuen Mut zu einem eigenständigen, nicht familienabhängigen Leben gab.

Alle die Frauen, die an diesem Abend so wunderbar ihre Bajans gesungen hatten, haben also Schicksale wie dieses Mädchen an meiner Seite, das hatte ich vorher nicht gewußt. Als ich später mit Sr. Rosalia alleine war und wir noch eine Weile auf dem Ziegelboden der einfachen Küche saßen, sagte sie ganz ruhig: »Ich habe gleich gewußt, daß du fremd genug warst, so daß sie keine Scheu hatte, dir ihre Geschichte zu erzählen. Sie ist sonst unglaublich zurückhaltend und redet mit niemandem darüber. Ich bin sehr froh, daß sie diesen Schritt gewagt hat, das zeigt, daß sie auf dem Weg der Besserung ist. Das war auch der Grund, warum ich nicht in den Garten gegangen bin, obwohl ich mir um dich Sorgen gemacht habe, denn es ist nicht ungefährlich in der Nacht da unten am Fluß. Wir leben hier nicht in der Stadt, sondern eher in der Wildnis, und da gibt es auch Tiere, die nicht immer freundlich sind, wenn sie sich gestört fühlen. Jedenfalls bin ich froh, daß es so ausgegangen ist und kann dir nur danke sagen. Ich glaube du hast uns und dem Mädchen sehr geholfen.«

Das Lob der Schwester hat mich nicht wirklich beruhigt, aufgewühlt wie ich war. Ich versuchte, das vollgeräumte Kämmerchen in dem kleinen Haus zwar irgendwie zu besiedeln, das heißt, meine Sachen irgendwie zu verstauen und zu ordnen, denn dazu war ich seit meiner Ankunft nicht gekommen. Ich löschte dann auch ordnungsgemäß die flackernde Petroleumlampe, legte mich auch ins Bett, todmüde wie ich war, aber das mit dem Schlafen hat einfach nicht funktioniert. Immer wieder stand ich auf, schaute auf den unter mir glitzernden Fluß und versuchte das Unbegreifbare irgendwie zu begreifen, irgendwo einzuordnen.

Klar war mir nur eines, daß ich diesem Phänomen, weil das, was diesem Mädchen passiert ist, was dieses Mädchen getan hatte, offensichtlich kein Einzelfall sein konnte, nachgehen mußte. Darüber muß ich dann doch irgendwann eingeschlafen sein.

Schon in den nächsten Tagen hatte ich ausreichend Gelegenheit, einschlägige Geschichten zu sammeln, aber einer der Schlüsselsätze fiel erst etwas später, als ich in Pune die Gründerin des ersten

»Frauenhauses« kennenlernte. Schwester Nadolni hatte jahrelang mit ihren Ordensoberen gekämpft, um ein Zentrum für Frauen gründen zu dürfen. Gelungen war es ihr nur dank der beherzten Hilfe eines Mannes, eines der Professoren am »De Nobili-College«, des größten Jesuitenzentrums der Welt in Pune, P. Francis D'Sa, bei dem die engagierte Schwester offene Ohren und tätige Hilfsbereitschaft gefunden hatte. Es standen Jahrzehnte leidvoller Erfahrung hinter dem knappen Satz, der mir so manches erhellt hat: »Die indische Gesellschaft ist ein Gefängnis, deren Regeln und Verordnungen, deren Gesetze und Traditionen Frauen noch immer – oder sollte ich sagen, jetzt erst recht – gefangenhalten. Und die Kerkermeister dieses Gefängnisses sind die Männer, die Hüter der Gesetze, die Politiker und die religiösen Führer. Es ist an uns, dieses Gefängnis aufzubrechen.« Und so hatte sich die bis dahin anerkannte Lehrerein und Direktorin verschiedener höherer Schulen darangemacht, vor mehr als zwanzig Jahren in einem inzwischen aus allen Nähten platzenden Armenviertel ein für bedrängte Frauen Tag und Nacht offenes Haus einzurichten. Schwester Nadolni nannte das Haus »Maher«, das heißt an sich Elternhaus, Mutterhaus, ein Ort, an den man immer flüchten, an dem man sich bergen kann: Was wir letztlich wollten, war, die Gesellschaft zu verändern, für eine gerechte und menschlichere Gesellschaft zu arbeiten. Wir begannen ganz unten, auf der Ebene der Hausarbeiter. Wir arbeiteten mit Frauen, Müttern, Schwestern oder Töchtern von Köchen, Gartenarbeitern, Hausdienern und so. Das Wichtigste dabei war die Erziehung, die Bildung dieser Frauen, weil mir längst eines klar geworden war: Erziehung für Buben heißt ein Individuum zu erziehen, aber ein Mädchen zu erziehen, ihm Bildung zu vermitteln, kommt der ganzen Familie und auch der nächsten Generation zugute, und die Familien sind letztlich die Bausteine einer Gesellschaft. Wenn du also eine Gesellschaft verändern willst, mußt du bei den Frauen, bei den Mädchen anfangen.«

Die Frauen, mit denen Sr. Nadolni damals zu arbeiten anfing, waren vor allem Migrantinnen, kamen aus den verschiedensten Regionen, sprachen verschiedene Sprachen, gehörten unterschiedlichen Religionen an. Sie kannten niemanden, waren völlig isoliert. In dem Haus der Schwester haben sie langsam angefangen zu reden, ihre Geschichten zu erzählen, miteinander zu kommunizieren. Das Erziehungssystem ging in zwei Richtungen. Erstens sollten sie die einfachen Dinge des Lebens und Überlebens lernen, und zweitens sollten sie die Ursachen ihrer Armut, ihrer Ausgegrenztheit verstehen und begreifen, daß Armut nicht gottgewollt und nicht Schicksal, sondern eine Folge der sozialen Ungerechtigkeit und daher von Menschen verursacht ist.

»Erst langsam erschlossen sich uns die wirklichen Probleme der Frauen, über die in Indien normalerweise nicht gesprochen wird, die gesellschaftlich tabu sind. Immer häufiger kamen Frauen zu uns, die von ihren Männern geschlagen, oft übel zugerichtet, von den Schwiegereltern bis aufs Blut drangsaliert worden waren. Sie kamen oft mitten in der Nacht mit blutenden Wunden, mit Schnittverletzungen oder Brandwunden. Hier lernten wir die andere Seite der indischen Gesellschaft kennen«, berichtete Sr. Nadolni von den Anfängen ihrer Arbeit und den eigenen Lernprozessen. An diesem Vormittag im »Maher«, an dem ich eine Reihe von Frauen kennenlernen durfte und eine vage Ahnung von den laufenden Ausbildungsprogrammen bekam, erfuhr ich aber auch sehr konkrete Fälle. Hier nur einer davon:

»Bharati war 13 Jahre alt, als sie mit einem jungen Mann namens Ravi verlobt wurde. Ein Jahr später wurde Hochzeit gefeiert. Bharati war eine wunderschöne Braut, und obwohl der Brautpreis über Gebühr hoch gewesen war und Bharatis Eltern in große Schwierigkeiten gebracht hatte, strahlten sie an diesem sogenannten Ehrentag ihrer Tochter.

In einem Alter, in dem andere Mädchen noch spielen, wurde Bharati schwanger. Als sie im sechsten Monat war, fing Ravi an, sie zu verprügeln. Es wurde immer schlimmer. Ihr Körper war übersät mit blauen Flecken und Narben. Dann zwang Ravi seine Frau, zu ihren Eltern zu gehen und weitere 20.000 Rupien zu fordern. Er war arbeitslos und wollte das Geld, um sich eine kleine Druckerpresse zu kaufen. Bharatis Vater hatte kein Geld mehr, sondern nur noch Schulden. Er brachte die Tochter dazu, nicht mehr zu ihrem Ehemann zurückzukehren und zu Hause zu bleiben. Das blieb eine Weile so, bis Ravi mit einigen Verwandten ankam, sich für alles entschuldigte und Bharati bat, mit dem inzwischen geborenen Söhnchen zu ihm zurückzukehren.

Zwei Jahre ging das soweit gut, aber dann fing er wieder an, Bharati zu schlagen, und es wurde ärger, als es je gewesen war, denn jetzt mischten sich auch Ravis Eltern und Geschwister ein und forderten immer wieder Geld und Schmuck. Eines Tages tauchte Ravi bei Bharatis Eltern auf und forderte sie auf, am Nachmittag zu kommen und ihre Tochter zurechtzuweisen. »Sie streitet dauernd mit meiner Familie. Das muß aufhören.« – Nun, es hörte auf, noch bevor die Eltern kommen konnten. Um 12.30 Uhr bekamen sie die Nachricht, Bharati habe Gift genommen und sei gestorben. Der Arzt sagte später, daß der Tod bereits um 10.45 Uhr eingetreten sei, also noch bevor Bharatis Eltern von Ravis Aufforderung in Kenntnis gesetzt worden waren. Und dann war da noch die Aussage des kleinen Sohnes: »Papi hat Mami etwas aus einer Flasche zu trinken gegeben, und dann ist sie eingeschlafen.«

Diese schlimme Geschichte wäre niemals bekanntgeworden, wäre nicht Bharatis Mutter in ihrer Verzweiflung zu Sr. Nadolni gekommen und hätte diese dann nicht alles unternommen, um den mühsamen Rechtsweg zu beschreiten. Normalerweise bleiben solche Vorkommnisse, deren Zahl sich in den letzten Jahren leider vermehrt, unbekannt und ungesühnt. Darüber wird nicht geredet. Die Öffentlichkeit, ja nicht einmal die Nachbarn, nehmen von solchen Dingen Notiz, weil die Privatsphäre in Indien immer noch tabu ist. So etwas geht einen nichts an, da mischt man sich nicht ein. Daran hält sich auch weitgehend die Polizei, denn wo kein Kläger, da kein Richter, wie der gute, alte Spruch lautet. Wenn heute doch immer wieder etwas durchsickert, gewisse Fälle sogar vor Gericht kommen und manchmal sogar Urteile gesprochen werden, dann ist das das Verdienst unzähliger Gruppen, die sich inzwischen im ganzen Land gebildet haben, um für das Lebensrecht der Frauen einzutreten.

Eine Vorkämpferin dieser diffizilen Aufklärungsarbeit ist die Anwältin Donna Fernandez, die schon in den achtziger Jahren des zwanzigsten Jahrhunderts in Bangalore eine Initiative mit dem Namen »Vimosha« ins Leben gerufen hat.

Ich hatte Dr. Fernandez im Jahre 1995 kennengelernt. Mir war ihr Name von Freunden genannt worden, und wir hatten uns dann im Garten des »Ashivari-Bildungszentrums« der Jesuiten getroffen. Sie war eine temperamentvolle, brillante, nicht mehr ganz junge, aber immer noch bildschöne Frau, schlank unter ihrem grünblauen Sari, ein einprägsames Gesicht mit funkelnden Augen, das schwere dunkle Haar glatt zurückgekämmt und geknotet, ein roter Punkt zwischen den Augenbrauen. Wir brauchten kein langes Vorgeplänkel. Sie kam sofort zur Sache: »Wenn du Indien anschaust, dann ist es klar, daß die Gewalt gegen Frauen zunimmt, und das nicht nur in den Familien, in denen das ohnehin gang und gebe ist. Es geht um die Gewalt wegen der wirtschaftlichen Entwicklung. Die Gewalt gegen Frauen eskaliert, seit sich Indien dem sogenannten freien Markt geöffnet hat, seit die vor allem von den USA gesteuerten multinationalen Konzerne hier das Sagen haben, und seit dieses teuflische System globalisiert worden ist.«

Diese Frau, die mir da unter einer milden Sonne gegenübersaß, das war mir klar, war nicht mehr zu bremsen, in ihr hatten sich die Schleusen aufgestauter Frustrationen, aufgestauten Zorns geöffnet: »Die Wirtschaftspolitik unseres Landes wird die Armut nicht bekämpfen, nicht beseitigen, sondern dafür sorgen, daß immer mehr Reichtum in immer weniger Händen kumuliert. Ja, natürlich heißt es, wir brauchen eine neue Infrastruktur, aber nicht für die Menschen, sondern für die Multinationalen, die sich gerade bei uns in Bangalore, in der »Silicon-City«, wie die Leute das nennen, auf dem nahegelegenen Hochplateau zu Haufen ansiedeln. Alles und jedes wird privatisiert, das Wasser, der Strom, alles, und nur zum Nutzen der ausländischen Investoren. Du weißt von dem Dammsystem in Maharashtra und Madhya Pradesh mit dem längsten und höchsten Staudamm der Geschichte? Mehr als 13.000 Hektar Wald werden verschwinden, mehr als eineinhalb Millionen Menschen werden ausgesiedelt, verlieren ihre Heimat und wohin damit? – Egal! – Die Elektrizität, das aufgestaute Wasser ist nicht für die Bevölkerung, sondern für die Industriemagnaten, die mit unseren billigen Arbeitskräften, den ausgebeuteten Frauen, Männern und Kindern noch mehr überflüssiges Zeug produzieren werden. Und wenn man sie eines Tages nicht mehr brauchen wird, wird man sie vor die Türe setzen, wegwerfen wie Müll auf den Misthaufen der Gesellschaft. Und wer hat das alles entschieden? Nein, nicht wir, sondern die Weltbank und der internationale Währungsfond! Unsere Regierung ist dabei ein willfähriges Instrument, nicht mehr, willfährig und bestechlich, korrupt bis in die Knochen. Wir und die ganze Welt haben nach der Pfeife zu tanzen, auf der in New York und Washington gespielt wird. – Ich weiß, Dolores, was ich sage, kann gefährlich sein, aber es ist die Wahrheit, und es hat direkt mit meiner Arbeit, es hat direkt mit den Frauen zu tun. Alle Themen sind

Frauenthemen, egal ob wir über Wirtschaft, Ökologie, Gesundheit oder Erziehung reden, von all den jetzigen Entwicklungen sind die Frauen einfach direkter betroffen, als die Männer.«

Irgendwann während unseres Gesprächs schiebt sie mir eine Broschüre mit Texten von Frauen aus unterschiedlichen Bereichen herüber. Unter anderem finde ich später darin ein Lied der Dichterin Daya Pawar, das von einer Frau aus Maharashtra singt, die beim Dammbau von Narmada arbeiten muß, um zu überleben:

> *»Der Damm füttert die Zuckerrohrfelder*
> *und macht die Frucht saftig und zart.*
> *Ich aber wandere meilenweit durch die Wälder*
> *und finde kein Wasser mehr.*
> *Soll ich mein kleines Feld mit Zucker bewässern?*
> *Meine Blätter verdorren, meine Erde stirbt.*
> *Ich verstecke mein weinendes Baby unter einem Korb.*
> *Ich verstecke meine Tränen in meinem Herzen*
> *Und gehe zur Arbeit und baue den Damm.«*

»Ja, genau so ist es«, fährt Dr. Fernandez ungebremst fort: »Die Armen zahlen den Preis! Schau dir Kerala an, den Bundesstaat im Süden, am Indischen Ozean. Da geht es den Fischern an den Kragen. Die Konzerne haben ihre Fangflotten, und die kleinen Fischer mit ihren traditionellen Booten schauen durch die Finger, weil alles leergefischt ist. Da Fisch dort immer das Grundnahrungsmittel war, gibt es keinen Ersatz für das Protein, die Mangelerscheinungen unter der Bevölkerung, vor allem unter den Frauen und Kindern sind alarmierend, aber es hört keiner hin. Dazu kommt die Vernichtung der Umwelt. Die Wälder, in denen die Menschen seit jeher Schutz gefunden haben, werden abgeholzt oder sterben einfach ab, und alles ist allen Blicken ausgesetzt. Nimm nur ein ganz banales Beispiel: In dieser Region hat es nie Toiletten gegeben, das erledigten die Leute in der Natur, und das war auch nie ein Problem in dieser weitläufigen Landschaft. Für die Männer ist das auch heute nur am Rande problematisch, die stellen sich einfach irgendwohin und erledigen ihr Geschäft. Aber für die Frauen ist das undenkbar, schon aufgrund der Tradition. Also was machen sie? Sie unterdrücken den Drang so lange wie möglich, oder sie machen dann irgendwo im Haus die Sache auf

Stroh oder Papier und wenn es dunkel ist, tragen sie es hinaus. Das ist nicht nur ungesund, das ist auch unwürdig. Das ist die lapidare tägliche Methode der Unterdrückung von Frauen.«

Aber auch an anderen, sehr konkreten Fällen dieser Unterdrückung von Frauen ist im Gedächtnis von Donna Fernandez kein Mangel, und sie soll, sie muß sie wirklich selber erzählen, das kann niemand für sie tun, auch ich nicht, denn dazu gehört eben das konkrete Bild, die konkrete Erfahrung der Person, der Situation. »Da ist ein junges Mädchen zu uns gekommen, das von Polizisten auf einer Polizeistation vergewaltigt worden war. Das Erstgericht hat dies bestätigt. Die Polizisten appellierten an die nächste Instanz: Ergebnis: Das Mädchen wurde nicht vergewaltigt, was dann auch vom Obersten Gerichtshof bestätigt worden ist. Wir haben uns der Sache angenommen und konnten schließlich nach einer unerhört mühevollen Prozedur doch helfen. Ich meine, unsere diesbezüglichen Gesetze sind mehr als 100 Jahre alt, stammen noch von den Briten und wurden immer gegen die Frauen ausgelegt. Eine Frau mußte beweisen, daß sie sich gewehrt habe, also zerfetzte Kleider, Wunden und so vorweisen, möglich an einschlägigen Körperstellen. Das ist doch entwürdigend, verbrecherisch, aber es ist an der Tagesordnung, und die meisten Frauen werden nach Hause gehen, sich waschen und kein Sterbenswörtchen verlieren, aus Angst, aus Scham.«

Am meisten aber machen Dr. Fernandez und ihrem aus Anwälten, Sozialwissenschaftlern und anderen Fachleuten aus allen Religionen und Ethnien bestehenden Team die sich mehrenden Gewalttaten im Zusammenhang mit dem Dhauri-, dem Mitgiftsystem zu schaffen. Daß das heute überhaupt ein Thema in der Öffentlichkeit ist, verdankt man einer Frau, die vor vielen Jahren den Mut hatte, das auf dem Sterbebett anzusprechen. Sie war mit schwersten Verbrennungen ins Spital gekommen. Bevor sie starb, hatte sie sich einem Arzt anvertraut und gesagt, daß die Schwiegermutter und ihr Mann sie mit Kerosin überschüttet und angezündet hätten. Diese Aussage, die der couragierte Arzt zu Papier gebracht hat, hat viel ins Rollen gebracht, obwohl auch heute noch vieles verschwiegen und umgelogen wird, weil es bei solchen Sachen kaum je Augenzeugen gibt.«

Die Leute von »Vimosha« und anderen ähnlichen wachsamen Gruppen werden nach wie vor praktisch tagtäglich mit solchen

Fällen konfrontiert. In Bangalore gibt es jeden Tag Nachrichten wie: da ist eine junge Frau verbrannt, dort ist eine erhängt aufgefunden worden, da wurde eine vergiftet ins Spital eingeliefert, dort hat man eine Frauenleiche aus einem Fluß, einem Tümpel, einem Teich geborgen. Es gibt zwar heute Gesetze, aber an denen schwindelt man sich irgendwie vorbei. Der sogenannte »unnatürliche Tod von Frauen« – so werden diese Mordtaten semantisch geschönt – greift immer weiter um sich, alleine in der Stadt Bangalore sind es etwa 80 bis 90 Fälle pro Monat, und nur ein ganz geringer Prozentsatz kann geklärt oder gar vor Gericht gebracht werden. »Meiner Ansicht nach«, meint Donna Fernandez, »hat dies mit dem Werteverfall in der indischen Gesellschaft und mit der unter dem enormen Druck des Wirtschaftssystems rapide umsichgreifenden Brutalisierung der Menschen zu tun. Waren in Indien früher einmal die immateriellen, die spirituellen Wert das höchste Gut, so dreht sich heute alles nur noch ums Geld. Die Gier ist ausgebrochen in unserem Land. Die Leute können nicht mehr genug kriegen, kein Ende des Haben-Wollens, wobei hier vor allem jene Gesellschaftsschicht betroffen ist, die wir den unteren Mittelstand nennen. – Die früher sinnvolle Einrichtung der Mitgift ist zu einer Mordwaffe geworden. Da Mädchen in Indien immer von der Erbfolge ausgeschlossen waren, bekamen sie bei der Hochzeit Geld oder auch Sachwerte mit, damit sie dem Mann und seiner Familie keine zusätzlichen Kosten verursachten und sich auch einmal einen Sonderwunsch erfüllen konnten. Heute werden diese Mitgiftforderungen immer unverschämter und vor allem: sie hören nie mehr auf. Immer wieder werden junge Frauen nach Hause geschickt und bedroht: Wenn du nichts bringst, dann Gnade dir Gott. Wir haben Fälle, Dolores, wo das bereits ein paar Monate, oft nur Wochen nach der Hochzeit passiert. Bei der Hochzeit ist es üblich, daß der Braut die Handflächen und die Fußsohlen kunstvoll mit Henna bemalt werden. Das soll Glück bringen. Es dauert eine Weile, bis die Farbe wieder verschwindet. Bei einem Fall, der uns gerade vor ein paar Tagen bekannt geworden ist, war die Farbe noch nicht abgewaschen und schon war die junge Frau tot, kaum 17 Jahre, knapp drei Monate nach der Hochzeit.«

Man muß sich in diesem Zusammenhang auch die Situation der Eltern vor Augen halten. So ein Paar hat oft jahrelang nach einem möglichen Ehemann Ausschau gehalten, um die Tochter unter die Haube zu bringen und ihr die Schande, nicht verheiratet zu sein, zu ersparen. Endlich eine entsprechende Familie im Visier, begannen Gespräche, dann Verhandlungen über die Dhauri, mühsame Verhandlungen. Man hatte sich auch noch das Letzte vom Mund abgespart, sich endlich dazu entschlossen, einen Kredit aufzunehmen, um den Forderungen entsprechen zu können und dann noch die Kosten für die Hochzeit an sich, die ja zum großen »Ehrentag« werden sollte und dann vielleicht auch wurde, siehe die Geschichte von Bharati. Ja, und dann ist das Mädel tot. Sie zahlen oft noch jahrelang, schlittern vielleicht sogar in die Lohnsklaverei – auch das gibt es in Indien noch, aber davon später – und ihr Kind ist längst nicht mehr.

Das sind Geschichten, die man sich in unseren Breiten einfach nicht vorstellen kann und die sich die Clique der Reichen und Mächtigen und die Repräsentanten der internationalen Konzerne in ihren Hochhausetagen und feinen Villen in der Stadt, in der das alles täglich passiert, nicht vorstellen wollen, die das ganz einfach nicht berühren kann, da sie ja nur mit ihrem High-Tech-Zeug und den Geldströmen beschäftigt sind. Da existieren in einer Stadt Welten nebeneinander, die einander nicht berühren.

Dr. Fernandez und ihre Leute allerdings bleiben am Ball und sind nicht bereit aufzugeben, aber es ist eine Arbeit, so nach dem Motto, Löcher in dicke Bretter, Bretter der öffentlichen Bewußtlosigkeit zu bohren: »Wir haben nie an diese Unfallsgeschichten mit den explodierenden Kochern und so geglaubt. Ich meine, das sind ja überwiegend Großfamilien. Meist pflegen sich in den Küchen wenigstens zwei oder drei Frauen aufzuhalten. Warum sollte also immer ausgerechnet der Sari der jungen Schwiegertochter Feuer fangen? – So gingen wir zu den Eltern der Toten, redeten mit ihnen. Dort erfuhren wir dann oft nach langen Gesprächen von den schrecklichen Quälereien, von Schlägen, Erpressungen, Drohungen, was geschehen würde, wenn die junge Frau den Eltern nicht noch mehr Geld herausreißen würde. Und viele sagten dann, daß sie genau gewußt hätten, daß ihre Tochter umgebracht oder in den Selbstmord getrieben worden sei; aber dann kam immer die Frage: Was hätten wir tun können?

Wir versuchen heute, diesen Familien auch finanziell unter die Arme zu greifen, da wir ja wissen, daß sie verschuldet sind, sich also keinen Anwalt oder keine Schmiergelder leisten können, um einen solchen Fall anhängig zu machen. Wir müssen sie von diesem Druck befreien, damit endlich die Wahrheit an den Tag kommt.«

In den späten neunziger Jahren hat »Vimosha« gemeinsam mit anderen Gruppen eine regelrechte Kampagne gestartet, um die dramatisch steigenden Zahlen solch »unnatürlicher Todesfälle von Frauen« an eine größere Öffentlichkeit und auch in das Bewußtsein der Behörden zu bringen. Im Rahmen diese Aktionen kamen erstmal auch Eltern von Opfern zu Wort, jene, die es wagten, ihren Schmerz offen auszusprechen. Es waren vor allem Mütter, die diesen Schritt in die Öffentlichkeit wagten und vom Tod ihrer Töchter redete. Sie erzählten auch von Polizeibeamten, die sich geweigert hatten, den Fall aufzunehmen und Geld dafür gefordert hatten. Sie erzählten von Ärzten, die sich geweigert hatten, die wahre Todesursache auf den Totenschein zu schreiben und versucht hatten, sie zu zwingen, den Tod der Tochter unter der Rubrik 147 – kein Fremdverschulden – eintragen zu lassen. Diese öffentlichen Hearings, bei denen die »Vimosha«-Mitarbeiter beweisen konnten, daß alle vorgelegten Fakten aus den Unterlagen der Polizei stammten, brachten einiges in Bewegung. Es wurde zum Beispiel das berüchtigte »Victoria-Hospital«, die größte, unzureichend ausgestattete Klinik für Verbrennungsopfer, aufgerüstet, und es gab plötzlich sogar eine Entscheidung des Obersten Gerichtshofes, daß den letzten Worten von sterbenden Frauen »in allen Fällen unbedingt Glauben« geschenkt werden müsse.

All das, was hier beschrieben worden ist, weist auch, wie mit einem langen Zeigefinger, auf ein übergreifendes Phänomen, einen »Circulus vitiosus«, einen jener netten »Teufelskreise« hin, die in globalisierten Zeiten wie diesen zunehmend zu greifen beginnen.

Es ist für indische Familien keine Freude mehr, Töchter zu haben. In anderen Zeiten nannte man sie »flower of the house«. Heute bedeuten Töchter jede Menge Probleme, bedeuten vielleicht sogar, im Alter nicht umsorgt zu werden, bisher eine große Stärke der indischen Gesellschaft, sondern in der Schulden-, in der Armutsfalle zu enden. Wer möchte das schon und dann noch zuschauen zu müssen, wie dieses geliebte Wesen gequält und am Ende noch umgebracht oder in den Selbstmord getrieben wird?

Reaktion: Mädchen sind nicht erwünscht, wie das Beispiel der jungen Kindsmörderin im Garten in Phaulgum angedeutet haben mag: »Ich schaute das Kind gar nicht an, drückte es unter das Wasser, und als es sich nicht mehr rührte, habe ich es einfach losgelassen.«

Tatsache ist, daß in den Städten und in bessergestellten Kreisen die pränatalen Untersuchungsmethoden, die das Geschlecht des Kindes früh erkennen lassen, dazu führen, daß weibliche Föten in großer Zahl abgetrieben werden. Und auf dem Land und bei den Armen werden die neugeborenen Mädchen dann halt umgebracht. Donna Fernandez zitiert Details: »Die Mütter, Großmütter, Hebammen wickeln sie in nasse, kalte Handtücher, schmieren Gift auf die Brustwarzen, bevor das Baby zum ersten Mal angelegt wird, oder geben dem Kind mit Chili gewürztes Wasser zu trinken. Mädchen werden getötet, weil die Eltern das Gefühl haben, daß sie eine Last sind. Sie sagen es oft selber: Was glaubst du, was wir uns ersparen? Das bißchen Gift kostet nicht viel, aber eine Tochter zu verheiraten ist teuer, nimmt einem Leben die letzte Chance, alles, was du dir je erarbeiten konntest. Man wird zum Sklaven. So müssen wir in der Pubertät kein Fest veranstalten, wenn sie heiratsfähig wird und sozusagen auf den Markt kommt, wir müssen auch keine Mitgift zahlen, das ist doch viel besser so. – Ja, so reden die Leute, beinhart und eiskalt. Ich weiß, das klingt vulgär. Aber die Hochzeit, die Ehe ist eine höchst vulgäre, wirtschaftliche Transaktion geworden, und das ist nicht die Schuld der armen Leute.«

Was dahinter steht, ist klar. Der reiche, industrialisierte Norden hat das Schreckenswort von der Bevölkerungsexplosion ausgegeben, das ist einige Jahre her. Das Boot ist voll – und so. Man hat angefangen, von »Familienplanung« zu reden, was ja durchaus vernünftig ist, aber was sollte man dabei mit den Armen, den Analphabeten, die es ja vor allem waren, die Kinder am Fließband produzierten? Ich meine, man hätte ja aus der europäischen Erfahrung lernend, dafür sorgen können, den Reichtum ein wenig besser zu verteilen, und den Armen die Existenzängste zu nehmen und so etwas wie soziale Sicherheit zu geben, die in Europa zu einem rapiden Geburtenrückgang geführt hatte. Da allerdings hätte man über Teilen, über Umverteilung und ähnliches nachdenken müssen. Das aber lag nicht im Sinn des westlichen Ausbeutungssystems. Also: Die im Süden dürfen keine Kinder mehr bekommen, damit die westlichen und nördlichen Bäuche voll bleiben. Frau Indira Gandhi, um nur ein hier passendes Beispiel herauszugreifen, produzierte als Musterschülerin des Kapitalismus die Idee von der »Zwangs-Sterilisation«. Wegen desaströser Nebenerscheinungen ging die Geschichte schief, doch die Forderung nach der Ein-Kind-Familie wurde zwar nicht, wie in China, in ein Gesetz gegossen, blieb aber als nationalistischer psychologischer Hammer bestehen. Und wenn schon nur ein Kind, dann, das gebietet die Tradition, muß es ein Knabe sein, dessen Erziehung zwar mehr kostet, wenn man sich dies überhaupt etwas kosten läßt, der aber nicht solche Probleme macht, wie eine Tochter, die einen mit einer Hochzeit an den Bettelstab bringen kann.

Und da kommt es eben zu Fällen wie diesem: Lakshmi war 17, als sie verheiratet wurde. Ihr erstes Kind war ein Mädchen. Sie wurde dafür von ihrem Mann und den Schwiegereltern beschimpft, verspottet und auch gequält. Sie wurde wieder schwanger und bekam Drillinge – drei Mädchen. Sie brachte eines nach dem anderen um. Ein Satz aus einem kleinen harten Gesicht: »Was sollte ich tun. Ich werde es mein Leben auf dem Gewissen tragen. Aber sie werden wenigstens nicht das durchmachen müssen, was ich durchgemacht habe.« – »Und heute?« frage ich in dieses verkniffene Gesicht mit den schmalen, blitzenden Augen. »Heute geht es mir gut. Ich habe im vergangenen Herbst einen Buben bekommen. Ich gehöre wieder dazu.«

Ich habe unendlich viele solcher und ähnlicher Geschichten gehört, von Frauen, von Mädchen direkt gehört, nicht aus irgendwelchen dubiosen Quellen gesogen. Ich weiß auch, daß die oberen Schichten das alles nicht wahrhaben wollen: »Ach ja«, sagte mir einmal ein hoher Herr im noblen Anzug aus brauner Wildseide, »davon habe ich auch schon gehört, aber das ist lächerlich. Ich habe am Naschmarkt in Wien auch einmal eine alte Frau gesehen, die in einem Mülleimer nach Eßbarem suchte. Sie werden mir jetzt sicher sagen, daß das die Ausnahme und nicht die Regel ist. Also, was regen sie sich auf.« – Nun, sicher ist das nicht die Norm, aber es ist leider auch kein Einzelfall, sondern ein bedrohlich anwachsendes Phänomen, über das man sich Sorgen machen, gegen das man dringend ankämpfen sollte.

»Was ist mit diesem, deinem Volk geschehen, wie konnte sich der hohe geistige und spirituelle Ansatz dieser Gesellschaft so dramatisch umkehren?« fragte ich die Anwältin Dr. Fernandez am Ende unseres Gesprächs in dem von Vogelgezwitscher erfüllten Garten. Und sie, mit ernstem Gesicht, das plötzlich ein wenig müde, ja, beinahe ausgelaugt wirkt: »Es ist ein moralischer Zusammenbruch, eine tiefe moralische Krise, deren Humus die allgegenwärtige, von diesem neuen Götzendienst am Mammon verursachte Korruption ist. Korruption ist normal. Keiner fühlt sich schlecht dabei. Viele Skandale kommen sogar in die Zeitung. Es wird über Schmiergeldaffären und Bestechungen jeder Art ganz offen berichtet. Man erfährt, welche Projekte mit welchen Mitteln finanziert worden sind. Es gibt manchmal sogar Prozesse, ganz selten Verurteilungen, aber nichts geschieht. Die hohen Herren kommen wieder zurück, sitzen wieder auf ihren Sesseln, werden sogar zu Wahlen zugelassen und auch gewählt, und keiner sieht die Flecken auf den ach so weißen Westen. Manchmal habe ich sogar das Gefühl, daß die Leute diese Herrschaften heimlich bewundern, weil sie dem Rechtssystem ein Schnippchen geschlagen und ihr Vermögen behalten oder sogar vermehrt haben. Und niemand wird hierzulande einen reichen Mann boykottieren, auch wenn er als Gewalttäter, ja als Mörder entlarvt worden ist. Das tut nichts zur Sache.

Boykottiert werden wir, denn wir sind es, die Familien zerstören, wenn wir Frauen raten, Anzeige zu erstatten, sich scheiden zu lassen, bevor sie in Flammen aufgehen oder am Luster baumeln. Manchmal schreie ich sie an: Ist es euch denn lieber, daß diese Frauen sterben? – Es könnte schon sein, daß ihnen das wirklich lieber oder jedenfalls völlig egal wäre.«

Ich kehrte immer wieder nach Indien zurück. Dieses ver-rückte Land fasziniert einfach im Positiven, wie im Negativen. Man kann sich ihm nur schwer entziehen. Und so landete ich auch Anfang 2001 wieder einmal im De Nobili-College in Pune. Gleich am Tag nach meiner Ankunft hatte ich Gelegenheit, mit zwei Theologiestudenten zu einem neuen Projekt für Frauen zu fahren, nicht weit vom »Ishwari-Center« entfernt, nur auf der anderen Seite des Flusses, an dem ich damals so lange gesessen hatte, um zu hören und zu trösten. Schwester Luzy, eine Schülerin der legendären Sr. Nadolni aus dem alten »Maher«, empfing mich im neuen »Maher-Center« mit ausgebreiteten Armen. Thematisch war ich sofort wieder in den alten Geschichten. Ich saß mit Luzy auf den Stufen des neuen Haupthauses, eigentlich mitten in einer Baustelle, während die Studenten hinter dem Haus mit den Frauen und Kindern spielten und sangen, um uns ein wenig Ruhe zu verschaffen. Luzy fing einfach an, mir ihre Geschichte zu erzählen, die alle alten Wunden wieder aufriß: »Das war damals, als ich noch mit Sr. Nadolni in Pune zusammenarbeitete, das heißt, von ihr lernen sollte. Ich war eine noch junge, unerfahrene Schwester, als eines Vormittags eine Frau kam. Sie kam aus unserer unmittelbaren Nachbarschaft. Sie bat, ob sie nicht ein paar Tage bei uns bleiben könne, denn ihr Leben sei in Gefahr. Ich fragte warum, und sie sagte, daß ihr Mann sie mißhandle und bedrohe. Er hatte sie zu einer Ultraschalluntersuchung gezwungen, seit sie wußte, daß sie schwanger war. Als sich herausstellte, daß das Kind ein Mädchen sein würde, hätten die Quälereien begonnen, und dann habe er sich auch noch eine Geliebte genommen. Am Morgen habe er ihr dann gesagt, sie solle verschwinden, wenn er sie am Abend noch antreffen würde, würde er sie umbringen. – Schrecklich. Aber was sollte ich tun? Das ›Maher‹ war damals im Anfangsstadium nicht mehr als eine kleine Wohnung, in der bereits vier Frauen mit ihren Kindern untergebracht waren. Es war niemand da, den ich hätte fragen können, also sagte ich ihr, sie solle am nächsten Tag wiederkommen, da würde man ihr dann sicher helfen. – Aber gerade in dieser Nacht sollte das Unvorstellbare geschehen. Mina saß am Boden, um Tschapatis zu machen, als ihr Mann von hinter auf sie zutrat, sie mit Kerosin überschüttete und anzündete.«

Als mir Sr. Luzy diese Geschichte zu erzählen anfing, war die ganze Sache schon zehn Jahre her. Trotzdem wurde an diesem bedeckten Tag ihr hübsches, dunkles Gesicht aschgrau und sie hielt sich die Ohren zu und zitterte am ganzen Körper: »Diese Schreie werden ich in meinem Leben nie wieder los.« Denn gellende Schreie tönten damals aus dem Nachbarhaus, und Luzy war klar, daß sie nur von dieser Frau stammen könnten. Sie rannte mit einigen Mädchen aus dem Haus, sah gegenüber hellen Feuerschein. Es roch nach verbranntem Haar. Irgendwie gelang es den jungen Frauen, das Feuer zu löschen. Es war niemand da. Der Mann war geflüchtet. Sie holten Hilfe und brachten den bewußtlosen Körper zum Arzt. Da war nichts mehr zu machen. Die Haut zu etwa 90 Prozent verbrannt. Luzy fragte nach dem Kind. Der Arzt brachte das Opfer oder das, was von ihm noch übrig war, in den OP und operierte sie. Das Mädchen im Leib seiner Mutter war verkocht: »Ich fühlte mich schuldig an ihrem Tod, weil ich sie nicht aufgenommen hatte«, stammelte Sr. Luzy, von der Erinnerung gezeichnet. »Plötzlich war mein ganzes Leben sinnlos. Wie sollte ich mein Ziel, Sozialarbeiterin zu werden, je erreichen, wenn ich nicht einmal dieser einen, einzigen Frau hatte helfen können?«

Luzy mußte sich selbst in Behandlung begeben und beschloß damals, ganz still in den Orden zurückzukehren und nichts mehr zu tun als zu beten und zu dienen. Da ist dann irgendwann der bereits angesprochene Theologe und Jesuit P. Francis D'Sa in ihren Lebensweg getreten, hat getröstet, und, das Potential der Frau erkennend, ermuntert, und dank seiner guten Beziehungen zu Deutschland und Österreich das neue »Maher« gestartet und langsam ausgebaut. Heute leben dort in wechselnder Besetzung an die 80 Frauen und mehr als 100 Kinder.

»Uns geht es vor allem darum, diesen meist sehr jungen Frauen etwas zu geben, was ihr Selbstbewußtsein, ihr Selbstvertrauen stärkt. Sie müssen, langsam und behutsam geführt, lernen, daß sie sich selbst etwas zutrauen können und daß sie, entsprechend ausgebildet, durchaus imstande sind, ihre Kinder alleine großzuziehen.«

»Über die Frauen«, so meinte Sr. Nadolni doch eingangs, »müssen wir diese Gesellschaft verändern.« Ob es gelingen wird, ist unklar, da sich die wirtschaftliche und soziale Situation der Frauen dank des unseligen westlich-kapitalistischen Einflusses eher verschlechtert als verbessert hat. Und doch sind Häuser wie »Maher« und andere Initiativen Hoffnungsanker für eine bessere Zukunft.

DIE HINAUSGEBORENEN INDIENS

»Es ist ein Schmerz, ein Dalit zu sein, und eine Angst. Vor etwa zwanzig Jahren, als ich in die Gesellschaft Jesu eingetreten bin, hat mich ein Priester gefragt: Bist du ein Dalit, bis du ein Haridshan, ein Unberührbarer? In diesem Augenblick war ich schweißgebadet und zitterte am ganzen Körper. Das ist Dalit-Angst. Ein Dalit will nicht als solcher erkannt werden, weil er sofort befürchten muß, schlecht behandelt zu werden. Die Unberührbarkeit, wie wir sie hier in Indien erleiden, ist einzig auf der ganzen Welt.«

So beschreibt der Jesuit P. Anthony Raj seine innersten Gefühle und Ängste als Kastenloser. Man kann sich als Außenstehender das nicht vorstellen, notabene es für einen Nichtinder unmöglich ist, heute einen Unberührbaren zu erkennen. Weder Hautfarbe, noch Körperbau, noch das Haar geben einen Anhaltspunkt, nicht einmal mehr die Kleidung. Früher durften Unberührbare keine Schuhe tragen und ihren Oberkörper nicht bedecken, das heißt kein Hemd tragen. Die Identifikation mit diesen Ausgestoßenen, die er damals »Haridshans« nannte und für deren Rechte er eintrat, als er die indischen Kasten abschaffen wollte, führte zur legendär gewordenen Kleidung der »Großen Seele«, des Mahatma Gandhi. Heute allerdings unterscheidet sie auch nicht mehr die Kleidung von anderen und die Armut allein ist es auch nicht, denn arm sind in Indien auch Angehörige der niedrigen Kasten. Ein Inder, so sagte man mir, kann es eventuell am Namen erkennen oder am Geburtsort, sofern dieser nicht eine der Megapolen, sondern noch ein Dorf ist.

Die Wurzeln dafür liegen im Hinduismus begründet und reichen etwa 3000 Jahre in jene Zeit zurück, als die Arier den Subkontinent überrannten. Mit der Invasion der Arier begann die Einteilung der Menschen in vier »Warnas«, in Kasten. Die Unberührbaren entstanden erst später, als Männer hoher Kasten sich mit Frauen aus niedrigeren Kasten mischten und deren Kinder dann als unberührbar bezeichnet wurden, weil man nicht wußte, wohin mit ihnen. Obwohl vor allem nach dem Kampf Mahatma Gandhis und anderer das Kastensystem per Gesetz abgeschafft worden ist, ist es in der Gesellschaft nach wie vor unheilvoll verankert und erscheint unausrottbar: »Solange es Hinduismus gibt, wird es das Kastensystem geben, und solange es das Kastensystem gibt, wird es die Unberührbarkeit geben«, formuliert P. Anthony Raj.

In Madurai, wo P. Anthony Raj ein Dalit-Zentrum leitet, traf ich auch die indische Ordensfrau Sr. Anna-Maria, die vor allem in den Slumvierteln arbeitet, also weiß, wovon sie redet. Sie bedient sich nicht eines hochwissenschaftlichen Vokabulars, sondern einfacher und anschaulicher Bilder, um das Problem, das für sie das Kastensystem darstellt, zu beschreiben: »Obwohl das alles total anachronistisch klingt: für die Menschen, vor allem für die Armen, bestimmt es den Alltag in allen Bereichen.

Die Brahmanen, also die höchste Kaste, werden mit dem göttlichen Geist gleichgesetzt. Die Brahmanen sind gebildet und mächtig, in ihrer Hand liegen die Entscheidungen, sie nehmen die Spitzenpositionen ein. Dann gibt es die Soldaten Gottes, also die Kriegerkaste, Armee, Polizei und ähnliches, und dann den Unterleib Gottes, der mit der Händlerkaste gleichgesetzt wird. In der Hand dieser Leute sind alle Waren, alle Geschäfte, alle Märkte. Dann gibt es die Füße Gottes, die Handwerker und Arbeiter und dann eben auch jene, die unter Gottes Füßen sind, die Dalits, Unpersonen, die, wie sie sich selbst bezeichnen, Zerbrochenen, Zertretenen, und das sind heute etwa 400 Millionen Inder, wenn nicht mehr. Etwa die Hälfte davon sind Frauen und die werden, eben weil sie Frauen sind, noch schlimmer behandelt.«

In einem der Frauenzentren von Sr. Anna-Maria hat man mir später einen einschlägigen Text in die Hand gedrückt:

> *»Mensch, schau unser Leben an*
> *und du wirst wissen, was wir leiden.*
> *Wir Dalit-Frauen leben in den Straßen,*
> *wir schlafen und essen in den Straßen,*
> *wir arbeiten und gebären in den Straßen,*
> *wir sterben in den Straßen an Hunger*
> *oder unter den Knüppeln der Polizei.*
> *Wir leben auf dem Land in winzigen Hütten.*
> *Wir arbeiten von Morgen bis Abend auf den Feldern.*
> *Wir pflügen und harken,*
> *wir säen und ernten, aber nicht für uns.*
> *Sklavinnen sind wir.*
> *Unsere Arbeit gehört den Besitzern.*
> *Wenn wir müde von den Feldern kommen,*
> *sind unsere Hände leer*
> *und unsere Kinder weinen sich hungrig in den Schlaf.«*

Einer, dem eine entsprechende Szene noch aus seiner eigenen Kindheit im Gedächtnis ist, ist der junge Jesuit P. Jesusmarian, ein Schüler und geistiger Sohn des »Dalit-Vaters« P. Anthony Raj, dem der längst verstorbene Jesuiten-General Pedro Arrupe diesen

Auftrag noch persönlich mit dem den Weg gegeben hat. P. Jesusmarian erinnert sich an seine dörfliche Kindheit und seine schwer arbeitende Mutter.

»Um ein bißchen zusätzliches Geld zu verdienen, erzeugte meine Mutter Buttermilch, um sie auf den örtlichen Markt zu verkaufen. Beim ersten Mal hat sie den ganzen Topf Buttermilch verkauft, und die Leute, die sie gekauft und getrunken haben, sagten, daß sie sehr gut sei. Mit dem Erlös dieses Markttages ging sie dann einkaufen und brachte Reis, andere Lebensmittel und sogar ein paar Früchte nach Hause. An diesem Abend konnten wir uns sattessen. Für den nächsten Markttag bereitete sie wieder Buttermilch zu und zog damit los. Da kamen die Besitzer der kleinen Läden beim Marktgelände und verkündeten laut, daß meine Mutter eine Dalit ist. Niemand kaufte Buttermilch. Am Abend kam sie mit dem vollen Topf zurück. An diesem Abend gab es nichts zu essen und wir legten uns hungrig nieder. Das ist die Art, wie man hier in Indien mit uns umgeht. Ich persönlich kann nur vom Glück sagen, daß mich P. Anthony sozusagen entdeckt und aufgenommen hat, daß er mir die Chance zum Studium gegeben hat, wobei er es mir ganz überlassen hat, wofür ich mich entscheiden würde. Ich hätte genau so gut Anwalt, Techniker oder Arzt werden können, aber ich habe mich für den Orden und das Priestertum entschieden, weil ich meine, daß dies meine Berufung ist, und weil ich glaube, daß es gerade auch in der katholischen Kirche noch sehr viel aufzuarbeiten gibt im Zusammenhang mit uns Dalits.« – Und er erzählt eine unglaubliche Geschichte, die ihm selbst passiert ist, die also nicht unter der Rubrik »Es war einmal« abzuhaken ist.

Er wurde in einem Dorf in Tamil Nadu, unweit der Stadt Madurai, von einem Priester gebeten, ihn für ein paar Tage in seiner Pfarrei zu vertreten, da er einen Todesfall in der Familie hatte: »Gut, ich borgte mir ein Auto und fuhr hin. Er zeigte mir alles Nötige und fuhr weg. Ich hielt Gottesdienst, hörte Beichte, hielt die üblichen Unterrichtsstunden, machte Hausbesuche, alles nach Absprache. Am Ende der Woche kam der Pfarrer wieder, fand alles in Ordnung, sparte nicht mit Lob, aber als wir durch die Kirche gingen, nahm er Kelch und Patene mit und gab sie seiner Haushälterin mit der Bitte, die Geräte mit kochend heißem Wasser zu waschen oder am besten auszukochen, damit sie wieder rein seien. Können Sie sich vorstellen, wie es mir dabei gegangen ist? Er mußte die heiligen Gerätschaften auskochen lassen, um sie von meinen Händen, von der Berührung eines Unberührbaren zu reinigen. Er hatte nämlich erst im Nachhinein erfahren, daß ich ein Dalit bin. Wissen Sie, wie man sich da fühlt?«

Das ist schon viel besser geworden, aber die Diskriminierung ist noch lange nicht vorbei, und auch die nicht geahndeten Verbrechen an Dalits sind noch nicht vorbei. Es werden noch immer Menschen einfach niedergeschlagen, Frauen vergewaltigt, Dörfer überfallen und angezündet, weil man weiß, daß die Polizei nicht einschreiten, die örtlichen Politiker sich nicht bewegen würden.

Eine unendliche Geschichte, die sich seit Jahrzehnten, Jahrhunderten, Jahrtausenden im Kreis dreht, weil niemand dagegen aufsteht, rechtlose Menschen keine Stimme haben und die Weltgemeinschaft sich dafür nicht interessiert, obwohl die Dalits ja nicht irgendeine kleine ethnische Minderheit sind, sondern der unterdrückte, zertretene Teil einer geachteten Gesellschaft, über den man halt einfach nicht redet, und der jetzt, wo man angesichts der Wirtschaftsmaximen »wirklich andere Sorgen hat«, gänzlich aus dem Bewußtsein verschwindet. Ich kann das Problem hier nicht ausloten, aber angesprochen wollte ich es wenigstens haben.

Und noch einen, ebenso nicht vollendbaren Versuch will ich wagen, nämlich das Problem der Lohnsklaverei, vor allem, aber nicht nur bei Kindern anzusprechen, denn auch dort leiden immer mehr Menschen, große und kleine, an den schlimmen Folgen des von uns nach wie vor mitgetragenen Systems des globalisierten Kapitalismus neoliberaler Prägung, letztlich dieser »Menschenverachtung Made in USA.«

SKLAVENARBEIT FÜR KINDERHÄNDE

»Und dann ist da noch die Arbeit in den Lederfabriken«, erzählt Sr. Colette, mit der ich schon seit geraumer Zeit in einem kleinen Zimmer, ihrer so genannten »Zelle« in dem kleinen barackenartigen Kloster in einem Armenviertel von Bangalore im Bundesstaat Karnataka sitze. »Wenn die geschlachteten Kühe, die jetzt plötzlich gar nicht mehr heilig sind, gebracht werden, zahlen sie jedem Kind eine Rupie, damit es das Tier aufmacht, häutet und die Haut für die Ledererzeugung herrichtet. Das zu tun, werden diese Kinder gezwungen, obwohl Kinderarbeit in Indien längst verboten ist. Das war und ist ein Teufelskreis, den es nicht nur bei uns hier in Karnataka, sondern auch in anderen Bundesstaaten gibt. Da ist zum Beispiel die Streichholzfabrik, in der Tausende von Kindern arbeiten müssen, zehn, zwölf Stunden pro Tag. Sie müssen den Schwefel, eine Art Paste, mit bloßen Fingern auf die Hölzchen aufbringen. Das ist sehr giftig und auch sehr riskant, weil explosiv. Oder die Tabakfabriken. Dort müssen sie die Blätter auffädeln, die dann zum Trocknen aufgehängt werden. Das ist eine furchtbar langweilige und ermüdende Arbeit. Um sie wach zu halten, zwingt man die Kinder, bis zu 13 Tassen Tee am Tag zu trinken. Was das für die Gesundheit der Kinder bedeutet, ist unschwer vorstellbar.«

Andere Kinderarbeitsplätze gibt es weniger in den zentralen Bundesstaaten, sondern in der Fischindustrie an den Küsten, wie zum Beispiel in Gujerat oder Kerala. Dort wird, wie mir von vielen Seiten erzählt worden ist, Fisch vor allem für den Export vorbereitet. Zu Hause sehen dieser Kinder nie Fisch, den können sich diese Familien längst nicht mehr leisten, und die kleinen Fischer mit ihren kleinen Booten fangen kaum etwas, weil die Küstengewässer von den großen Fangflotten transnationaler Provenienz längst leergefischt sind. Da sind diese riesigen Kühlhallen. Die Erwachsenen haben wenig Lust, da ein und aus zu gehen, wegen der großen Temperaturunterschiede. So schickt man die Kinder, in ihren dünnen Fähnchen und barfuß wie sie sind, um die Garnelen und Fische zur weiteren Verarbeitung zu holen. Die Finger und Zehen dieser Kinder sind total hart und steif. Manchmal kommt es dann zu einer Krankheit, die dazu führt, daß die Finger oder Zehen gliedweise einfach abfallen, ohne daß sie es bemerken, weil sie an die dauernde Kälte gewohnt sind. Andere, vor allem Mädchen, sitzen stundenlang auf dem feuchten Betonboden. Ihre Aufgabe ist es, bis zu 25 Kilo Garnelen am Tag so zu schälen, daß das Schwanzende dran bleibt, damit die Reichen der Welt die Köstlichkeiten bei eben diesem Schwanzende nehmen und in die Soßen tippen können, ohne sich die Fingerchen schmutzig zu machen. Diese Arbeit muß von Mädchen getan werden, weil sie die schnellsten und geschicktesten Finger haben, und diese Arbeit von keiner Maschine geleistet werden kann.

Wie es diesen Kindern geht, fragt niemand oder kaum jemand. Und wenn es nicht Menschen wie Sr. Colette gäbe, die immer wieder versucht, solche Kinder aufzufangen und von ihrem Schicksal erzählt, es auch den Behörden vorhält, wüßte man wohl kaum davon: »Man muß sich ja vorstellen, daß diese Kinder, oft nicht älter als fünf oder sechs, nicht nur ausgebeutet werden. Sie sind schlecht ernährt, haben oft nicht einmal einen ordentlichen Platz zum Schlafen, zum Ausruhen nach den quälenden Stunden der Fronarbeit, sie wissen auch in vielen Fällen kaum, was Zuneigung, was Liebe ist, sind einfach von frustrierten, gequälten Frauen in die Welt hinausgeboren worden, mitten hinein in diesen Teufelskreis. Was aber das alles noch übersteigt, ist die Tatsache, daß ein Gutteil dieser Kinder Zwangsarbeiter sind, Schuldknechte, von den Eltern quasi verkauft, damit sie ihre Schulden abarbeiten. Mehr als 15 Millionen Menschen in Indien leben in dieser Art der Schuldknechtschaft, rund ein Drittel davon sind Kinder.«

Es ist in Indien nicht leicht, etwas über »Bounded Labor«, was man mit Lohn-Sklaverei übersetzen könnte, zu erfahren, denn das alles ist natürlich längst per Gesetz verboten. Es blüht also im Geheimen, versteckt, verborgen, verleugnet, obwohl jeder davon weiß. Offiziell wird es abgestritten, denn es paßt natürlich nicht in das hübsch gemalte Bild einer modernen, hochindustrialisierten Demokratie, das man so gerne für das Schaufenster der Auslandsinvestitionen poliert.

In einem Studienzentrum der Jesuiten in Bangalore habe ich P. Francis Korab getroffen. Er hat viele Jahre mit Dalits zusammengelebt, bevor er von dem Phänomen der Lohnsklaverei überhaupt erfahren hat. Mir gegenüber definierte er dieser Art der Zwangsarbeit mit folgenden Worten: »Bounded Labor ist ein System, das die Menschen zwingt, ihre Arbeitskraft für eine eher nominelle Entschädigung zu verkaufen. Man kann jetzt darüber streiten, ob das Sklaverei ist oder nicht. Es gibt ja schließlich verschiedene Arten von Sklaverei. Nehmen wir die klassische amerikanische Form der Sklaverei. Da ist ein Mensch total im Besitz des Masters und aller Rechte beraubt. Ein indischer Schuldknecht ist nicht in diesem amerikanischen Sinn ein Sklave, aber er ist auch nicht weit weg davon. Er ist nicht als Person Eigentum des Herrn, aber seine Arbeitskraft muß er uneingeschränkt zur Verfügung stellen. Die Ursache sind meist Schulden. Er borgt sich bei seinem

Herrn Geld, um Arzt oder Medikamente für die kranke Frau, ein krankes Kind zu besorgen, um seine Tochter zu verheiraten oder was auch immer, und dafür hat er oder irgend jemand aus der Familie die ganze Arbeitskraft einzubringen, 24 Stunden am Tag. Zu jeder Stunde des Tages muß er bereit sein, jede ihm befohlene Arbeit zu verrichten, auch wenn es um Mitternacht ist und egal ob auf den Feldern oder im Haus. Die sogenannte Entschädigung wird nicht auf einer stündlichen täglichen oder monatlichen Basis berechnet, sondern pro Jahr, was sich natürlich jeder Kontrolle entzieht. Wenn es sich etwa um einen zehnjährigen Buben handelt, so werden ihm etwa hundert Rupien pro Jahr auf die Schulden angerechnet. Ist es ein erwachsener Mann, so geht es um 2000 oder auch 2500 Rupien jährlich. Dazu bekommt er zweimal am Tag eine Mahlzeit und zweimal im Jahr etwas anzuziehen, ein Paar Sandalen, ein Hemd, einen Dhoti, jenes von Männern um die Hüften geschlungene Tuch. Wenn man das alles im positiven Sinn zusammenrechnet, kommt er vielleicht auf einen Tageslohn von zwei bis drei Rupien, also auf nichts.«

Pater Francis versucht, mir aus seiner langen Erfahrung einige Szenarien vorzurechnen. Im Endeffekt kommt heraus, daß einer, der einmal in Lohnsklaverei gekommen ist, im Grunde keine Chance hat, da jemals wieder herauszukommen, denn er muß sich, um irgendwie überleben zu können, immer wieder neu verschulden. Da gibt es ja auch meistens eine Familie zu Hause, da gibt es eine Frau, da gibt es Kinder, unverheiratete Schwestern, oft sogar noch Mütter und Väter. Und wenn von denen nicht wenigstens ein bis zwei etwas verdienen, bleibt die Falle zu. Ich habe einen etwa zwölfjährigen Buben getroffen, der immer noch für die Schuld seines Großvaters arbeitet. Das ist ein hartes Erbe.

Es gibt in Indien, ebenso wie bei den Frauen, inzwischen eine Menge Gruppen, die gegen dieses schreckliche System der Ausbeutung von Menschen durch Menschen kämpfen, eine davon ist die »Front zur Befreiung der Schuldknechte«. Ihr Führer, Kailash Satyarthi, ein 39jähriger ehemaliger Elektroingenieur, erzählt strahlend, daß es seiner Gruppe in den vergangenen zwölf Jahren gelungen sei, 40.000 solcher Sklaven zu befreien, darunter nicht weniger als 3000 Kinder. Ein schöner Erfolg, aber nichts im Vergleich zu den rund 15 Millionen, die in dieser Falle gefangen sind. Er selbst, so sagt er jedenfalls, sei nicht bereit aufzugeben. Ruhig und zielstrebig geht er auf sein Ziel zu: Abschaffung der Kinderarbeit und der Schuldsklaverei. Das Problem dabei ist nur, so meint er, daß dieses System äußerst erfolgreich ist und daß die gesetzlichen Verbote absolut wirkungslos bleiben. Zum Thema Kinderarbeit steht zum Beispiel in der Verfassung im Artikel 19, daß Kindheit ein zu schützendes Gut, und der Staat verpflichtet sei, Maßnahmen für eine gesunde Entwicklung der Kinder zu setzen. Im Artikel 45 ist sogar die Schulpflicht festgeschrieben.

Das sind genau jene Dinge, die einen in Indien zur Weißglut treiben: Schöne Gesetze, die das Papier nicht wert sind, auf dem sie geschrieben sind. Vermutlich sind es an die 100 Millionen Kinder, die täglich ebenso schwer arbeiten, wie Erwachsene, für einen Hungerlohn, und die eben keine Chance auf eine Schulausbildung haben, und das sind noch nicht einmal die kleinen Sklaven, von denen Pater Francis zu berichten weiß, weil er mit seinen Helfern wirklich von Dorf zu Dorf gezogen ist.

Hier ein Fall: Eine etwa 60 Acres große Farm für Gemüseanbau und einer Rosenzucht. Ein relativ moderner Betrieb mit guten Brunnen.

»Wohin man schaute und jemanden arbeiten sah, schaute man in Kindergesichter. Vor allem auf den Rosenfeldern arbeiteten Kinder, auffallend kleine, etwas fünf bis achtjährige Kinder. Warum? Die Rosen müssen sehr früh am Tag geschnitten werden, so um drei, vier Uhr morgens, um rechtzeitig auf den Großmärkten zu sein, spätestens bei Sonnenaufgang. Diese Kinder machen sich bezahlt. Mit ihren kleinen, flinken Händen sind sie wesentlich schneller als Erwachsene und kosten einen Bruchteil, vor allem wenn sie Schuldsklaven sind, dann kosten sie fast nichts. Und daß diese Kinder natürlich nicht zur Schule gehen, stört niemanden.«

Pater Francis zeichnet den Weg eines Kindes, in diesem Fall eines Buben in die Schuldknechtschaft nach: »Der Weg ist oft kurz und unumkehrbar. Er beginnt zum Beispiel, wenn ein sogenannter Contractor in sein Dorf kommt. Der Contractor ist ein emsiger und überzeugender Mann, er verspricht gute Jobs und zahlt dem Vater vielleicht sogar einen Vorschuß auf die Arbeit, die der Bub zu leisten haben wird. Dann fährt der Contractor mit einem klapprigen, alten Auto los. Er fährt lange, mit sich einen wachsenden Trupp hoffnungsvoller junger Leute. Am Ziel stellt der Bub fest: Statt guter Arbeit harte Plackerei in einem Steinbruch oder in einer Teppichknüpferei. Er kann nicht mehr zurück. Außerdem hat er Hunger und Durst, kein Geld, um zurückzufahren, also muß er den neuen Master um einen Vorschuß bitten, es ist ein lächerlicher Vorschuß von ein paar Rupien. Er fängt an zu arbeiten. Er schuftet sieben Tage die Woche. Obwohl der Master ihm nur ein Minimum auszahlt und er sich auch noch das Letzte vom Mund abspart und immer schwächer wird, der Schuldenberg wächst, scheint sich zu potenzieren.«

Man fragt sich, warum ein solcher junger Mensch die Kalkulation des Masters nicht überprüft um ihm auf seine Schliche zu kommen? Die Antwort ist ganz einfach: Statt ihn zur Schule zu schicken, hat sein Vater ihn verkauft, weil noch einige Mäuler zu stopfen sind. Er kann also weder rechnen noch lesen. Warum protestiert er nicht? Weil er weiß, daß jeder, der auch nur nachfragt – von protestieren keine Rede –, geschlagen, gequält oder auch umgebracht wird. Vertrag gibt es ohnehin keinen, sondern höchstens irgendeinen Fetzen Papier, der seinen Daumenabdruck trägt. Also?

Eine völlig andere Gegend: Firózabad, etwa 240 Kilometer südlich von New Delhi. Dort gibt es ebenso berühmte, wie berüchtigte Glashütten. Ein Bild, das vor Jahren ein Kollege, Harald Willenbrock, für die »Süddeutsche Zeitung« gezeichnet und mir zur Verfügung gestellt hat: »Durch stickige Hallen, in denen gleißende Feuer flackern, eilen zerlumpte Halbwüchsige über einen Teppich von Glasscherben. Vom Ofen zur Form, von der Form zu Fließband, vom Fließband zum Ofen. Glühendes Orange erkaltet zu Lampenschirmen, Gläsern, bunten Armreifen. Rauchschwaden ziehen aus den Kaminen eines riesigen Brennofens und schlucken das letzte Tageslicht. Ein geschwärzter Zwerg schaufelt Kohle in den Ofen. Dreizehn Jahre ist er alt und er arbeitet hier als Pfand für einen Kredit, den sein Vater vor Jahren beim Fabriksbesitzer aufgenommen hat und nicht zurückzahlen kann.« Eines von Tausenden Schicksalen in dieser Hölle, die meist nicht allzu lange währen. Diese Kinder und jungen Leute schaffen es nur ein paar Jahre, dann spukt sie die Hölle wieder aus: mit kaputten Lungen, krebskrank und fast blind. In diesen Glashütten von Firózabad verarbeiten an die 50.000 Kinder ihr Leben.

In derselben Region südlich von New Delhi gibt es aber auch noch eine andere Spezialität, die Granitsteinbrüche von Farídabad, eine Spezialität, von denen sogar der zuständige Chef der Aufsichtsbehörde meinte: »Das nenne ich eine Killer-Industrie.« Diese »Killer-Industrie« liegt in einer riesigen Ebene, die einer Mondlandschaft gleicht. Harald Willenbrock beschrieb das einmal so: »Soweit das Auge reicht, nagen sich die Menschen in den Granitboden. Am Morgen wird gesprengt, danach brechen Fünfergruppen mit Hämmern, Brechstangen und Meißeln den Granitfelsen. Altersschwache Lastwagen transportieren den Abraum ab. In der grünlichen Brühe am Grund des sich weitenden Kraters baden Kinder.« Die Menschen müssen dort aber nicht nur arbeiten, sondern auch leben, wenn man das Leben nennen kann. Die »Häuser« bestehen aus übereinander geschichteten Felsbrocken, die Ritzen notdürftig mit Lehm verschmiert. Keine Fenster, kein Wasser, von Strom gar nicht zu reden. Die Dächer aus Plastikmüll und Zweigen. Höhlen, mehr nicht. Die Bewohner durch die Bank »Bounded Laborer« ältere, jüngere und Kinder, durch die Bank krank, Staublungen, Krebs, Erschöpfung, ausgemergelte Gestalten ohne Zukunft. »Jeder von uns muß eine LKW-Ladung Granit pro Tag schaffen«, krächzt ein Mann, der wie ein Greis ausschaut aber erst 32 Jahre alt ist. »Dafür bekommen wird 150 Rupien. Wenn man die Kosten für den Sprengstoff und das abzieht, was wir dem Master zahlen müssen, bleiben uns nicht einmal 15 Rupien, und dabei müssen wir wirklich von Sonnenaufgang bis Sonnenuntergang arbeiten, sonst schaffen wir die Ladung nicht.« Und Flucht? – »Wie und wohin sollte ich fliehen? Ich habe nichts gelernt. Wer also würde mir sonst Arbeit geben?«

Niemand kann mir einreden, daß hier moderne Technik, auf die Indien doch sonst so stolz ist, nicht Abhilfe schaffen könnte. Aber dazu bedürfte es größerer Investitionen, und wer wird sich in große Geldausgaben stürzen, wenn es so billig auch geht? Und die Gesetze? – Siehe oben. Und die Öffentlichkeit, die Medien? – Siehe ebenda. Und die Konsumenten, die Käufer dieser Waren? – Wer läßt fragen? – Und die hochbezahlten Angestellten, Techniker und Forscher der transnationalen High-Tech-Betriebe? – Woher sollen die denn das wissen, wenn nichts in den Zeitungen steht und nichts in den TV-Programmen zu sehen ist, die man allerdings ohnehin nicht sieht, denn man ist ja mit Videos aus der Heimat versorgt.

Inzwischen ist durch die Recherchen, Dokumentationen und Schriften von Männern wie Pater Francis und vielen anderen einiges an Aufklärung passiert, an dem auch zumindest die lokalen und regionalen Politiker nicht mehr ganz vorbeischauen können. Den meist christlichen Initiativen haben sich in der Zwischenzeit auch muslimische und hinduistische Experten und Mitarbeiter angeschlossen und da und dort einiges in Bewegung gebracht. Das kapitalistische Wirtschaftssystem allerdings steht fast allen Bemühungen entgegen, denn was zählt dort schon der Mensch, wo es ausschließlich um die Gewinnmaximierung der fernen Shareholder geht?

Schwester Colette noch einmal in ihrer knappen und präzisen Art. »Es geht nicht um Menschen, um Menschengruppen, sondern um das, was heute Strukturanpassungsprogramme genannt wird. Diese Programme sind nicht so gestaltet, daß sie Menschen oder gar Kindern helfen, ganz im Gegenteil, die Menschen müssen sich den Programmen anpassen. Für sie bleibt nicht einmal das zum Leben Notwendige über. Ich meine, die Leute hier, vor allem die Dalits, fordern ja keinen Luxus, die brauchen weder schöne Wohnungen noch große Autos, sie brauchen weder Fernsehen noch teure Kosmetik-Artikel oder besondere Speisen. Sie brauchen das, was ein Leben in Würde ermöglicht.«

Da hat es doch vor vielen Jahren einen kleinen, kurzsichtigen Mann namens Mahatma Gandhi gegeben, der einen ganz anderen Traum hatte:

»Ich werde für ein Indien arbeiten, in dem auch die Ärmsten wissen, daß das ihr Land ist, in dem ihre Stimme Gewicht hat, ein Indien, in dem es keine obere und keine untere Klasse von Menschen gibt; ein Indien, in dem alle Gruppen in Harmonie miteinander leben können. In diesem Indien wird es keinen Raum geben für den Fluch der Unberührbarkeit. Das ist das Indien meiner Träume!«

* * *

Es ist noch nicht lange her, da traf ich einen Nachfahren der legendären »Großen Seele Indiens«, seinen Enkel Arun: weder an einem mehr oder weniger heiligen Fluß, noch unter einem heiligen oder sonst einem Baum oder in irgendeinem Haus in Indien, sondern in einer Wiener Dachwohnung am Hernalser-Gürtel.

Arun Gandhi ist wie sein Großvater in Südafrika aufgewachsen, hat die Rassendiskriminierung aber nicht nur dort, sondern auch während seines Studiums in den USA und dann nach seinem 23. Lebensjahr auch in Indien hautnah erlebt und daraus dank des Vorbildes seiner Eltern gelernt, daß nicht Gewalt, sondern Gewaltlosigkeit die Antwort sein muß. »Mein Vater«, sagt er, »war der einzige der vier Söhne meines Großvaters, der bereit war, das Erbe des Mahatma anzutreten und sich für seine, von allen seinen Freunden verratenen Ideen einzutreten.«

Arun Gandhi und seine Frau Sunanda haben mehr als 30 Jahre genau in den von mir in diesem Kapitel beschrieben Sparten gearbeitet und sich genau dieser Frauen, der Dalits und der unterdrückten und ausgebeuteten Kinder tätig und engagiert angenommen und meine vorrangigen Interessen, die von vielen gerügt worden sind, damit irgendwie im Nachhinein bestätigt.

»Indien hat doch so viele Facetten, hat soviel Schönheit, Glanz, geistigen und geistlichen Spielraum, warum immer nur diese Randerscheinungen?« hatten mich Leute, auch Freunde, immer wieder gefragt. Nun gut, für mich waren diese sogenannten Randerscheinungen eben in den Mittelpunkt gerückt, denn Indien in seiner Gesamtheit kann man ohnehin nicht erfassen, und vielleicht sagen diese Randerscheinungen mehr über die Verfaßtheit dieses Subkontinents aus, als in Bildbände oder Romane zu fassen ist.

Arun und Sunanda Gandhi leben heute nicht mehr in Indien. Auf meine Frage nach dem Warum eine einfache Antwort von Arun: »Dort haben wir alles versucht, aber nach oben zu den Mächtigen dringst du nicht durch, und außerdem ist es doch so: Wenn die USA einen Schnupfen haben, dann bekommt die ganze Welt eine Lungenentzündung. Also mußten wir dorthin. Wir haben heute ein Institut in Mississippi und versuchen, von dort aus mit jungen Menschen, mit Schülern und Studenten zu arbeiten. Wenn diese jungen Menschen die Ideen der Gewaltlosigkeit annehmen und sich gegen die US-Politik mit ihrer Gewalt und ihrer Kriegsideologie auflehnen, wäre das vielleicht eine Chance. Wenn man etwas verändern will, so habe ich gelernt, muß man immer direkt in die Höhle des Löwen gehen. Im Moment ist die Hoffnung allerdings sehr klein, wenn man diese schrecklichen Imperiumsallüren der USA anschauen muß. Aber Großvater ist auch weit übers Land bis an die Küste gegangen, um den Briten zu beweisen, daß Indien imstande ist, selber Salz zu erzeugen. Also gehen wir eben auch den langen Weg in der Hoffnung, daß diese willigen und offenen jungen Leute, die vielleicht die Führer und Vordenker von morgen sein werden, dann die politischen Weichen nicht mehr in Richtung Gewalt und Vorherrschaft, sondern in Richtung Gewaltlosigkeit und Mitmenschlichkeit stellen werden. Dafür müssen wir sie heute rüsten.«

5. Fest im Griff

»Wir wurden gleich zweimal kolonialisiert. Zuerst von den Spaniern und dann von den USA. Die Spanier kamen im 16. Jahrhundert und blieben mehr als 300 Jahre. Das wurde durch die philippinische Revolution im Jahre 1896 beendet, in die sich die USA bereits eingemischt hatten. Angeblich waren die amerikanischen Truppen gekommen, um den Revolutionären zu helfen, die auf dem besten Weg waren, die letzte spanische Festung in Manila einzunehmen. Als sie sich allerdings umdrehten, schauten sie in die Mündungsfeuer der amerikanischen Gewehre, die nicht auf die Spanier, sondern auf sie gerichtet waren. Dann begannen Verhandlungen zwischen Spanien und den USA, was im Jahre 1900 zu einem großen Deal geführt hat. Die USA kauften mit Vermittlung von Papst Leo XIII. den Spaniern das Inselreich um angeblich 20 Millionen Dollar ab. Die Philippinen gehörten also ihnen, und daran hat sich bis heute praktisch kaum etwas geändert. Formell entließen sie uns 1946 in die Unabhängigkeit. Seither haben wir eine Marionetten-Regierung nach der anderen, die niemals dem Land, sondern immer nur den USA gedient haben. Unser Handel ist bis heute kolonialistisch geprägt. Er dient den Interessen der ausländischen Investoren und ihren Gewinnen, kommt aber dem Land und seinen Menschen nicht zugute. Dafür dominieren die Konzerne mit ihren Sicherheitsansprüchen unsere Politik in allen Bereichen. Alles hat zu ihren Diensten zu sein. Sie müssen gegen den Unmut des aufgebrachten Volkes geschützt werden. Für die Demonstranten, egal ob Arbeiter oder Studenten oder wer immer, gibt es Tränengas und Gummigeschosse, wenn nicht mehr.« Diese bittere Analyse der philippinischen Geschichte und Gegenwart stammt von Dr. Rosario Bella-Guzman, der Leiterin des »Sozialwissenschaftlichen Institutes« in Manila.

Und das, was ich bei meinem Aufenthalt zu Anfang des Jahres 2000 landauf landab um mich sah, unterstrich diese Analyse. Das große Projekt von General Ramos, das von 1993 bis 1998 durchgezogen wurde, damit, wie es hieß, »das ganze philippinische Volk bis zum Jahre 2000 in Wohlstand leben sollte«, war Talmi, nichts anderes als ein Diktat des Internationalen Währungsfonds und der Weltbank zu den von den USA ausgegebenen

Themen der Deregulierung und Privatisierung. Unter Präsident Fidel V. Ramos gerieten alle Schlüsselbereiche der Wirtschaft in die Hände ausländischer Investoren, die Landwirtschaft, die Lebensmittelindustrie, die Ölindustrie, die Energie, das Wasser. Das einzige, was durch die Verfassung geschützt ist, ist das Land, denn, so heißt es dort: »Das Land ist des Herrn.« Aber was haben die Menschen, was hat das Volk vom Land, wenn alles, was es hervorbringt, was es in sich birgt, von Fremden ausgebeutet werden kann? Und dann kam nach dem General noch der Filmstar Erap Joseph Estrada, der in seinen TV-Serien als Kämpfer für die Armen die Menschen begeisterte und ihnen Gerechtigkeit, Bildung und was noch alles versprochen hatte, und gab der philippinischen Wirtschaft den Rest, indem er auch noch den gesamten Finanzmarkt liberalisierte und deregulierte. Dr. Rosario Bella-Guzman mit einer Bemerkung: »Das IMF-Programm hat nichts übriggelassen, was man noch liberalisieren oder deregulieren könnte. Die philippinische Wirtschaft hat die letzte Stufe der Globalisierung erreicht, die nur noch den Konzernen und damit den Interessen der USA dient und nicht mehr der eigenen Bevölkerung. Das heißt: Philippinen 2000.«

DEN PREIS BEZAHLEN DIE BAUERN

Als ich dieses Kapitel in Angriff genommen habe, habe ich erst einmal in meine Schatztruhe mit Tonaufnahmen von allen Enden der Erde gegriffen und hatte plötzlich eine Kassette aus dem Jahr 1993 in Händen und bald auch an den Ohren. Ein Hauch von Nostalgie kam hoch: Mein Gott, so lange her? Und dann das Bild: der weite, weiße Sandstrand von Baler, einem kleinen Dorf an der Küste in der Prälatur Infanta im Süden der philippinischen Hauptinsel Luzon: Der Blick weit ins endlos Blaue. Der Ozean rollte in gischt-gekrönten Wogen gegen den flachen Sandstrand, es brauste, es toste. Ich saß mit einem ganz besonderen Menschen, an ein kleines, hölzernes Strandhäuschen gelehnt, im warmen, weichen Sand und packte mein Aufnahmegerät aus. Es war die einzige Chance, hierher zu flüchten, um seiner für eine kleine, ruhige Weile habhaft zu werden. Er heißt Theodorus van Loon, ist ein blonder, großgewachsener Niederländer, der seit mehr als

30 Jahren als Personal-Subvention seiner Heimatdiözese Utrecht in der Funktion eines ständigen Diakons für die Prälatur Infanta tätig ist. Die Menschen kennen ihn nicht unter seinem Namen, für sie alle ist er »Deacon Mario« und einer von ihnen, weil er arm unter Armen lebt und mit aller Kraft und jedem nur erdenklichen Einsatz für sie arbeitet. – Wie klar solche Bilder bleiben! – Da war auch sofort dieser Geruch nach Meer, nach Tang, ebenso wie meine Neugierde, diese Faszination, mehr von einem Land zu erfahren, in das ich erst vor ein paar Tagen gekommen war, von dem ich nichts wußte, außer dem, was man halt bei uns üblicherweise mit den Philippinen in Verbindung bringt: Der Name des längst toten Diktators Marcos und seiner Frau Imelda mit ihren – ich weiß nicht wie vielen – hundert Paar Schuhen, vielleicht noch die sogenannte »Revolution der Rosenkränze« einer Corazon Aquino. Das Stichwort Sextourismus fällt einem vielleicht noch ein, Kinderprostitution, Mädchenhandel und der Smoky-Mountain, dieser stinkende Abfallberg, in dem die Menschen als Müll der Gesellschaft vegetieren.

Das Bild, das mir Deacon Mario damals an der pazifischen Küste aus seiner Sicht von den Philippinen malte, beginnt mit einem Bekenntnis:

T. v. L.: Ich muß gestehen, ich fühle mich hier mehr zu Hause, als in Europa, ja sogar mehr als in meinem Dorf in den Niederlanden. Ich liebe die Menschen hier, ich verstehe, was hier geschieht, ich bin Teil dieses armen Volkes geworden und möchte auch nicht mehr zurück.

D. B.: Wenn man ein Volk liebt, dann leidet man auch mit ihm. Du warst auch in der Zeit der Diktatur unter Ferdinand Marcos hier. Wie schlimm war das wirklich?

T. v. L.: Ich war Jahre in Chile und Peru gewesen und hatte geglaubt, daß ich dort in Südamerika das Schlimmste erlebt hätte, aber auf den Philippinen war es schlimmer, war alles schlimmer, die Elendsviertel aber auch die Unterdrückung. Das Schlimmste auf den Philippinen war und ist – und ich werde mich nie damit abfinden –, die Tatsache, daß es für die Armen, und das ist die Mehrheit der Bevölkerung, keine Gerechtigkeit gibt. Wenn ich das sehe, dann steigen die Tränen in mir hoch, dann werde ich sehr, sehr zornig, und die Verzweiflung, die ich seit Anfang hier kenne, kommt zurück, die Verzweiflung darüber, ohnmächtig zu sein.

Unter Marcos war es vor allem die politische Verfolgung unter dem blutigen Stern des militanten Antikommunismus Made in USA. In jedem Haus, jeder Hütte, hinter jedem Busch vermutete man einen Kommunisten, und jeder, der die Begriffe Gerechtigkeit oder Freiheit in den Mund nahm, war verdächtig, wurde von Militär, Polizei, paramilitärische Truppen oder einfach marodierenden Gangstern verfolgt. Ich hatte die ersten vier Jahre in einer entlegenen Bergregion mitten unter Bauern und Eingeborenen gelebt. Dort lernte ich, was es heißt, in Angst zu leben, keine Nacht zu wissen, ob der Jeep der Militärpolizei vor deiner Türe hält oder nicht, nicht zu wissen, wem du vertrauen, vor wem du offen reden kannst, oder wer dich betrügen, wer dich verraten wird. Ja, es war sehr schlimm, und es gab unzählige Opfer, Menschen, die zu Tode gefoltert, umgebracht wurden oder einfach verschwunden sind.

Das brachte langsam nicht nur die politisch Wachen unter den Armen, sondern auch die bürgerliche Mittelschicht gegen den Diktator und seine Clique auf, und da begannen sogar in Washington die Alarmglocken zu läuten. Vollends den Bogen überspannt hat das Regime, als es den verbannten, aber im Volk immer noch sehr populären Politiker Benigno Aquino mit falschen Versprechungen in die Heimat zurücklockte und ihn in dem Augenblick niederknallen ließ, als er das Flugzeug verließ. Das war sogar Washington zuviel, denn Benigno Aquino war zwar politisch verfolgt, weil unbotmäßig, aber doch ein Repräsentant der bürgerlichen Mittelschicht und Sproß einer der ältesten und mächtigsten Familien des Landes und damit Teil der Oligarchie.

D. B.: Als Nächstes folgte doch damals das, was wir in Europa bestaunten und bewunderten und was bei uns als »Revolution der Rosenkränze« bekannt wurde. Warum lachen hier alle bitter, wenn ich diesen Begriff erwähne?

T. v. L.: Weil das kein spontaner Aufstand der Massen gewesen ist, sondern eine Inszenierung nach einem Script, das Hollywoods würdig gewesen wäre. Man hatte den amerikahörigen Kardinal Sin, den hohen Klerus, Kräfte vom rechten Kirchenflügel und aus dem bürgerlichen Lager eingespannt, Teile der Bevölkerung zu mobilisieren und sich singend und betend durch die Straßen der Hauptstadt zu wälzen. Stundenlang gellte nur ein Lied durch die Straßen: »Onward christian soldiers.« Sagt dir das etwas über die Urheber des ganzen Theaters, mit dem ein ganzes Volk und vor allem wieder einmal die Armen betrogen wurden?

Die USA hatten sich zu einem vermeintlich geschickten Schachzug entschlossen und die Witwe des Ermordeten, Corazon Aquino, auf den Schild gehoben und an die Spitze der Demonstration gestellt. Als Corazon, die schöne, trauernde Witwe, ins Präsidentenamt gehievt, dann allerdings anfing, mit dem eigenen Kopf zu denken und politische Reformen anzugehen, wurde sie sehr plötzlich in die USA zitiert und kam nach einer offensichtlich gründlichen Gehirnwäsche als Marionette wieder, und dann wurde eigentlich alles noch schlimmer als unter Marcos, denn jetzt gebärdete sich das Militär wie ein verrückter, herrenloser Hund, der nur noch um sich biß. Konsequenz: Noch größere Verunsicherung der Bevölkerung und explodierende Armut durch explodierende Auswirkungen des neoliberalen Systems und des zunehmenden Ausverkaufs an die transnationalen Konzerne und die Großgrundbesitzer. Massenkündigungen – immer mehr Menschen auf der Straße, Absturz von der Armut ins Elend.«

Diese erste Lektion in jüngster philippinischer Geschichte an diesem sonnigen Nachmittag stand in absolutem Gegensatz zu der Schönheit der pazifischen Szenerie unter Palmen und der friedlichen Stimmung der von dem vielstimmigen Gesang der Natur untermalten Stille. Aber das sind die Philippinen, die zweifach kolonialisierten 7000 Inseln unter dem Wind heute tatsächlich: prachtvolle, zum Teil noch jungfräuliche Küsten und ein ins Elend getretenes Volk.

Eine philippinische Spezialität: Nach Ferdinand Marcos kam Ferdinand Marcos, Uncle Sams Liebling. Er hatte 1972 den Ausnahmezustand verhängt, um unangefochten an der Herrschaft zu bleiben und weiter in die Taschen seines Clans wirtschaften zu können. Nach Ferdinand Marcos und seiner »politischen Ungeschicklichkeit« kam Corazon Aquino, quasi in der Hand der Schutzmacht USA, die den schlimmsten, weil völlig unkontrollierten Massakern zugeschaut hat.

Nach der schönen Witwe kam ihr Verteidigungsminister General Fidel Ramos, einst einer der Erfinder des Kriegsrechts unter Marcos. Unter seiner Führung kam zwar manches zur Ruhe, dafür kamen aber auch alle früheren Anhänger und Günstlinge wieder in ihre Ämter.

Nach Ramos kam Erap Joseph Estrada, der Showman aus den Seifenopern, den die Leute nicht als Menschen, sondern programmgemäß als Rolle gewählt hatten.

Seine erste Tat nachdem er zum Kandidaten für das Präsidentenamt nominiert worden war: Er flog in die USA und hat den Interessenten all das auf dem Serviertablett gebracht, was die Philippinen noch zu bieten hatten, eben bis hin zur Bereitschaft die Verfassung zu ändern, damit ausländischen Investoren hinkünftig auch Landbesitzer sein könnten. Darüber und über seinen Lebensstil, seine Frauenaffären, seine bekannten Exzesse, ist er schließlich gestolpert, als Anfang 2000 die Menschen in Massen auf die Straße gingen, die Arbeiter, die Hotelangestellten und die Studenten, jeden Tag eine andere Gruppe und eigentlich immer alle zusammen.

Am 14. Februar 2000 notierte ich in mein Reisetagebuch: »Zigtausende Studenten haben sich am Platz des philippinischen Freiheitshelden Maniola versammelt. Er war ein Priester, der sich gegen die spanische Kolonialmacht aufgelehnt hat und später exekutiert worden ist. Vor dem Denkmal, das einen knienden Mann darstellt, der ein Kreuz hoch über seinen Kopf erhoben hat, haben die jungen Leute ihre Tribüne aufgebaut, direkt vor der Brücke, die zum Malacanang-Palace, dem Sitz des jeweiligen Präsidenten, führt. Dieser Platz war schon immer der Platz für Demonstrationen. Hier haben schon Millionen der normalerweise über Gebühr geduldigen Filipinos ihrem Unmut lautstark Ausdruck verliehen, nicht zu zählen jene, die hier ihr Leben verloren haben. Heute sind es die Studenten, denen der Kragen geplatzt ist, und die den sofortigen Rücktritt von Präsident Joseph Erap Estrada fordern, der kaum mehr als eineinhalb Jahre im Amt ist. Der populäre Fernsehstar hat den Menschen viel versprochen und nichts gehalten. Er hat die Menschen tief enttäuscht.«

Ich redete damals mit der Generalsekretärin der philippinischen Studentenunion Christine Balayen: »Präsident Estrada muß einfach weg, denn wir alle haben lange genug unter dem miserablen Erziehungssystem gelitten und jetzt hat die Regierung noch angekündigt, daß sie ausgerechnet auf dem Erziehungs- und Bildungssektor 200 Millionen Pesos einzusparen gedenkt. Wir lassen uns einfach nicht mehr so behandeln. Er muß wissen, daß er die Unterstützung der philippinischen Jugend verloren hat. Er kann nicht mehr unser Präsident sein.«

Was sie mir sagt, ist bei dem uns umtosenden Lärm von Ansprachen, Parolen, Liedern nur schwer verständlich, also versuche ich, uns aus den dichtgedrängten Massen zu lösen. Wir ziehen uns in eine Arkade zurück, und ich erfahre mehr über die Betroffenen des Erziehungssystems: »Es sind etwa 20 Millionen, wobei die meisten Volksschüler der ersten und zweiten Stufe sind. Studenten gibt es relativ wenige. Von 100 Elementarschülern kommen nur 40 in die höhere Stufe, und maximal die Hälfte von denen hat die Chance, in ein College zu kommen, und wenn es hochgeht, schafft dann ein Viertel den Abschluß. Vier von allen haben vielleicht die Chance, einen Job zu bekommen, der ihrer Ausbildung entspricht. Das ist aber nicht, weil die Kinder und jungen Leute hier dümmer oder fauler sind, als sonst wo, sondern weil die meisten Eltern irgendwann aussteigen müssen, weil sie das Schul- oder Studiengeld nicht mehr bezahlen können und die Arbeitsplätze von Tag zu Tag weniger, weil sie wegrationalisiert werden.«

Daß die jungen Leute zornig sind angesichts solcher Zahlen, an denen so etwas wie Zukunft nicht mehr erkennbar ist, ist eigentlich nicht verwunderlich. Später erfahre ich noch andere Zahlen aus dem sogenannten Arbeitsleben, die es wiederum nicht verwunderlich erscheinen lassen, daß an dem Demonstrationszug durch das Zentrum Manilas nicht nur Studenten teilnehmen. Ich erfahre, daß es noch niemals so viele Arbeitslose gegeben habe, wie jetzt, daß es sogar unter Marcos den Arbeitern nicht so schlecht gegangen sei wie jetzt. Man könne, so heißt es, von dem, was man verdient, einfach nicht mehr leben, während die Familien unter Marcos wenigstens noch dreimal am Tag zu essen hatten, 70 Prozent der Arbeiter den Mindestlohn oder sogar mehr bekamen, während heute 70 Prozent der Arbeiter wesentlich weniger als den Mindestlohn erhalten.

Die Demonstration der jungen Leute verlief zwar lautstark, aber gewaltfrei, nur als sie sich etwa eine halbe Stunde, nachdem ich die Studentenführerin Christina Balayen wieder aus den Augen verloren hatte, mit den ausgesperrten Arbeitern eines internationalen Großhotels vereinigen wollten, die nicht mehr bereit waren, sich mit den Schandlöhnen und den miserablen Arbeitsbedingungen abzufinden, schlug die Polizei zu und setzte Schlagstöcke, Tränengas und Pfefferspray gegen die Studenten und Arbeiter ein. – Das war sozusagen ein kurzer Lokalaugenschein aus dem Februar des Jahres 2000.

Ich kehre in meinen Erinnerungen zu Dr. Rosario Bella-Guzman zwischen die engen Bücherreihen im Sozialwissenschaftlichen Institut zurück, zu einer Frau, deren klare Einschätzung der Situation sie in so manche Schwierigkeiten gebracht hat, denn die Führung des Inselreiches will solche Einschätzungen nicht hören, und der Anfang 2000 noch im Amt befindliche Joseph Erap Estrada wollte schon gar nicht. Frau Dr. Guzman geht es in unserem Gespräch immer wieder um die von Estrada betriebene Verfassungsänderung, wenn sie sagt: »Ich meine, unsere Verfassung ist nicht wirklicht gut, aber sie jetzt nur zugunsten des ausländischen Kapitals ändern zu wollen, ist schlichter Wahnsinn, der auch die einfachen Menschen auf alle Barrikaden treiben wird. Bereits heute ist jeder Ausländer, der hier ein Geschäft eröffnet oder in irgendein Unternehmen investiert, mehr Filipino als irgendein einheimischer Geschäftsmann. Wenn heute das Volk aufsteht und gegen den Ausverkauf des Landes protestiert, dann ist die Polizei, dann ist das Militär verpflichtet, die Ausländer zu schützen und auf die eigenen Bürger zu schießen. Soweit sind wir schon gekommen.«

Daß das die Menschen und gerade eine so gut informierte Frau wie Dr. Guzman aufbringt, ist nicht weiter erstaunlich. Mr. Estrada spielt gerne den Clown, macht Witze, zieht vor den Kameras Grimassen, Kasperliaden hat er ja gelernt. Früher hat er halt den Armen oder den Verteidiger der Armen gespielt und jetzt spielt er eben den volkstümlichen Politiker. Nur diese Rolle nimmt ihm keiner mehr ab, denn inzwischen wissen die Leute, daß er zu den »Landlords« zählt, große Unternehmen hat und auf Investitionen im Wohnungsbau spekuliert.

Mitten in diesem Gespräch schweifen meine Gedanken zurück zu der Studentendemonstration. Mir kommen die Transparente in Erinnerung, die die jungen Leute mitgetragen hatten. Natürlich waren da jede Menge Slogans, die den sofortigen Rücktritt des Präsidenten forderten. Es gab aber auch aufgemalte Slogans, die sich auf die eigentlich herrschende Supermacht USA bezogen, wie jener Spruch: »Take Estrada and let this people go« in Anklänge an den bekannten Spiritual. Es stand aber auch zu lesen: »Ami go home« oder etwas wie: »Wir wollen Eure Soldaten nicht wieder sehen.«

Hier tat sich für mich, damals im Februar 2000, eine neue, bisher nicht beachtete Dimension auf: die so lange währende, aber seit einigen Jahren unterbrochene Präsenz der US-Armee. Natürlich, das war ja der ursächliche Grund für den Ankauf des Inselreiches gewesen: im Pazifik militärisch präsent zu sein. Und da hatte es an die hundert Bastionen, vor allem die beiden riesigen Stützpunkte im Westen der Hauptinsel Luzon, direkt an der Küste des Chinesischen Meeres gegeben. Ein weitläufiges Gelände, mit allem Nötigen für die ständig kreuzenden Kriegsschiffe, mit Raketenbasen etc., aber auch mit dem, was den Filipinos besonders verhaßt war: mit den um das Zentrum eingerichteten Umschlagplätzen für Prostitution, Menschen und Drogenhandel, Pornographie und Alkoholschmuggel. Das war zwar gut für die chinesischen Händler aber ein Dorn in den Herzen der grundfrommen und tiefgläubigen Filipinos.

Als dann am 15. Juni 1991 der eigentliche Herr über diese Küstenregion, der seit 600 Jahren schon erloschen geglaubte Vulkan Pinatubo ausbrach und seinen Aschenschirm über mehr als 200 Kilometer im Umkreis verteilte und sich die Sonne für Wochen verfinsterte, wurden zwar die etwa 300 Opfer und die immensen Zerstörungen laut beklagt, aber auch die klammheimliche Freude nicht unterdrückt, als die Menschen sahen, daß die US-Besatzer überstürzt aufbrachen und sich per Schiff und Flugzeug absetzten, bevor die riesige Schlamm- und Geröllawine ihre Lager erreichen konnte. Politisch war der Pinatubo mit seinem Ausbruch jahrlangen Bemühungen oppositioneller Volksgruppen zu Hilfe gekommen und hatte dazu geführt, daß im Herbst 1992, nach einem entsprechenden Votum im philippinischen Senat, das die Stationierung ausländischer Truppen für die Zukunft verbot, das Sternenbanner über den Stützpunkten Subic Naval Base und Clark Air Field eingeholt werden mußte.

Was diese Lawine, die sie »Lahars« nennen, allerdings für die direkt davon betroffenen Menschen bedeutete, konnte ich selber feststellen, als ich viele Kilometer vom Pinatubo entfernt in der alten spanisch-barocken Kirche von Pampanga auf der Höhe der Orgelempore auf festem Grund stand. Da hatten die Leute sich einen neuen Kirchenraum mit Altar und so eingerichtet, aber der riesige Kirchenraum darunter, etwa acht Meter, war »Lahars«, bestand also aus Vulkanasche, Geröll und Schlamm, so fest wie Beton. Was die Leute im Laufe der Jahre allerdings erfahren mußten, war die Tatsache, daß sich das Zeug nach heftigen tropischen Regenfällen plötzlich verflüssigte und sich wieder in Bewegung setzte, um weitere Felder und ganze Dörfer unter sich zu begraben. »Aber«, das hörte ich immer wieder, »das war schlimm, aber es war Natur. Hauptsache war, daß die US-Soldaten weg waren, denn sie sind in diesem Land unnatürlich.«

Nun, das ist die eine Seite. Die andere Seite aber war in diesen Februartagen 2000 die Tatsache, daß die Menschen erfahren hatten, daß der Stützpunkt am 17. Februar gegen die Verfassungsbestimmung aus dem Jahr 1992 wieder besiedelt werden sollte, was der neuen, alten Einkreisungsstrategie gegenüber China dienen sollte, ebenso wie die Stützpunkte auf Okinawa und in Südkorea. Nein, nein, Uncle Sam läßt den pazifischen Raum nicht aus den Klauen.

Ein Student in Manila hat seine Betroffenheit so formuliert. »Ich habe heute früh im Fernsehen eine Reportage gesehen über die Wiederbesiedlung der zwei alten amerikanischen Stützpunkte. Es sind Marines, die ich gesehen habe. Wenn man sieht, was dort läuft, so ist das nackte Gewalt, allein wie diese Burschen auftreten und sich geben. Die Politiker sagen, daß das unsere Freunde und Beschützer sind. Ich frage mich, wovor die uns beschützen sollten. Sie haben doch nur ihre eigenen Interessen. Außerdem sind sie vielleicht alles Mögliche, sicherlich aber nicht Freunde des philippinischen Volkes. Ich hatte bei diesen Bilder nur ein einziges Gefühl: Hier wird mir und meinem Volk Gewalt angetan.« – Was der junge Mann nicht wußte oder irgendwie nicht mitbekommen hatte, war die Tatsache, daß bereits am 1. Juni 1999, von der Öffentlichkeit eher unbemerkt, mit dem sogenannten »Visiting Forces Agreement« den US-Truppen angeblich zu Manöverzwecken Landeerlaubnis in 22 Hafenstädten erteilt worden war. So hatte man den Fuß wieder in der Tür und konnte munter weitermachen.

Nach diesem Ausflug ans Chinesische Meer zurück zu meinem Gespräch mit Dr. Bella-Guzman. Ich fragte sie: »Und wer bezahlt den Preis für all das?«

Da kam es eher verhalten aus der dunklen Ecke der viel zu engen Bibliothek: »Ganz einfach. Die Philippinen sind ein Bauernland. Fünfundsiebzig Prozent der Arbeitskräfte sind Bauern. Auch wenn es heute heißt, daß es mehr Arbeiter als Bauern gibt, so ist das einfach falsch. Die meisten sind Bauern, die sich halt als Gelegenheitsarbeiter verdingen, keine Bleibe, kein Zuhause mehr haben, Abschaum sind. Sie haben ihr Glück in den Städten versucht und nicht gefunden und landen dann auf irgendeinem Abfallhaufen für Nutzmenschen.

Unsere Bauernschaft lebt auch nach drei Agrarreformen elendig, 90 Prozent vegetieren unter der Armutsgrenze dahin, und das wird von Jahr zu Jahr schlechter, da die philippinische Regierung 1995 das internationale Abkommen über Landwirtschaft unterschrieben hat. Das bedeutet, daß der Agrarmarkt total liberalisiert wurde, und das betrifft unsere sensiblen Produkte, den Reis, den Mais, das Gemüse, die Früchte. Dieser Markt ist jetzt für Importe völlig offen und wird mit ausländischen Billigprodukten überschwemmt, wogegen unsere Bauern einfach hilflos sind, notabene ihnen von den ausländischen Agrarkonzernen mehr und mehr Land weggenommen wird.

Wenn diese Leute dann einfach weggehen müssen, weil ihr Land sie nicht mehr ernährt, finden sie in den Städten keine Arbeitsplätze, denn Arbeitsplätze werden ja von den Investoren nicht geschaffen, weil das ganze Geld in die gerade hier blühende Finanzwirtschaft geht, in das, was man gemeinhin Kasino-Kapitalismus nennt. Wenn überhaupt Fabriken gebaut werden, dann in den sogenannten freien Produktionszonen. Dort gehören Mindestlöhne in den Bereich der Märchen, dort herrscht nackte Sklaverei, wenn nicht Schlimmeres, denn ein Sklavenhalter war in der Regel noch interessiert, den Sklaven gesundzuerhalten, damit der Preis, den er bezahlt hat, sich amortisiert; aber die Globalisierungssklaven haben überhaupt keinen Wert.

Dolores, ich glaube schon seit Jahren, daß wir nicht mehr tiefer sinken können, aber ich bin nicht mehr sicher. Wer weiß?«

Ich schaue in ein blasses, unendlich trauriges Gesicht, aus dem plötzlich auch das Feuer des Widerstandes, das ich vorhin noch bemerkt zu haben glaubte, mit einem Mal erloschen zu sein scheint.

Ich hatte in diesen Tagen, quasi als Beleg für das, was die Sozialwissenschaftlerin Guzman gesagt hatte, die Gelegenheit, in einer Studie des kirchen-, aber nicht hierarchienahen I-Bone-Institutes zu blättern. Dieses noch unter Marcos von einigen mutigen Priestern und Nonnen gegründete Institut mußte viele Jahre im geheimen arbeiten und wird auch heute offiziell noch nicht anerkannt, ganz im Gegenteil: Es wird mit allen Mitteln bekämpft und desavouiert. Klar, ist ja auch peinlich, wenn man dort zu ganz anderen Ergebnissen kommt, als die offiziellen Studien. In dieser damals neuesten Studie konnte ich jedenfalls lesen, daß etwa 89 Prozent der philippinischen Bevölkerung unter der Armutsgrenze leben, daß der offizielle Mindestlohn – und das nur im Raum von Metro-Manila – bei 200 Pesos, also bei etwa fünf Dollar liegt, wovon kein Mensch und schon gar keine Familie leben könnte, selbst wenn dieser Mindestlohn bezahlt würde, was aber oft nicht der Fall ist. Im Schluß stellte sich heraus, daß ein Verdiener von 31 Pesos leben sollte, was aber, wie in den meisten Fällen, auch für eine fünf- oder sechsköpfige Familie gelten sollte. Dabei ist zu bedenken, daß eine Portion Reis etwa fünf Pesos kostet. Das würde für eine solche Familie bedeuten, daß sie mit fünf Schalen Reis ihr Auslangen finden müßte. Aber was ist mit Strom, Wasser, Brennmaterial, Schulgeld etc. Das gerät ins Lächerliche.

Das I-Bone-Institut beziffert die Lebenshaltungskosten einer sechsköpfigen Familie pro Tag mit etwa 400 Pesos. Das ist wenig genug, denn da muß man schon sehr bescheiden und einfallsreich sein, praktisch von der Hand in den Mund leben.

Tatsache ist: 89 Prozent leben in extremer Armut oder im Elend, und die obersten zehn Prozent der Bevölkerung kontrollieren 60 Prozent der Ressourcen, die anderen müssen sich mit dem Rest zufriedengeben. Überleben können nur jene Familien, die Verwandte als Arbeiter im Ausland haben, die Geld nach Hause schicken. Arbeitskraft, welcher Art auch immer, ist heute der effizienteste Exportartikel der Philippinen. Die Leute arbeiten in den Emiraten, irgendwo im Nahen und Mittleren Osten, sie arbeiten in unseren Spitälern, in unseren Haushalten, putzen in Geschäften und Kaufhäusern, oder sie landen in Bordellen. Vielleicht sollte man diese Menschen mit etwas anderen Augen sehen, denn hinter jedem Mann und jeder Frau steht eine Familie, der es am Lebensnotwendigen fehlt.

ZU DEN MENSCHEN GEHEN

Am Nachmittag habe ich, wie besprochen, in einem der kleinen Läden am Markt von Infanta eine Flasche Petroleum gekauft. Man hatte mir gesagt, wenn ich Licht bräuchte, müßte ich Stoff mitbringen, sonst gäbe es nur Kerzen, denn die Leute, die ich treffen wollte, könnten sich Petroleum nicht leisten. Also kaufte ich das Zeug. Am Abend schüttete es, wie es nur in den Tropen schütten kann, und ich schlüpfte tropfnaß in die kleine Hütte, in der ich eine kleine Runde von lokalen Bauern treffen sollte. Sie waren auch bereits vollzählig vertreten. Gottlob war Deacon Mario mitgekommen, sonst wäre die Unterhaltung wohl sehr einsilbig verlaufen, denn von den kleinen drahtigen Männern konnte kaum einer mehr als ein paar Worte Englisch.

Natürlich kann man in ein Land kommen, in einem angenehmen Hotel wohnen, Zeitungen lesen, sich in Studien vertiefen, mit Universitätsprofessoren, Wissenschaftlern und Politikern gepflegte Gespräche führen, aber mir war auf allen meinen Reisen immer der Kontakt mit den Menschen wichtig gewesen, so weit als irgend möglich ihr Leben zu teilen, ihre Lebensumstände kennenzulernen, zu erfahren, was sie denken und fühlen, wie es ihnen wirklich geht, und was ihr Leben ausmacht.

Darum auch dieser Abend in Infanta, in dieser Bambushütte unter einem Dach aus Palmzweigen. Einer der Männer füllte die kleine Lampe, zündete sie an und stellte sie auf den Tisch aus roh behauenem, wunderschön rotbraun glänzendem Tropenholz. Es duftete nach würzigem Tee, und bald landeten auch kleine Schälchen auf dem Tisch, und einem Gespräch stand nichts mehr im Weg.

Wo ihre vorrangigen Probleme lägen, fragte ich in die Runde. Das Grundproblem heute sei das Geld. Nun, kein Wunder in einer Gesellschaft, die das Geld zum herrschenden Prinzip erhoben hatte. Nur dort lag der Fall etwas anders. Der Weltwährungsfonds wolle, daß Geld teuer sei, und das sei ihr Problem, erklärte einer der Männer, ein Reisbauer. Die Banken stünden, so führte er aus, den Armen nicht zur Verfügung, da sie keine Sicherheiten zu bieten hätten. Also seien die Bauern auf die örtlichen Geldverleiher angewiesen, und bei denen gelte das neu eingeführte

System: 5/6 – und das heißt im Klartext: Du borgst dir 100 Pesos und nach einem Monat müßtest du dafür 120 Pesos zahlen und so weiter.

Deacon Mario erklärte mir die Situation dann genauer: »Reis pflanzen ist eine sehr arbeitsintensive Angelegenheit. Um ein Feld in der Größe von einem Hektar zu bepflanzen, brauchst du mindestens fünf bis sechs Mitarbeiter, da das sehr schnell gehen muß, weil die Reispflanzen empfindlich sind. Das kostet also, abgesehen von den Pflänzchen, einiges Geld für die Arbeiter. Für solch einen Hektar muß ein Bauer etwa 3000 Pesos investieren. Wenn er sich dieses Geld privat nach dem System 5/6 borgt dann muß er nach fünf Monaten – und so lange braucht es bis zur Ernte – 6000 Pesos zurückzahlen, aber seine Ernte ist keine 6000 wert, das geht einfach nicht. »Also was tut Ihr?« frage ich in die Runde der dunklen Gesichter, auf die die kleine Flamme der Petroleumlampe witzige Schatten zaubert, und erfahre, daß sie es sich eben nicht mehr leisten könnten, Reis zu pflanzen. Seit zwei Jahren würden sie den Reis säen, was allerdings bedeutet, daß die Erträge auf 25 Prozent zurückgegangen seien, sie nichts mehr verkaufen, ja nicht einmal ihre Familien ausreichend ernähren könnten. Es würde jetzt zwar aus Indonesien oder den USA importierter Reis in den Geschäften angeboten, aber den könnten sich nur die wenigsten leisten, obwohl er wesentlich billiger sei, als der in den Philippinen gezogene. »Da gibt es aber noch ein Problem«, mischt sich Mario in das Gespräch: »Die Saisonarbeiter, die den Bauern früher geholfen haben, haben jetzt keine Arbeit mehr. Das führt dazu, daß oft vier Familien zusammensteuern müssen, um wenigstens einen von ihnen nach Manila auf Arbeitssuche schicken zu können. Meistens kommen diese Leute nach Wochen oder Monaten zurück, ohne daß sie mehr verdient hätten, als sie für die Busfahrt und ihren Lebensunterhalt gebraucht haben. Das ist die Situation.«

Während Mario mir die Sachlage erklärt hat, ging die Diskussion unter den Bauern, die langsam aus ihrer Reserve der Fremden gegenüber aufgewacht sind, weiter. Die Geschichten gleichen einander und zeigten eigentlich nur die Auswegslosigkeit, in die die Politik diese Menschen manövriert hat. Dann meldete sich ein junger Mann zu Wort, der sich bis dahin noch nicht eingebracht hatte. »Ich bin kein Bauer mehr. Ich hatte von meiner Familie schöne Felder und Obstbäume im Hinterland, am Fuß der Sierra Madre geerbt, aber die hat mir einer der Großgrundbesitzer mit üblen Tricks abgenommen. Dann habe ich die Stelle eines Verwalters einer Kokosplantage angenommen, um mit meiner kleinen Familie überleben zu können. Heute bin ich am Ende.« – Während Reis das Grundnahrungsmittel der Bevölkerung hier und im ganzen Land ist, ist das Fleisch der Kokosnuß, Copra-Handelsware, ein Produkt, für das sich vor allem die Kosmetikindustrie interessiert. Die Kokospalme war nicht heimisch hier, sondern wurde von den Spaniern eingeführt und hier an allen Küsten in Plantagen angebaut. Die Ernte der Kokosnuß ist schwierig und äußerst arbeitsintensiv. Das würde den Leuten hier nichts ausmachen, erfuhr ich, wenn der Preis stimmte. Seit einigen Jahren ist der Preis für Copra allerdings im Keller, so daß sich die Erntearbeit fast nicht mehr lohnt.

Der junge Mann im Hintergrund erzählte, daß er für fünf Hektar Kokospalmen verantwortlich ist: »Der Besitzer der Farm sitzt in Manila und er erwartet natürlich, daß ich alles sauber halte, für die Ernte und die sehr aufwendige Verarbeitung des Kokosfleisches zu Copra sorge und ihm dann den Erlös abliefere. Die Kokosernte und die Verarbeitung benötigen etwa vier Monate. Ich muß die Pflücker, die da auf die Bäume klettern und die Leute, die das Fleisch rösten und weiterverarbeiten, bezahlen, den Erlös abliefern und dann sind mir am Ende der vier Monate 400 Pesos übriggeblieben und davon können ich und meine Familie nicht leben. Es ist besser, ich lasse die Nüsse einfach auf dem Baum, statt mich monatelang zu schinden. Das Problem ist nur wieder dasselbe, das schon vorher angeschnitten worden ist: Wo werden die Menschen, die in der Plantage während der Erntezeit gearbeitet haben, in Hinkunft Arbeit finden?«

Der Teufelskreis dreht sich auch hier wie überall: Deacon Mario, während die Männer in den Hütte heftig weiter diskutierten: »Letzte Woche kam ein Mann zu mir. Die Verzweiflung stand in seinem Gesicht geschrieben. Er wisse nicht mehr weiter, sagte er unter Tränen. Er werde jetzt sich und seine Familie vergiften. Er habe alles versucht. Er sei dreimal in Manila auf Arbeitssuche gewesen, habe alles verkauft, was in seinem Haus zu Geld zu machen war und stehe jetzt vor dem absoluten Nichts. Eine ganze Woche lang habe seine Familie keinen Reis mehr gehabt. – Es war schrecklich, glaub' mir, in das Gesicht dieses Mannes zu schauen, der sich vor mir wie ein Bettler fühlte, weil er mich um Hilfe gebeten hat. Er sagte: Ich fühl' mich so dreckig, so entwürdigt. Bin ich ein Mann, wenn ich meine Familie nicht mehr ernähren kann? Also ist es doch besser, wenn ich für uns alle diese Hölle beende. Soweit kommen Menschen heute unter diesem Ausbeutungssystem, von dem die Welt nichts weiß, vor allem jene nicht, die es verursachen, uns diesen langen, dunklen Schatten schicken, nur um selber auf der Sonnenseite der Profite zu sitzen.«

Es war auch für mich nicht einfach, die Bitterkeit in der Stimme eines Menschen zu ertragen, der an sich – und damit übertreibe ich nicht – die Liebe und Hingabe selber ist. Ich bin sicher, daß auch der Klang der Stimmen dieser Männerrunde in der Hütte nicht so sanft war, wie ihre melodiöse Sprache für mich klang. Ich habe mich herzlich bedankt für diese Stunden, und sie waren voller Dankbarkeit dafür, daß ein Mensch von der Welt da draußen ihnen zugehört, ihnen Aufmerksamkeit geschenkt hat.

Der nächste Tag sollte nicht den Menschen auf dem Land, sondern an der Küste gehören. Laut Plan sollte ich um die Mittagszeit mit dem Bischof auf die vorgelagerte Insel Polillo übersetzen, da aber Zeiten mit den Bootsleuten nie genau zu vereinbaren seien, so hieß es jedenfalls nach dem Frühstück im Bischofshaus, sollte ich schon früher in das kleine Fischerdorf nahe Infanta gebracht werden und dort Gelegenheit haben, mit Fischern zu reden. Mir war das alles recht. Ich packte meine kleine Tasche und ab ging es. Unter einem offenen Bambusblätterdach war dann auch schon ein Grüppchen von Männern und Frauen versammelt. Als Dolmetscher fungierte diesmal der Pfarrer des kleinen Ortes, der aber auch noch fünf weitere Küstendörfer sowie Gemeinden im Landesinneren betreute.

Der Grundtenor der langsam anlaufenden Erzählungen und Berichte war eigentlich nicht sehr viel anders, als am Vortag bei den Bauern. Die Lage würde von Jahr zu Jahr schlimmer, und das einzige Lebensthema sei nur noch, wie man den jeweils nächsten Tag überleben und den Kindern wenigstens eine rudimentäre Erziehung ermöglichen könne. Dieses ginge ohnehin nur mit der aktiven Hilfe der Kirche.

Die seit Menschengedenken immer unglaublich fischreichen Gewässer seien durch den Einsatz der riesigen Fischflotten so gut wie leergefischt. Früher sei man ein- bis zweimal die Woche für ein paar Stunden draußen gewesen und mit etwa 100 bis 200 Kilogramm Fisch zurückgekehrt, also weitaus genug für den Eigenbedarf und für die Versorgung des lokalen, ja sogar des regionalen Marktes.

»Heute fährst du raus, bist eine halbe Nacht und einen halben Tag unterwegs«, erzählte einer der vom Seewind gegerbten Männer, »und hast ein paar Kilo kleiner Fische im Netz. Davon kann niemand leben.« Die Frauen haben mit Hilfe von zwei englischen Nonnen inzwischen eine kleine Manufaktur aufgebaut, in der sie handgeschöpftes Papier aus Pflanzen erzeugen, das sie zum Teil direkt an Firmen in Manila verkaufen oder zum Teil, nach einigen Malkursen, zu Kunstkarten veredeln, die sie dann in händisch erzeugte Kuverts stecken und ebenfalls an den einschlägigen Handel weitergeben. Das bringt nicht viel, ist aber doch ein Zusatzeinkommen.

»Der große Schrecken liegt aber noch vor uns«, erzählte ein anderer Fischer, »ausgerechnet hierher will man nach dem Plan ›Philippinen 2000‹ einen Hafen für die Fischindustrie klotzen. Da soll dann der Fang all der großen Flotten für Manila und vor allem für den Export verarbeitet werden. Dann ist, wie wir aus anderen Gegenden und Ländern erfahren haben, alles versaut, das Wasser, das Land und die Menschen. Die Baufirmen haben bereits mit Aushub und Betonierungsarbeiten begonnen und spielen sich schon auf, als wären sie die Herren hier. Wir hatten uns, weil eben der Fang so schlecht ist und uns die Fische für die gewohnte Ernährung fehlen – wir bemerken bereits Mangelerscheinungen bei den Kindern –, dazu entschlossen, auf Teile unserer Reis- und Gemüsefelder zu verzichten und Fischteiche anzulegen und daran zu arbeiten. Das war gar nicht so einfach gewesen, daß wir uns auf gewisse Plätze einigen konnten, ohne gegen den einen oder den anderen ungerecht zu sein. Aber es ist gelungen und wir waren schon relativ weit und kurz davor, das Wasser einzulassen und die Fische einzusetzen. Eines Morgens kamen wir zur Arbeit und mußten sehen, daß sie schon am frühen Morgen mit den Bulldozern dort gewesen waren und alles zerstört hatten. Das ist doch ungeheuerlich. Das hat ihr Terrain überhaupt nicht berührt, aber diese Firmen tun, als ob ihnen überhaupt alles gehörte. Jetzt wissen wird überhaupt nicht mehr weiter.«

In diesem Ton der Verzweiflung ging das noch eine ganze Weile weiter, aber als der Pfarrer dann meinte, daß wir langsam weiter und zurück zu dem kleinen Hafen müßten, weil wohl der Bischof schon warten würde, meinten sie, daß das nicht so einfach gehe, denn schließlich hätten sie uns bisher nur etwas vorgejammert, uns aber noch keine Freude bereitet. Ich nehme wohl an, daß der Pfarrer, der ja seine Leute und ihre Gewohnheiten kannte, das einkalkuliert hatte. Jedenfalls wurden dann noch frische Fruchtsäfte und Früchte aufgefahren, Musikinstrumente hervorgeholt und innerhalb weniger Minuten ist aus einer Klage- eine Freudengemeinde geworden. Sie haben gespielt, gesungen, getanzt, gelacht, und es war, als bestünde dieses bittere Leben aus nichts als Licht.

Aber dann brausten wir mit dem klapprigen Motorrad des Pfarrers doch an den Hafen. Bischof Labayen war schon da und eine Handvoll Menschen, und wir stiegen in das Boot, das mich, angesichts des endlos erscheinenden Ozean, schon ein wenig überraschte: Es handelte sich um ein kleines Auslegerboot aus Bambus, eine Nußschale, nicht mehr. Ich schaute auf den Bischof, der den Bootsleuten schon seine und meine Tasche übergeben hatte, dachte daran, daß dieser Mann hier seit Jahrzehnten tätig war und die vorgelagerten Inseln Teil seiner Prälatur waren, er also immer wieder diesen Weg nehmen mußte, dachte auch daran, daß diese Leute hier seit Jahrtausenden auf diese Weise die Meere befahren hatten und stieg guten Mutes ein.

Strahlend blauer Himmel, Sonne, keine Wolke und eine herrlich frische Seeluft. Ich hatte beschlossen, diese Seefahrt zu genießen, machte es mir vorne beim Mast irgendwie bequem und ließ meine Augen und mein Herz im Sonnengeglitzer mit den Wellen tanzen. Das Land war längst außer Sichtweite, um uns nur Meer und Himmel und Weite. Traumhaft. Die plötzlich am Horizont auftauchenden Wolken störten das Bild überhaupt nicht, machten es sogar noch reizvoller.

Dann aber waren es nur ein paar Minuten, und die Sonne war weg, das Grau hüllte uns ein wie ein Mantel, Wind, nein Sturm kam auf, das flach verspielte Gewoge der Wellen fing an, Wände zu bauen und tiefe Täler. Blitzschnell hatte der junge Mann am Mast die Segel gerafft und dann war es wirklich da, dieses Nußschalengefühl, diese Ausgeliefertsein. Heftiger Regen setze ein, Regen nicht in hiesiger, sondern in Tropenqualität.

Mein fragender Blick ging zum Heck des Schiffes und dort lag, in seine Jacke gehüllt, auf irgendeinem Sack mein schlafender Bischof. Das Wasser rann ihm in Strömen über das Gesicht, aber er schlief wie ein Baby. Die echten Babys waren samt Müttern unter einer Plane in der Mitte des Bootes verstaut worden, hatten zu quengeln aufgehört und ruhten offensichtlich sicher am Busen der Natur.

Mir fiel die Geschichte vom See Genezareth ein, als die Jünger Jesus mit dem verzweifelten Vorwurf weckten: »Meister uns verschlingt das Meer und du schläfst?« Er soll in diesem Zusammenhang irgend etwas von Kleingläubigkeit gesagt haben. Mir hat das beim Blick auf den ruhigen Schläfer am Heck geholfen. Ich habe mich einfach aufrecht stehend am Mast festgehalten. Nässer als naß konnte ich nicht werden, also war es das Wichtigste, das Gleichgewicht nicht zu verlieren und die Nase im Wind zu halten. Damit war auch jeder Schimmer von Angst verflogen und ich beobachtete mit wachem Interesse die Schattierungen dieser Grau in Grau versinkenden Umgebung und bewunderte die beiden mageren aber festen Hände am Ruder, die dieses winzige Ding auf Kurs hielten und seinen Absturz verhinderten. Nicht High-Tech hatte hier das Sagen, sondern jahrtausendealtes Wissen, eine tiefe Kenntnis der Naturgewalten und ihrer Gesetze. Ich möchte in meiner Erinnerung auf diese sturmumtosten, regengepeitschten Stunden nicht verzichten.

Und dann war es, so plötzlich wie es gekommen war, auch wieder vorbei. Die tiefen Wolken waren ebenso weg wie der Sturm, und die Sonne strahlte freundlich aus einem mild blauen Tropenhimmel, als ob nichts gewesen wäre. Land war in Sicht. Der Bischof kam nach vorne, und in der Zeit, die wir der Insel entlang fuhren, standen wir am Mast und ließen uns von Wind und Sonne trocknen. Zu dem eben überstandenen Ereignis meinte er nur trocken: »Das war ein Vorzeichen, daß die Taifunsaison beginnt. Diese Region des pazifischen Ozeans ist nämlich genau jene, in denen die alljährlichen Taifune aufgekocht werden, und über die wird dann in etwa so geredet, wie bei uns über mehr oder weniger normale Regen- oder Schneefälle. Sie gehören im Unterschied zu den Schikanen der ausländischen Konzerne und der politischen Schweinereien einfach zum Leben. Man duckt sich, zieht den Kopf ein, wartet bis es vorüber ist, um dann gemeinsam das jeweils Zerstörte wieder aufzubauen. Das ist so wie mit den Erdbeben und Vulkanausbrüchen in Mittelamerika.«

Bei unserer Ankunft an der Küste vor Bordeos war der Sturm dann auch kaum mehr als einen Nebensatz wert: »Klar, ist ja die Zeit. Ein bißchen früh heuer.« Das war 's auch schon. Das Städtchen Bordeos selbst wurde wegen der Taifune etwa neun Kilometer landeinwärts an die Hänge der Inselberge gebaut. Dort erwartete uns ein überschwenglicher, gastfreundlicher Empfang, denn schließlich war der Bischof gekommen, um mit der Gemeinde das Patronatsfest, die große Fiesta des Jahres, zu feiern, Messe zu halten, das Wort Gottes zu verkünden, Kinder zu taufen und Jugendliche zu firmen. Das muß alles auf einmal gehen, denn so oft sehen sie ihren vielbeschäftigten und geliebten Bischof nicht.

Ich wurde, was mir immer sehr sympathisch ist, bei einer Familie untergebracht und bezog mit meinen wenigen Habseligkeiten einen Verschlag hinter zwei Kästen, in dem nichts anderes stand als ein einfaches Holzbett und ein kleiner Tisch. Genug für zwei Tage. Die Leute sind arm in Bordeos, die Straßen schäbig, die Häuser aus Holz, nur die etwas Wohlhabenderen, und das sind nicht viele, konnten das Parterre mauern und einen Stock aus Holz aufsetzen. Aber die Leute sind anders arm als auf dem Festland oder gar in der Stadt. Man hat das Gefühl, sie sind noch Herren ihres Landes, ihrer Insel, da hat die Faust der fremden Mächte noch nicht so stark zugegriffen.

Der Tag des Festes hatte sich schon im Morgengrauen mit dem Gequieke der Schweine angekündigt, die als Festtagsbraten enden sollten. Als ich sehr früh aus dem Haus trat, war da schon reges Treiben, da wurde Gemüse geputzt, Reis und Fleisch in großen Kesseln gekocht, wurden Früchte und Kräuter geschnitten, Fische geputzt und was nicht noch alles. Schließlich mußte ja alles erledigt sein, bevor die große und sicherlich weit über Mittag dauernde Zeremonie beginnen sollte. Es war für mich dann sehr schön, diese herausgeputzte Festtagsgemeinde feiern zu sehen. Da war eine Innigkeit in den Gesichtern und Gesten, die bei uns schon lange verlorengegangen ist. Und dann explodierte das alles in Musik und Tanz, in üppigem Essen und Trinken und unendlich viel fröhlichem und auch lautem Lachen.

Am nächsten Tag standen dann noch einige Besuche auf dem bischöflichen Programm, während mich einer der Lehrer zu einigen Gesprächen begleitete. Schon am frühen Vormittag hatte sich der Himmel verfinstert, und es hatte zu regnen begonnen. Als ich aus einem der Häuser trat, hatte sich die Hauptstraße bereits in ein Bachbett verwandelt, was mir keine andere Wahl ließ, als meine Ledersandalen auszuziehen und die Hose hochzukrempeln und mich so zum Pfarrhaus durchzukämpfen. Dort traf ich auf einen lachenden Bischof, der eben seine diversen Besuchstermine abgeschlossen hatte. Er nahm mir eine meiner Sandalen aus der Hand, gab sie einem Buben nebst irgendeinem Geldschein und schickte ihn fort. Nach etwa zehn Minuten kam der Kleine mit einem Paar Plastikschlapfen wieder. »Das trägt man hier, wenn es regnet, aber auch sonst, denn Schuhe, richtige Schuhe kann sich hier keiner leisten«, meinte er kurz, drückte mir die blauen Dinger in die Hand und bat mich, mich zu setzen. Er eröffnete mir, daß die Nachrichten aus dem Hafen schlecht seien, weil ein weiteres Taifunvorzeichen sich ankündige und wir nicht auf dem gewohnten Weg die Rückreise antreten könnten. In einer Stunde kommen zwei junge Leute mit guten Motorrädern und werden uns über die Berge in die Hauptstadt der Insel bringen. Wir übernachten dann dort im Kloster und können morgen mit der Fähre zurückfahren. Das Gepäck allerdings müssen wir hierlassen, das wird uns dann rechtzeitig nachgebracht. Ich bestand allerdings darauf, das Aufnahmegerät und die bespielten Kassetten mit mir zu nehmen, worauf das dann vorsorglich in einen Plastiksack verstaut und fest zugebunden wurde.

Dann ging es zweieinhalb Stunden weg- und steglos die Sierra hinauf, was schon ziemlich abenteuerlich war, denn es waren auch einige ziemlich angeschwollene Bäche zu überwinden, durch die wir die Maschinen tragen mußten, und die Steigungen waren zum Teil beängstigend. Die Fahrkunst der beiden Burschen war beachtlich und würde bei allen diesen modernen Hindernisrennen problemlos punkten. Die andere Seite war dann freundlicher und flacher, und irgendwann kamen wir sogar wieder auf eine Straße. Die Schwestern erwarteten uns schon, gaben uns große Baumwolltücher und hängten unsere tropfnassen Hosen und T-Shirts zum Trocknen auf, denn Reserven gab es ja keine.

Nach einem sehr gemütlichen Abend mit den nicht nur netten, sondern auch wirklich engagierten Schwestern, fiel ich wie ein Stein ins Bett und schlief wie ein Murmeltier. Die beiden vergangenen Tage forderten ihren Tribut. Mit der alten, aber geräumigen Fähre landeten wir am nächsten Tag trotz Regen und Sturm heil im Hafen von Infanta.

Tags darauf, unsere Gepäck war tatsächlich auf irgendwelchen Wegen, zeitgerecht eingetroffen, fuhr ich mit Bischof Labayen und einigen Mitarbeitern nach Manila und spürte sofort den Qualitätsunterschied, was die Luft anlangt. Wirklich, in dieser Stadt ist es so, daß man sich an manchen Tagen das Atmen verbieten und sich sagen möchte: »Komm, wart ein bisserl, vielleicht geht es morgen wieder.« Das funktioniert nun leider nicht, aber die Schwestern, bei denen ich wohnte, trösteten mich und meinten, dieses Tiefdruckwetter, das den ganzen Qualm und Gestank, die ganzen Abgase in den Straßen hält, sei um diese Jahreszeit normal, ginge aber bald wieder vorbei, wenn die Winde kommen. Die Winde kamen, wenn auch nicht ganz so, wie man das gerne gehabt hätte.

Wenn das, was ich auf der Überfahrt nach Polillo erlebt hatte, so etwas wie ein Aperitif gewesen war, so landeten am Allerheiligentag in Manila die gemilderten Ausläufer der Vorspeise. An der Küste, dort wo ich herkam, hatte man 200 km/h Windgeschwindigkeit gemessen, in Manila waren es nur noch etwa 150, die aber in den Armenvierteln arge Schäden anrichteten. Auf Polillo waren, so hörte ich, Häuser abgedeckt oder ganz zerstört worden. Gärten, Reisfelder und Kokosplantagen waren überschwemmt, Bäume entwurzelt und die Städte Polillo, Bordeos und Panukulan standen diesmal nicht knöchel-, sondern knietief unter Wasser. Aber das war noch immer unter dem Motto zu sehen: »Das gehört zum Leben.«

Das, was ein Monat später, als ich schon längst wieder zu Hause war und an den mitgebrachten Bändern arbeitete, passierte, überschritt diese Grenze allerdings bei weitem, und die internationale Mitschuld wurde dabei wieder ins Spiel gebracht. Mitte Dezember habe ich einen Bericht bekommen, der unter dem Titel stand: »Die Holzmafia hat die Zukunft unserer Menschen zerstört.«

Was war geschehen? Ich erinnerte mich an eine Fahrt mit Deacon Mario. Wir waren mit einem dieser Tricycles, einem dieser dreirädrigen Motorräder, die als spottbillige Taxis anzuheuern sind, unterwegs. Auf einer Betonbrücke über den Nakar-Fluß im Norden der Prälatur Infanta hielten wir an, weil Mario mir etwas über die jüngste Entwicklung des Flusses erzählen wollte. »Vor zehn Jahren gab es nur eine Furt durch den schmalen Bergfluß. Ich konnte da ohne Schwierigkeiten mit dem Fahrrad durchfahren. Das waren vielleicht zehn Meter. Heute bedarf es einer mehr als 800 Meter langen Brücke, um das Flußbett zu überspannen. Die Kokospalmen, die noch vor Jahren eng am Flußufer standen, sind weit zurückgedrängt, die Uferkanten abgebrochen. Das alles ist die Folge der massiven Schlägerungen oben in den Wäldern der Sierra. Die wertvollen Trägerbäume sind weg, und das Unterholz kann das Wasser der schweren Regenfälle nicht mehr zurückhalten. Das Land stirbt, das kann jeder sehen.« Ja, und das, was in dem Bericht, den ich bekommen habe, stand, schien diese vor Jahren geäußerten Befürchtungen nicht nur zu bestätigen, sondern weit zu übersteigen. Hier Auszüge aus dem Bericht unter dem weiter oben zitierten Titel:

»Am Abend des 5. Dezember erreichte der Taifun ›Puring‹ das Festland zwischen Nakar und Infanta. Über Radio-Warnsystem war die Bevölkerung in Alarmbereitschaft versetzt worden, aber die Menschen hatten sich nicht wirklich aufgeregt. Doch dann wurde der Sturm so arg, daß sie nicht mehr aus ihren Häusern fliehen konnten, denn die durch die Luft zischenden Trümmer und Wellblechplatten waren zu tödlichen Geschossen geworden. Dann begann es auch für diese Region ungewöhnlich heftig zu regnen. Am nächsten Morgen hatte die Flut schon die Reisfelder bedeckt und erreichte bereits die höhergelegenen Wege zwischen den Feldern. Um sieben Uhr stand das Zentrum von Nakar bereits 30 Zentimeter unter Wasser. Nur zwei Stunden später gab es in vielen Orten kein trockenes Plätzchen mehr. Vom Fuß der Sierra Madre bis zum Pazifik ein einziger zornig tobender, reißender Strom, der zwischen den Häusern und Bäumen dahinschoß und alles zu verschlingen drohte.

Die meisten Menschen, denen die Flucht nicht rechtzeitig gelungen war, waren auf die Dächer geflüchtet. Auch Hunde, Katzen, Hühner und sogar Schweine kauerten auf den Dächern. Von den Dächern aus sah man nur Wasser und plötzlich eine neue Bedrohung: Hunderte riesige Baumstämme, heruntergeschwemmt aus den in den Bergen illegal angelegten Holzlagern, schossen wie mittelalterliche Rammböcke dahin. Mit lautem Krachen trafen sie das eine oder andere Haus, das sofort in den Fluten verschwand. Eine Familie, die glücklicherweise auf dem höher gelegenen Dach eines Nachbarhauses hockte, mußte zusehen, wie ihr eigenes Haus weggerissen wurde. Das Haus, auf dem sie selber saßen, blieb wie durch ein Wunder verschont. Ein paar Palmen schützten, wie mit letzte Kraft, das Haus im entscheidenden Moment. Als die Baumriesen vorbeigeschossen waren, brachen die schützenden Palmen zusammen und wurden, wie alles andere, von den Fluten mitgerissen. Der Fluß, normalerweise nur zwei bis drei Meter tief, hatte einen noch nie gekannten Wasserstand von 15 Metern erreicht.

Erst zwei Tage später, als der Regen endlich aufgehört und der Sturm sich gelegt hatte, begann der Wasserstand zu sinken. Langsam kletterten die Menschen wieder von den Dächern und landeten in dickem, zähen Schlamm, der alles mindestens einen halben Meter hoch bedeckte. Das war der Tag, an dem die Schlangen kamen. Plötzlich im Pfarrhaus der Schrei eines Kindes: Im dicken Schlamm innerhalb des einzigen gemauerten Hauses der Gegend tauchten zahllose kleine, größere und große Schlangen auf. Auch sie verzweifelt auf der Suche nach festem Grund. Sie sind gefährlich in diesem Zustand der Verängstigung, das wußten die Menschen. Sie wußten, daß sie nicht nur jeden beißen würden, der ihnen in die Nähe kam, sondern sie wußten auch, daß sie in ihrer Todesangst möglicherweise angreifen würden, vor allem die giftigen, vor allem die kleinen unscheinbaren Vipern. Die Angst potenzierte sich.

Und trotzdem, man sollte es nicht glauben, die Menschen fielen einander in die Arme, sie umarmten und küßten einander, sie priesen und lobten Gott und dankten ihm: Wir haben überlebt. Die Namen jener, die nicht überlebt hatten, würde man erst später erfahren und von denen, die in den folgenden Tagen und Wochen sterben würden, wegen des verseuchten Wassers, wegen der Schlangenbisse und wegen der totalen seelischen und körperlichen Erschöpfung, wegen des Mangels an Nahrung, von denen wußte man ja noch nichts.«

Meine Hände zitterten, als ich dies las, und meine Augen schwammen bald in Tränen. Ich war doch gerade dort gewesen bei diesen Menschen, hatte ihnen in Infanta, in Real, in Nakar, in Baler und vielen anderen Orten stundenlang zugehört, wenn sie mir ihre

Situation schilderten, wenn sie ihre Sorgen und Ängste formulierten, auch von der Ausbeutung durch ausländische Minenkonzerne, den riesigen Abraumhalten, die sie erzeugten und natürlich auch von den illegalen Schlägerungen durch die ausländischen Holzfirmen erzählten, denn das Schlägerungsverbot in den Bergwäldern galt ja nur für Einheimische und konnte aufgrund der bilateralen Abkommen mit den Konzernherrn nicht auf Ausländer angewendet werden, obwohl immer wieder Abordnungen aus den Küstendörfern, auch unter Führung des Bischofs und seiner Mitarbeiter nach Manila gefahren und bei den zuständigen Behörden interveniert und einen sofortigen Schlägerungsstopp gefordert hatten.

Ich rief noch am selben Abend an und bat um einen Bericht über die Auswirkungen der Schlammlawinen. Das las sich dann einige Tage später so: »Hunderte, wahrscheinlich mehr als tausend Hektar fruchtbares Ackerland für immer verloren, weggespült. Schadenersatz oder so etwas gibt es nicht, schließlich sind wir nicht in den USA. Von denen werden wir nur beherrscht, ohne daß wir auf Hilfe hoffen oder sie gar erwarten dürfen. Von seiten der Regierung heißt es, man werde etwas Saatgut zur Verfügung stellen, Setzlinge für Reis vor allem. Saatgut, Setzlinge ohne Erde? – Zahlreiche Reisfelder waren erst drei Wochen vor dem Taifun neu angepflanzt worden. Jetzt liegen sie unter einer einen halben Meter dicken Schlammdecke. Am Flußufer sind hunderte Hektar von Kokospalmen und Gemüsefeldern in den Ozean geschwemmt worden. Geblieben ist eine Schlammwüste. Hunderte Häuser sind ganz oder teilweise zerstört. Es ist eigentlich ein Wunder, daß überhaupt noch etwas heil geblieben ist, meinen die Leute. Im Ortsgebiet des Dorfes Banglus hat der Fluß sein Bett verlassen und fließt nun mitten durch den Ort, teilt ihn in zwei Hälften, die nun ohne Verbindung und von allem abgeschnitten sind, weil auch die Straße weggeschwemmt ist.

Der Wiederaufbau der Häuser wird sich sehr schwierig gestalten, denn es gibt kein Baumaterial mehr. Die natürlichen, lokalen Baumaterialien, wie zum Beispiel die Blätter der Nipa-Palme, sind weg, weil die Palmen weg sind. Man müßte Wellblech kaufen, aber wer kann sich das leisten?

Das, was geblieben ist, ist die Angst in den Herzen der Menschen, die Angst vor dem nächsten Mal. Und das kann schon morgen sein, das wissen die Leute und sie wissen auch, daß die

Schlägerungen nicht aufgehört haben und nicht aufhören werden, bevor nicht auch der letzte Tropenbaum zu Geld gemacht ist.«

Was also ist die Konsequenz? – Vielen der Jüngeren, vor allem der Männer wird nur der Weg über die Sierra bleiben, der Weg nach Manila auf der vermutlich sinnlosen Suche nach irgendeiner Arbeit, so anstrengend, so dreckig, so schlecht bezahlt sie immer sein mag. Die Elendsspirale wird sich weiterdrehen und sie wird immer mehr Menschen verschlingen.

Die Menschen in diesem Landstrich der Philippinen sind an sich, und davon habe ich mich nicht nur einmal überzeugen können, fröhliche, lebensbejahende, mutige Leute, bescheiden, genügsam, mit ganz Wenigem zufrieden. Wenn man ihnen aber alles, vor allem ihr Land und damit ihre Zukunft nimmt, so könnte es sein, daß sie aus ihrer Verzweiflung und Ohnmacht aufwachen und sich gemeinsam mit anderen Verzweifelten aus anderen Gegenden, gemeinsam mit den Entwürdigten in den Slums der Städte, zu wehren beginnen. Eine solche Revolution wird man dann im Westen nicht mehr euphorisch eine »Revolution der Rosenkränze«, sondern in der heute modern gewordenen Diktion »Terrorismus« nennen.

DIE KIRCHE DER ARMEN

Die einzige Institution, die den Menschen in ihrer Not Hoffnung gibt, ist das, was sie *The Curch of Poor,* die Kirche der Armen nennen. Das kam so. Vor fast einem halben Jahrhundert hat die katholische Kirche auf den Philippinen in dem schmalen, aber über 500 Kilometer lang gestreckten Küstenstreifen im Südosten der Hauptinsel Luzon, eine nach dem Hauptort Infanta genannte Prälatur, also praktisch eine lediglich kirchenrechtlich etwas anderes definierte Diözese errichtet. Nachdem sich keine der an Wohlstand gewohnten Kongregationen um dieses arme Bauern- und Fischerland gerissen hat, hat sich der Orden der »Unbeschuhten Karmeliter« dieser Aufgabe angenommen. Nach einigen Jahren der Aufbauarbeit und tastender Versuche entschloß man sich dann, einen aus den eigenen Reihen zum Bischof vorzuschlagen. Die Wahl fiel auf den damals knapp 33 Jahre alten, bestens ausgebildeten und wagemutigen Mitbruder Julio Xavier Labayen. Obwohl aus begüterter spanischstämmiger Familie kommend, brannte der junge Mann für das franziskanische Ideal der Armut und eine Art des Lebens und der Lehre, wie der Rabbi aus Nazareth sie vorgelebt hatte.

Trotz seiner Ideale aber war er natürlich ganz und gar ein Sohn der europäisch dominierten philippinischen Kirche. Als er zum Bischof geweiht wurde, lief das alles nach dem alten Kirchenmodell, und er hatte, in eine dicke Schicht prunkvoller Gewänder gehüllt, auf einem Thron zu sitzen, um seine neue Würde augenfällig zu machen. In seinem Herzen aber war ihm klar, daß er in all dem Klimbim den Wanderprediger Jesus nicht erkennen konnte. Er fing an, zu den Bauern und Fischern zu gehen, er fing an, mit ihnen zu arbeiten, beim Fischfang, bei der Ernte, er stand mit ihnen im Schlamm, als es darum ging, neue Bewässerungskanäle zu bauen. Irgendwie wurde er mit der Zeit, einer schwierigen und auch harten Lehrzeit für den verwöhnten Pinkel, einer der ihren.

Rückblickend sagt er heute: »Mir hat das arme Volk die Augen für das Wirken Gottes geöffnet, für seine Präsenz in unserem Leben. Nicht meine Kirche, meine Ausbildung, meine Lehrer und Vorbilder, sondern diese Menschen haben mich evangelisiert, mich ermutigt, gemeinsam mit ihnen nach einem neuen, Jesus gemäßeren Kirchenmodell zu suchen und daran zu arbeiten.«

Den Anstoß gab Johannes XXIII., der bereits in seiner Eröffnungsrede zum Zweiten Vatikanischen Konzil am 11. September 1962 den Begriff »Kirche der Armen« verwendete. Für den November des Jahres 1970 rief dann Papst Paul VI. die Bischöfe Asiens zu einer ersten, historisch zu wertenden Begegnung in Manila zusammen. Nach intensiven und auch schwierigen Tagen, denn die meisten der asiatischen »Kirchenfürsten«, die immer noch zu thronen pflegten, konnten mit all dem, was da auf sie zukam, überhaupt nichts anfangen, stand in der Schlußerklärung zu lesen:

1. Asien ist die Wiege von zwei Dritteln der Menschheit.
2. Die überwiegende Mehrheit dieser Menschen ist arm.
3. Die Kirche Asiens kann es sich nicht erlauben, Inseln des Reichtums in einem Ozean von Armut und Elend zu sein und daher fühlen wir:
4. daß Gott die Kirche Asiens aufruft, die *Kirche der Armen* zu werden. Machen wir uns auf den Weg!

Das war damals für so manche Bischöfe und Kardinäle, die es sich nach wie vor in den feudalen oder semifeudalen postkolonialen Strukturen wohlsein ließen, ein gewaltiger Schock. Andere, so wie der junge Labayen, flogen oder fuhren mit einer neuen Begeisterung in den Herzen in ihre Diözesen zurück. Julio Labayen hatte längst alle Konzilsdokumente studiert und erkannt, daß nur unter diesen Vorzeichen Kirche in die Zukunft hinein zu leben wäre, vor allem dort, wo sie mit der wachsenden Armut der Menschen umzugehen hatte.

Der junge Bischof sammelte seine kleine Schar von Mitarbeitern um sich und lud sie zu gemeinsamen Denk- und Planungsprozessen ein, denn Modelle für einen solch neuen Weg gab es nicht. Das für Labayen wesentliche Vehikel mußte die Bildung sein, und da galt es, zwei zentrale Themen miteinander zu verknüpfen: das Evangelium, Jesu Botschaft, und das konkrete Leben des einzelnen, der Gemeinden und des ganzen Volkes. Dann fanden sie einen Namen für all das: *Yapak Ng Paginoon:* die Fußspuren Gottes in der eigenen und der gemeinsamen Geschichte erkennen.

Fußspuren, das ist für die Küstenbewohner etwas Wichtiges. Das erste, was die Menschen, die in ihren Hütten unter den Palmen leben, am frühen Morgen immer schon tun, ist nach den Spuren im Sand zu schauen. Wer ist vorübergegangen? In welcher Richtung? Mit welchem Ziel? Tier oder Mensch?

Das war natürlich ein mühsamer Weg, denn die Leute waren es nicht gewohnt, sich Fragen zu stellen, über Gott und seine Botschaft nachzudenken, das war immer alles vorgegeben gewesen und war nie hinterfragt worden. Man verehrte die Heiligen, sang die vorgeschriebenen Lieder, verrichtete die Gebete und glaubte bedingungslos, was der Priester sagte. Das sollte sich jetzt alles ändern, die Menschen sollten plötzlich nicht mehr nur Kirchenbesucher, nicht mehr nur hörende Kirche sein, sondern Mitverantwortung übernehmen, ja mitentscheiden. Viel verlangt, aber über die Jahre oder besser Jahrzehnte ist Unglaubliches gewachsen. Die »Yapaker«, wie sich die Absolventen der vielfältigen angebotenen Kurse und Seminare nennen, explodieren zahlenmäßig, und das nicht nur in der Prälatur Infanta, sondern inzwischen in vielen philippinischen Diözesen. Da wächst ein gewaltiges auch politisches Veränderungspotential in die Gesellschaft hinein.

Ich will hier nicht ins Detail des gesamten Bildungsprogrammes gehen, das wäre ein Thema für sich, aber in dem, was Julio X. Labayen generell über seine Yapak-Programme sagt, wird schon einiges über die Verzahnungen klar: »Weil ich Karmelit bin, habe ich immer an die Bedeutung des menschlichen Geistes geglaubt, der imstande ist, das eigene Leben zu transzendiern. Eines ist es, dem Gott unserer je eigenen Lebensgeschichte zu begegnen, um immer besser zu verstehen, was Gottes brennende Anliegen in dieser Welt sind, für die er uns und unseren Einsatz braucht. Und an diesem Punkt sind wir bereits mitten der Welt und daher auch mitten in der Politik und erfahren, wo wir und wofür wir gefordert sind. Und das gilt es dann umzusetzen, und zwar ganz konkret im Kleinen beginnend.«

Wenn man diese Wort hört und in die philippinische Realität der letzten Jahrzehnte stellt, ist es nicht schwierig, sich vorzustellen, wie es dem Bischof und seiner neuen, rapide und stark anwachsenden Bewegung dieser »Kirche der Armen« ergangen ist. Sowohl von den jeweiligen Diktatoren und vom politischen System, als auch von den meisten der kirchlichen Vorgesetzten wurden sie als Kommunisten denunziert, bedroht und auch verfolgt. Julio Labayen und seine engsten Mitarbeiter, die natürlich bekannt waren, standen immer ganz oben auf den jeweiligen »schwarzen Listen«, ließen sich davon nicht beirren und arbeiteten weiter über die eigene Diözese und ihre Bedürfnisse hinaus, gründeten zahllose Bildungsinstitute von den kleinen lokalen Seminaren bis hinauf in universitäre Ränge auf nationaler und internationaler Ebene. Die großen Seminare des »Social-pastoral Institute« in Manila verzeichnen Studentinnen und Studenten aus allen Teilen Asiens. Das wiederum läuft über eine Bewegung, die sich »Asian Rainbow« nennt.

Aber auch in der philippinischen Kirche hat sich Grundsätzliches verändert. Vor einigen Jahren hat die Bischofskonferenz die Vorgabe »Kirche der Armen« einstimmig als Maxime angenommen, und gut ein Drittel der Bischöfe kommen auf Einladung des Kardinals von Zebu regelmäßig gemeinsam mit Priestern, Ordensleuten, weiblichen und männlichen Laien zu Schulungen zusammen.

Heute grinst der im August 2003 emeritierte Bischof Labayen übers ganze Gesicht, wenn er sagt: »Wir haben nicht nur überlebt, sondern wir werden von Tag zu Tag lebendiger, und mein Nachfolger wird dort fortsetzen, wo ich aufgehört habe, das darf ich wissen.«

So wie in Lateinamerika ist auch auf den Philippinen die Theologie spät aber doch auf die gelebte Praxis in den Gemeinden aufgesprungen. Was dort »Theologie der Befreiung« genannt wurde, heißt hier eben »Kirche der Armen.« In der Jesuitenuniversität in Manila hatte ich die Möglichkeit, Prof. P. Carlos Abesamis zu treffen und mit ihm über sein Buch »Ein dritter Blick auf Jesus« zu sprechen. Da ist einiges an Kirchen- und Kulturgeschichte aufgearbeitet worden, wie mir scheint, und hat letztlich direkt mit der aktuellen Situation der Menschen und der politischen Konstellation zu tun: »Wir können Jesus aus drei Blickwinkeln betrachten. Der erste Blickt ist jener, mit dem der Mann aus Nazareth sich selbst betrachtet hat. Der zweite Blickt entwickelte sich in dem historischen Augenblick, als die Botschaft Jesu mit der griechisch-römischen Welt konfrontiert wurde und sich selbst und alle Kulturen verändernd, über Europa in der sogenannten Neuen Welt und von dort, konkret über Mexiko im Zeitalter des Kolonialismus, auf den Philippinen gelandet ist.

Nun, was aber heißt das für uns? – Das griechisch-römische Erbe würde zum Beispiel behaupten, daß Jesus, wenn schon nicht ausschließlich, so doch vorwiegend an der Seele eines Menschen interessiert gewesen sei. Wenn man aber das Evangelium liest, geht es um Essen und Trinken und um das Land, wie wir es aus den Seligpreisungen erfahren. Ein anderes Beispiel wäre die Frage: Wohin gehst du nach deinem Tod? – Der zweite Blick aus der alten Sicht würde sagen: in den Himmel. Jesu Ziel aber war nicht der Himmel, sondern eine neue Erde, eine neue Welt, eine ganz andere Gesellschaft, aufgebaut auf Wahrheit, auf Solidarität, auf Liebe und Geschwisterlichkeit, und diese Kontrastgesellschaft Jesu ist weder die katholische, noch eine andere verfaßte Kirche, sondern die Quintessenz der Botschaft Jesu Christi.«

Die Art, wie Kirche im Süden der Welt – zum Teil, nicht überall, aber doch vermehrt – gelebt wird, zeigt auf sehr drastische Weise, daß dieser »zweite Blick«, wie Abesamis ausführt, sich mit den Lebensumständen der Menschen schlicht und einfach nicht mehr verträgt. Die Menschen brauchen Essen, brauchen sauberes Wasser, medizinische Versorgung, Bildung, gerechte Löhne und gerechte Preise für ihre Produkte. Dieser Bedarf, dieser legitime Anspruch wird mit keiner religiösen Doktrin, die sich maximal auf Caritas einläßt, abgedeckt, noch gibt das herrschende politische und wirtschaftliche System eine Antwort auf diese Überlebensfragen. Also fragt P. Abesamis, ganz im christlich-religiösen bleibend weiter: »Wie willst du hier eine Religion predigen, die den Leuten sagt: leidet hier auf Erden brav und still. Im Paradies wird euch alles vergolten werden? – Das kann den Menschen heute nicht mehr zugemutet werden, angesichts des explodierenden Elends. Das ist blanker Zynismus, der von niemandem mehr akzeptiert werden kann. Daher ist heute zu fragen, was von diesem europäischen Blick auf Jesus noch aufrechterhalten werden kann. Ich meine, daß wir heute an einem Punkt gelangt sind, das alles zu übersteigen und uns dem vorchristlichen Jesus zuzuwenden.

Erinnern wir uns an Jesu erstes Auftreten in der Synagoge von Nazareth: Er redet nicht von Seele, er verspricht keinem den Himmel. Er verkündet den Blinden das Augenlicht, den Gefangenen, den Unterdrückten die Freiheit und ein Jubeljahr des Herrn. Das ist in Wahrheit eine gute Nachricht für die wirklich Armen, die ›Anoin‹, die wirklich Leidenden. Und genau das ist der dritte Blick auf Jesus, den wir aus der Sicht der mit uns lebenden Armen heute entdecken müssen.«

Diese Neuentdeckung Jesu aus dem Blickwinkel der Armen auf den Philippinen passierte naturgemäß nicht von alleine. Dazu war diese jahrzehntelange Arbeit der »Kirche der Armen«, die mühsam und stufenweise gegliederten Bildungsprogramme Marke Yapak, einfach notwendig. Ich habe das nirgendwo sonst auf dieser Welt in dieser Art und Weise erlebt. Heute gibt es dort nicht nur all die erwähnten Institute und internationalen Einrichtungen, sondern es haben viele Ordensgemeinschaften ihre Strukturen, Arbeitsweisen, ja ihr Gesicht völlig verändert, wie eben auch Teile der Kirche. Und wo das passiert – und auf das will ich hinaus –, ändert sich eben auch eine Gesellschaft grundlegend, weil es um andere Prioritäten geht.

Wenn das im Moment gegen die brutalen Wirtschaftsstrukturen, die Korruption der heimischen Politiker, den Druck der sogenannten »Schutzmacht USA« und der von dort gesteuerten Medien nach außen auch noch nicht greift, im Herzen der Gesellschaft auf den Philippinen ist ein tiefgreifender Wandel zu erkennen. Wenn ich die Medien und ihren Einfluß erwähnte, so sei hier nur auf eine Tatsache hingewiesen: In der Metropole Metro-Manila – und das sind an die 20 Millionen Menschen –, gibt es pro Kopf eine höhere Dichte an TV- und Radioanschlüssen als in Kalifornien. Die Programme werden vor allem von US-amerikanischen Privatsendern gespeist. Den Rest kann man sich vorstellen. Und das führt dann zu perversen Situationen, wie jeweils vor Weihnachten, wenn die gigantischen neuen Shopping-Malls, die da in den vergangenen Jahren auf die grüne Wiese geklotzt wurden, zu 80 Prozent ausgelastet sind. Die Umsätze allerdings steigen nicht, denn die Leute, die dorthin kommen, wollen nur in der Tropenhitze die von den Klimaanlagen verbreitete Kühle genießen. Geld zum Kaufen haben sie nicht, Augen zum Schauen aber schon.

Gegen die in den wirklich schrecklichen Elendsvierteln an den abrutschenden Hängen entlang der Kanäle oder in den nur halb trockengelegten Sümpfen in deren Teichen die Wasserlilien blühen, herrschende Frustration und gegen die in den Konsum Palästen geweckte Gier auf unerreichbare Güter ist dieser »Dritte Blick auf Jesus«, von dem P. Abesamis gesprochen hat, eben kein Beruhigungsmittel, sondern eine Möglichkeit, Bewußtsein zu wecken und in der rechten, gesellschaftsverändernden Weise damit umzugehen.

Das Credo, das der *Kirche der Armen* gemeinsam ist, lautet in etwa: »*Die Kraft Gottes ist die Kraft, die das Leben fördert und nicht den Tod. Die Kraft zusammenzuarbeiten, die Kraft, die eigenen Gefühle zu entdecken und zu benennen, die Kraft anderer anzuerkennen und sie zu befähigen, alle Möglichkeiten, die sie als Menschen haben, zu entfalten.*«

WIE MAN TERRORISTEN ZÜCHTET

Unter dem Stichwort »Abu Sayyaf« stieß ich im Internet bei der »Arbeitsgemeinschaft Friedensforschung« der Universität Kassel auf einen Artikel aus der Zeitung »Neues Deutschland«. In der Ausgabe vom 26. Jänner 2002, hieß es einleitend: »Mitte Jänner eröffneten die USA auf den Philippinen eine zweite Front im Kampf gegen den internationalen Terrorismus. Auf Mindanao und in der Sulu-See herrscht der Ausnahmezustand.« Und weiter:

»Insgesamt 660 US-amerikanische GIs – darunter 160 sogenannte Elitesoldaten der Green Baretts und Navy Seals – ziehen gemeinsam mit philippinischen Kompagnons in den Krieg, dessen vorrangiges Ziel es ist, die Abu Sayyaf-Gruppe auf der Insel Basilian auszumerzen. Ihr werden Verbindungen zu Osama Bin Laden und dessen Al Quaida-Netz nachgesagt.«

Heute fragt man sich im Anhören der täglichen Terrornachrichten schon zuweilen: Was täte die Bush-Administration, was täte die Welt im Angesicht der ganzen blutigen Geschichten im Nahen und Mittleren Osten, seit Neuestem auch in der Türkei und wo auch immer, wenn es Al Quaida nicht gäbe? Die müßte man glatt erfinden. Es ist doch wunderschön, wenn man jemanden hat, der immer und an allem schuld ist. Da braucht man nicht weiter über andere Ursachen nachdenken. So geht es mir auch mit der Abu Sayyaf-Gruppe auf den Philippinen, die, laut »Neues Deutschland« nach Ansicht amerikanischer Militärstrategen eine der zahlreichen über ganz Südostasien verstreuten Terrororganisationen ist.

Bereits Anfang 2000 war »Abu Sayyaf« in den Philippinen ein Gesprächsthema, ein neues Phänomen in dem uralten Konflikt mit separatistischen Muslimen im Süden des Inselreiches. Mich machte das neugierig, und ich beschloß kurzerhand, auf die Insel Mindanao zu fliegen und buchte einen Flug nach Davao, der Hauptstadt einer der größten und von der Natur bestens ausgestatteten philippinischen Inseln. Das mit dem Reichtum einerseits und den islamischen Autonomiebestrebungen andererseits relativierte bereits mein erster Gesprächspartner, der katholische Erzbischof von Davao, Fernando Capalla: »Was die natürlichen Ressourcen angeht, ist Mindanao tatsächlich sehr reich. Das Problem sind allerdings die Gier der USA und die Schwäche unserer nationalen Regierungen, ganz egal, wer da gerade am Ruder ist. 61 Prozent der gesamten philippinischen Exporte kommen aus Mindanao, aber die Gewinne kommen nicht zu uns zurück, sondern bleiben in Manila oder gehen ins Ausland, in die Kassen der Konzernherren. Die Leute hier reden vom imperialen Manila, und daher werden – und das nicht nur bei den muslimischen Mitbürgern – die Forderungen nach Autonomie oder zumindest nach einer föderalen Struktur immer lauter. Wir sollten mehr Rechte und mehr Freiheiten haben, unsere Insel zu entwickeln, stehen aber total unter der Kontrolle Manilas, und das macht böses Blut überhaupt und natürlich vor allem bei denen, die am untersten Ende der sozialen Leiter vegetieren, und das sind überwiegend die muslimischen Familien und die jungen Muslime, die noch weniger Zukunftschancen haben als unsere Jugend, und auch bei der schaut es zunehmend schlecht aus.«

Ich bin auch auf der Insel Mindanao zu den Bauern gegangen. Sie sind auch hier im Süden die Basis von allem und wie überall im Land von Armut und Ausbeutung bedroht, weshalb dann vor allem die Jungen sehr oft in die für sie aussichtslose Situation der Städte abwandern und damit das politische Klima, in dem Widerstand jeglicher Art wachsen kann, verschärfen. Eines der Hauptprobleme ist die sogenannte Landreform, mit der sich US-amerikanische Saatgutkonzerne breitgemacht haben, die nun den Bauern vorschreiben, was sie anbauen, welche Düngemittel, welche Herbizide, Insektizide, Pestizide und sonstige »-zide« sie verwenden müssen. Da die meisten Bauern ihren verlockenden Sprüchen erst einmal auf den Leim gegangen waren, saßen sie dann, weil sie pflichtschuldigst Kredite aufgenommen hatten, unter dem Schuldenknebel, also in totaler Abhängigkeit fest.

Das eigene, sozusagen »gottgegebene« Saatgut war den Menschen immer heilig, weil sie wußten, daß das in seiner der Natur und dem Klima angepaßten Art für sie immer Leben bedeutet hat. Und gerade das hat man ihnen mit List und Tücke aus der Hand geschlagen, ihre Gesundheit und die der Natur, der Böden, der Wälder und des Wassers zerstört. Heute haben sie all diese Gifte im gesamten Wassersystem, in den Bächen, den Flüssen und den Küstengewässern.

Um hier einzuspringen, hat eine Gruppe aus verschiedenen christlichen Kirchen eine Organisation gegründet, die ein Mann namens Francis Morales leitet. Francis Morales wollte ursprünglich katholischer Priester werden, besuchte einige Jahre das Priesterseminar und erfuhr erst kurz vor der Weihe, daß man ihn wegen seines starken sozialen Engagements nicht zulassen könne. »Du bist nicht würdig«, hatte man ihm ins Gesicht gesagt. Nach einigen Jahren im Untergrund hatte ihn dann das Militär erwischt, ins Gefängnis gesteckt und auch immer wieder gefoltert, bis er ihnen entkommen ist und sich bei Bauern in den Bergen versteckt hat. »Dort habe ich gelernt, was es wirklich heißt zu leben«, erzählt er und erklärt noch, daß diese Jahre vermutlich die wichtigsten seines Leben gewesen sind. Heute jedenfalls ist dieser Mann mit allen Wassern gewaschen. Ihm kann keiner mehr etwas vormachen, und er spricht die Dinge auch in aller Klarheit an, zum Beispiel die heikle Situation der Bergwerke: »Die Art, wie die Minen heute betrieben werden, stehen den Interessen einer aufrechterhaltbaren Landwirtschaft diametral gegenüber. Die US-amerikanischen, australischen und kanadischen Minengesellschaften betreiben Raubbau an unseren Bodenschätzen, an denen gerade diese Insel sehr reich ist. Sie beuten brutal alles aus und den ganzen Müll, die ganzen giftigen Rückstände, lassen sie einfach zurück. Das zerstört nicht nur das Ökosystem in den Bergregionen, sondern auch jenes der Küstengebiete. Also wie soll es unseren kleinen Bauern und Fischern mit diesen Unmengen an Zyaniden und Quecksilber gehen? Was, glauben Sie, passiert mit diesen armen und unterdrückten Menschen hier? Wir werden sich die Jungen verhalten, denen man ihre Kindheit versaut und ihre Zukunft nimmt?«

Was den Reichtum dieser Insel angeht, erinnere ich mich an mein erstes Interview mit Erzbischof Capalla in Davao, als er erzählte: »Die Insel Mindanao ist fruchtbar und reich an natürlichen Ressourcen. Dieser Reichtum sind nicht nur die Früchte, die Bananen und Kokosnüsse, sondern dieser Reichtum liegt auch im Schoß der Berge. Die Philippinen sind Asiens größter Goldproduzent. Es gibt riesige Mengen an Kupfer, Chromit, Silber, Zink, Eisenerz, Mangan, Quecksilber, Platin, Blei und Cadmium. Das alles hat immer schon Begehrlichkeiten geweckt, und niemand weiß, wie viel davon heute noch übrig ist. Was man aber weiß ist, daß dieses Volk hier ausgeraubt wurde und ausgeraubt wird. Das ist es wohl, was Papst Johannes Paul II. unter ›Strukturen der Sünde‹ versteht.«

Noch ein Thema ist hier anzusprechen, das Thema Kinderarbeit. Seit sich in den späten neunziger Jahren die wirtschaftliche und politische Lage auf Mindanao so dramatisch verschlechtert hat, sehen viele Kinder und Jugendlich keine andere Chance, als Gelegenheitsarbeiten im Hafen zu suchen. Sie arbeiten zum Beispiel als Verpacker für Düngemittel. Sie arbeiten dabei ohne jeden Schutz. Da gibt es keine Arbeitskleidung, keine Schuhe, keine Handschuhe oder Schutzbrillen, dabei ist das Zeug ja wirklich giftig. Die Folgen: Sehr viele dieser Kinder leiden unter Hautkrankheiten oder haben Probleme mit der Atmung. Weil die Ladearbeiten meist in der Nacht laufen, kommen die meisten Kinder so um sechs Uhr abends, um bis sechs Uhr früh durchzuarbeiten. Da gibt es maximal eine kleine Pause um Mitternacht. Wenn sie bis dahin nichts verdient haben, haben sie nicht einmal eine Chance auf einen kleinen Imbiß, sondern bleiben hungrig.

Die letzte Stufe aber ist die Prostitution. In der Dunkelheit klettern sie auf die Boote, auf denen die Kundschaft, nämlich ausländische Matrosen, warten. »In den meisten Fällen«, so erzählt mit die Mitarbeiterin einer Auffangstation im Hafen, »ist es ja so, daß diese Kinder das Geld, das sie bekommen, nicht für sich behalten, sondern es nach Hause bringen, weil das für die Familien die einzige Überlebenschance ist. Es ist ja heute schon soweit gekommen, daß Eltern sich gezwungen sehen, ihre Töchter mehr oder weniger zu verkaufen, um, wie es dann heißt, als Tänzerinnen in Japan zu arbeiten. Davon kann natürlich keine Rede sind. Diese Mädchen werden ausgebeutet bis zum Letzten, und wenn eine zurückkommt, dann ist sie ein Wrack für ihr Leben gezeichnet.

Gerade vergangene Woche hatten wir einen solchen Fall. Es kam ein Mädchen und erzählte uns, daß es seine Eltern auf Knien gebeten hatte, sie nicht nach Japan zu schicken, weil sie schon gehört hatte, was ihr dort blühen kann. Die Eltern seien aber hart geblieben, hätten gesagt, daß sie den Vertrag beim Contracter unterschrieben hätten und daß das die einzeige Chance sei, weil die kleinen Geschwister ohne das versprochene Geld nicht überleben würden. Klar ist natürlich, daß diese Leute nie Geld sehen werden. Wir hoffen, daß wir in diesem Fall noch etwas tun können. Meistens erfahren wir solche Dinge, wenn es schon zu spät ist.«

Wenn man sich solche Geschichten anhört und weiß, daß die Situation der meisten muslimischen Familien noch um Grade schlechter und bedrohter ist, braucht man sich nicht zu wundern, wenn Widerstand und Gewalt wachsen und in extreme Formen umschlagen. Das ist jedenfalls der Boden, auf dem Terrorismus wächst, weil man ihn ja nachgerade züchtet.

Hier scheint ein Blick in die Geschichte nötig zu sein. Als im 16. Jahrhundert der erste Europäer, der im Auftrag der spanischen Krone die Welt umsegelnde Magellan, auf die Insel im Südpazifik stieß, fand er eine animistische und wenig organisierte Gesellschaft vor, was für die besitzgierigen Spanier Gutes verhieß. Nur auf den südlicher gelegenen Inseln gab es eine nennenswerte gesellschaftliche Organisation. Hier gab es bereits seit dem 14. Jahrhundert etablierte Sultanate, die von muslimischen Händlern aus Arabien aufgebaut worden waren. Dazu kamen noch lokale Clanchefs, die den Islam angenommen hatten. Magellan und seine Leute bekamen zwar die Ablehnung dieser kleinen aber in sich fest gefügten muslimischen Welt zu spüren, vertrauten aber auf die doch überall so wirksame Kraft der christlichen Missionare und brachten frohe Botschaft nach Spanien zurück.

Während es den aus Mexiko abkommandierten spanischen Missionaren nicht schwerfiel, den animistischen Einwohnern des Archipels die christliche Botschaft aufzuzwingen, indem man nach sorgfältigem Studium die gültigen Symbole der Menschen mit christlichen Heiligengeschichten übertünchte und sich sonst auf äußerliche Abläufe wie Gebete, Gesänge, Prozessionen, Novenen und ähnliches beschränkte, stießen sie bei den Muslimen im Süden auf Widerstand. So griffen denn die »freiles«, die Brüder unter dem Druck Spaniens und wohl auch ihrer Ordensoberen durchaus zu Mitteln der Gewalt, wie der Geschichtslehrer Samuel Uzon in Davao mir gegenüber andeutete: »Es ist eine Tatsache, daß Laien im Namen des Glaubens mißbraucht und dazu gezwungen worden sind, Dörfer zu überfallen, deren Einwohner der Evangelisierung Widerstand leisteten. Dort liegt die Wurzel des heutigen Konfliktes.«

Hier ist es nicht unwichtig, auf die Politik der Kolonialmacht USA zu verweisen, die helle Scharen von Christen aus dem Norden auf der widerständigen Insel Mindanao ansiedelte. Außerdem begann gleichzeitig die bis dahin unbekannte Plantagenwirtschaft, vorangetrieben von US-amerikanischen Konzernen, was die muslimische Bevölkerung, die an den Früchten dieser Interventionen keinerlei Anteil hatte, auch nicht gerade friedlicher stimmte.

Zu einer Radikalisierung kam es dann aber erst vor etwas mehr als 30 Jahren. Noch unter Marcos wurden junge Muslime rekrutiert, um eine geplante Invasion der Region Saba auf Nordborneo vorzubereiten. Daraus wurde allerdings nichts, wie mir Archie Ligo, eine feministische Befreiungstheologin erzählte. »Als den jungen Muslimen klar wurde, daß sie dort gegen ihre Glaubensbrüder kämpfen sollten, verweigerten sie den Dienst mit der

Waffe. Viele von ihnen wurden getötet. Einige der Überlebenden gründeten dann 1973 die *Moro National Liberation Front*, forderten Selbstbestimmung und begannen einen Unabhängigkeitskrieg. Nach dem Sturz des Marcos-Regimes ließen sie sich auf Friedensverhandlungen mit der neuen Regierung Corazon Aquinos ein und erreichten nach mühevollen Verhandlungen den Status einer ›Autonomen Region‹. Als ihnen dann langsam dämmerte, daß das den notleidenden und immer noch diskriminierten Menschen nichts brachte, kam es zu einer Spaltung des islamischen Widerstandes. Inzwischen waren nämlich einige junge Männer von der Insel Basilia in eines der Ausbildungslager der Taliban nach Afghanistan geschickt und dort entsprechend indoktriniert worden.«

Bei einem Gespräch im Büro einer vor allem für Kinderarbeiter tätigen Gruppe im Hafen von Davao, habe ich Julie Navalta kennengelernt, die dort für Verwaltung und Finanzen zuständig ist. Sie erzählte mir von einer für die Situation typischen Entwicklung eines jungen Mannes: »Ich stamme von Basilia, wo mein ältester Bruder seit 1987 Bischof ist. Ich war seit meiner Kindheit mit einem jungen Muslim befreundet.

Wir haben trotz der zunehmenden Teilung der Insel in eine christliche und eine muslimische Region nie den Kontakt miteinander verloren. So wußte ich auch immer, daß es ihm und seiner Familie zunehmend schlecht ging, daß er seine Arbeit verloren hatte und auch seine zwei Söhne keine Chance auf eine ordentliche Ausbildung und auf Arbeit hatten. Eines Tages schrieb mir dann mein Bruder, daß einer der Buben, ein besonders heller Kopf, für ein Training in Afghanistan ausgewählt worden sei, was ihm Sorgen mache, denn schließlich wisse man ja längst, was mit den Burschen dort passiere. Und genau so war es. Er kam als eine völlig veränderte Person, mit flackernden Augen und einem brennenden Herzen wieder. Jetzt lebt er mit dem fanatischen Führer, einem ehemaligen Mudschahed, der in Afghanistan schon gegen die Russen gekämpft hat, und den anderen meist jungen Leuten irgendwo in den Bergen, und man hört immer wieder von Entführungen wohlhabender Geschäftsleute, Plantagenbesitzer oder lokaler Politiker, denn es würde wohl nichts bringen, arme Leute zu entführen. Ja, diese Radikalisierung ist die Antwort auf die Unterdrückung, auf die von oben oktroyierte Armut und Zukunftslosigkeit vor allem der jungen Menschen.«

Wenn ich denke, daß ich dieses und viele andere Gespräche auf Mindanao im Februar des Jahres 2000 aufgenommen habe, so klingt die Aussage der bereits zitierten Theologin Archie Ligo beinahe prophetisch: »In dieser Situation der Globalisierung, des zunehmenden Ausverkaufs des Landes, der wachsenden Marginalisierung ist es schwierig, anders zu sein. Wenn du anders bist, heißt, eine Frau, muslimisch, arm zu sein, dann wirst du an und über den Rand hinausgedrängt, ausgeschlossen. Und weil du ein Mensch bist, kannst du das nicht akzeptieren. Du reagierst, manchmal eben auch sehr extrem. Gleichzeitig ist aber der Umgang mit dem, was sie heute so gerne Terrorismus nennen, schon eher paranoid. Herrschende Konflikte werden einfach auf eine andere Ebene verschoben, ohne sich mit ihnen auseinanderzusetzen. Der Feind wird neu, wird als Terrorist definiert. Und die Terroristen sind niemals die eigenen, sondern immer die anderen Leute, die Ausgeschlossenen. Es wird nicht mehr wahrgenommen, daß der Terrorismus nicht von außen, sondern von innen kommt. Das ist eine Wahrheit, die wir begreifen lernen müssen, bevor es zu spät ist: die Terroristen sind nicht immer die anderen.«

Nur wenige Wochen später, zu Ostern 2000, geriet die Gruppe Abu Sayyaf erstmals in die Schlagzeilen der Weltpresse. Einige der Leute hatten in einem malaiischen Urlaubsressort 21 Menschen, davon elf Ausländer, gekidnappt und auf die Insel Jolo verschleppt.

Die Verhandlungen über die Freilassung der Geiseln zogen sich endlos hin. Die ersten Forderungen, so berichteten mir damals philippinische Freunde, seien auf nackten Spott und Hohn gestoßen. Die Entführer hätten von der Regierung verlangt, dafür zu sorgen, daß die Grenzen für die internationale Fischerei um etliche Kilometer weiter in den Pazifik hinausgeschoben würden, damit die philippinischen Fischer wieder Fangchancen hätten.

»In diesem Geschäft geht es um Gewalt und Geld und um sonst nichts«, soll man den Forderungen entgegengesetzt haben. Nach einem ebenso brutalen wie erfolglosen Militärschlag kam die damals noch spektakuläre Forderung nach 25 Millionen Dollar, daraufhin wieder eine militärische Großoffensive mit Unterstützung der USA. Auch sie konnte den Geiselnehmern nichts anhaben, hat dafür aber zigtausenden Zivilisten das Leben gekostet oder sie zu Flüchtlingen gemacht, was neuen Haß säte.

Schließlich wurden die Geiseln freigelassen, das amerikanische Ehepaar erst nach etwa einem Jahr, die Summe wurde bezahlt und ermöglichte der Abu Sayyaf-Gruppe den Ankauf von ausreichend Waffen, was, das kann man sich gut vorstellen, die Attraktivität der Gruppe für junge Menschen kräftig erhöht hat. Das war wahrscheinlich der Punkt, an dem eine radikale Widerstandsgruppe zu einer Terrorgruppe mutierte. So züchtet man eben Terroristen.

Washington kann das alles nur recht sein, solange sich damit seine militärische Anwesenheit rechtfertigen läßt und die Interessen der US-Firmen keinen Schaden nehmen. Und da ist in der derzeitigen Konstellation keinerlei Gefahr, hatte doch Präsidentin Gloria Macapagal Arroyo bei ihrem ersten Staatsbesuch im November 2001 ihrem mächtigen Kollegen George W. Bush artig »bedingungslose Unterstützung« im Kampf gegen das »Böse« zugesichert und Manila dadurch neben aufgestockter Wirtschafts- und Finanzhilfe eine militärische Soforthilfe in Form von AC-130-Kampfhubschraubern und 30.000 M-16-Gewehren verschafft. Das sind doch einfach nette Gesten, die verbinden und die Freundschaft erhalten.

* * *

Wie bereits an einigen anderen Stellen dieses Buches habe ich auch in den Philippinen einen kenntnisreichen und erfahrenen Menschen um einen persönlichen Kommentar gebeten, um eine Facette mehr bieten zu können.

Aus Manila bekam ich einen solchen Text von dem bereits zitierten ständigen Diakon Theodorus van Loon, der meist unter dem Namen Deacon Mario aufgetaucht ist, da alle Menschen, mit denen er zu tun hat, ihn so nennen.

Hier sein etwas gekürzter Bericht:

USA: Imperialisten produzieren Terroristen

Ich wurde 1946 in den Niederlanden geboren. Diese Tatsache prägte meine ersten Jahre und vor allem den Eindruck, den die Welt auf mich machte. Zwischen den Gräbern naher Verwandter wuchs ich mit Kriegsgeschichten auf. Zu meinen schönsten »verbotenen« Spielplätzen gehörten die Ruinen der Synagoge am Ende der Straße und der ehemals wunderschönen gotischen Kirche um die Ecke. Die Deutschen hatten diese Symbole von Glauben und Kultur in die Luft gejagt, bevor sie abziehen mußten.

Ich liebte die Geschichten meines Vaters, der selber im Herzen von Rotterdam gegen die Deutschen gekämpft hatte. Ich konnte von den Geschichten über die tapferen Widerstandskämpfer und über den Überlebenskampf der Flüchtlinge, die unsere Häuser überschwemmt hatten, einfach nicht genug bekommen. Mit einem Besenstil auf der Schulter marschierte ich durch die Küche und spielte einen Soldaten, bereit für die Befreiung von Tyrannei und Unterdrückung sein Leben zu geben. Ich lernte englische Lieder und das Trompetensignal der US-Army. Sie waren die Helden, die guten Jungs, die Befreier, die all unsere Dankbarkeit verdienten. Amerika war das Land der Freien, ein Land der Verheißung. Ich weiß, daß die Naivität eines Kindes keine Grenzen kennt, und noch heute, mehr als 50 Jahre später, erinnere ich mich an diese Szenen, als wären sie gestern abgelaufen.

Nur langsam begannen meine Helden des Zweiten Weltkriegs, begannen die Standbilder der Befreier zu bröckeln. Ich entdeckte erste häßliche Züge des sich ausbreitenden Liberalkapitalismus, die Ungerechtigkeit gegenüber den Arbeitern, von denen der Vater erzählte. Er war Leiter des örtlichen Büros der Katholischen Arbeiterbewegung und selbst Arbeiter in einer Nickelmine. Ich hörte faszinierende Geschichten über Che Guevara und Camilo Torres, die mir gefielen, weil diese Männer für Gerechtigkeit und Freiheit kämpften. In UNCTAD-Konferenzen während meiner Studentenzeit erfuhr ich mehr über die Rolle, die Imperialisten in dieser Welt spielten. Die USA bekamen ein Fragezeichen, waren sie es doch, die den skrupellosen Kapitalismus verteidigten, aber letztlich blieben sie in meinem Kopf doch noch dieses »land of the free and the home of the brave«.

Davon wurde ich während meines Aufenthaltes in Chile endgültig geheilt. Ich fand eine total gespaltene Gesellschaft. Da waren auf der einen, sehr dünnen Seite die Leute aus der katholischen Mittelklasse, die eine antikommunistische Gehirnwäsche hinter sich hatten und überhaupt nichts mehr verstanden. Ich hingegen kapierte erstmals, wie Manipulation mit irrationalen Ängsten Menschen verblöden kann.

Ein junger amerikanischer Journalist erzählte mir eines Morgens nach einem Abend mit Leuten von der US-Botschaft: »Sie sagen, Allende muß weg, das sei beschlossene Sache, denn er gefährde die amerikanischen Interessen.« Mehr als 3000 US-Companies gab es damals in Chile, darunter Giganten wie die Kupfer-Anaconda, AT&T und andere. Ihre Aufgabe war es dann, chilenische Politiker und vor allem chilenische Militärs gefügig zu machen, damit die chilenische Armee und die obere Klasse das dreckige Geschäft der USA besorgen sollten, Allende loszuwerden. Das ist ja auch gelungen. Jeder kennt die Geschichte.

Demokratie wurde in Diktatur umgemünzt, weil diese dem amerikanischen »corporate interest« dient, und das nicht nur in Chile, in Peru, in Brasilien, Argentinien. Guatemala, Mexiko, sondern auch auf den Philippinen.

Als ich 1978 hinkam, hatte ich meine Naivität längst verloren.

Eines der ersten Bücher, die ich dort gelesen habe, hieß: »Mein kleiner brauner Bruder«. Es war die Geschichte eines jungen amerikanischen Soldaten, den die grauenvollen und absurden Geschehnisse des Amerikanisch-Philippinischen Krieges (1896–1898) in tiefste Gewissenskonflikte gestürzt hatten. Dieses Buch brachte mir eine wichtige historische Erkenntnis. Nachdem Kuba erfolgreich gegen Spanien revoltiert und seine Unabhängigkeit bekommen hatte, sei man, so hieß es in dem Buch, zu der Erkenntnis gelangt: »Das spanische Reich zerbricht. Warum sollten wir also nicht die Teile aufheben und zu Kolonien der Vereinigten Staaten von Amerika machen?« Das war also möglicherweise der Startschuß für das US-amerikanische Imperium, das sich gerade jetzt zu überdehnen scheint. Die »Freiheitskämpfer« von einst waren also wild entschlossen, die Reste der kolonialen Welt einzusammeln und zwecks weiterer Ausbeutung unter die Fittiche zu nehmen, den eben erst aus dem Ei geschlüpften neuen »unabhängigen« Nationalstaaten »brüderliche Hilfe« angedeihen zu lassen und ihnen dabei die eben gewachsenen Flügel einer neuen Freiheit um eigener kapitalistischer Interessen willen gleich einmal kräftig zu stutzen. Unglaublich aber wahr, und genau das ist es, was sie auch auf den Philippinen exerziert haben.

Die Philippinen wurden wirklich extrem ausgebeutet: die Wälder zerstört, die Minen ausgeraubt, die gescheiten Köpfe aus dem Land verwiesen und das Wertesystem total korrumpiert.

Tausende amerikanische Unternehmungen haben sich auf den Philippinen für immer festgesetzt und wurden dadurch immer größer und reicher; daß sie Filipinos zwangen, für nur eine Mahlzeit und irgendeine Bunkerunterkunft, also faktisch ohne Lohn zu arbeiten. Philippinische Produkte wurden unter amerikanischen »Labels« in alle Welt verkauft.

Für die Art und Weise, wie die USA auf den Philippinen gewütet haben, gibt es ein ausgezeichnetes Beispiel: die »Dole-Cooperation«. Tausende und Abertausende Hektar fruchtbarstes Land wurden im Norden der Insel Mindanao der Dole-Company für Ananas- und Bananen-Plantagen übergeben. Ja, einfach so – übergeben, indem man die Flächen den kleinen Bauern wegnahm, ohne ihnen – in vielen Fällen – auch nur irgendeine Abgeltung dafür zu bezahlen. Die Familien wurden weggebracht, in eher ungastliche Gebiete gekarrt oder verschwanden einfach. Die meisten dieser Bauern waren Muslime. Als die Überlebenden sich dann zu organisieren begannen und der »christlichen« Regierung in Manila Widerstand leisteten, entwarf die philippinische Armee mit amerikanischer Assistenz eine spezielle Kampagne gegen diese »Kommunisten«. Dörfer wurden bombardiert. Man richtete »geschlossenen Zonen« ein, die man weder betreten noch verlassen konnte. Und man warb ganze Horden von Kriminellen an, die diesen »Kommunisten« Mores lehren sollten. Diese Mörderbanden waren das Schlimmste von allem. Sie terrorisierten die verschreckten Menschen auf jede nur erdenkliche Art und mordeten unter den Augen von Militär und Polizei. Das waren wirklich Monster, gezüchtet von den eigenen Machthabern und den fremden Imperialisten. Ein junger Soldat erzählte mir einmal einen Abend lang weinend von seinen Erfahrungen. Er wolle nur weg, sagte er, weil er das alles nicht mehr ertragen könne. Aber wenn er ein Wort sagte, würde sein eigener Kommandeur ihn erschießen. Ich weiß nicht, was er nach diesem Abend getan oder gesagt hat. Jedenfalls ist er von seinem nächsten Aufenthalt auf Mindanao nicht mehr zurückgekehrt.

Einige Jahre später kam eine Truppe dieser imperialistischen Monster nach Manila. Sie nannten sich »Kuratong Balele«. Nach dem Ende des Marcos-Regimes brauchte man sie nicht mehr und jene, die sie über die Jahre für die Drecksarbeit mißbraucht hatten, stellten sie einfach in die Ecke. Für eine normale Arbeit waren sie nicht zu gebrauchen, also erinnerten sie sich ihrer antrainierten Fähigkeiten und begannen, Häuser reicher Familien zu überfallen und auszurauben. Das paßte natürlich nicht ins Konzept, vor allem als sie sich auch daran machten, Banken auszurauben. Da nahm sich einer ihrer seinerzeitigen Instruktoren und Trainer mit einer seiner Truppen ihrer an, nahm sie gefangen und ließ sie ohne Untersuchung, ohne Anklage und ohne Urteil samt und sonders an einem geheimen Ort verschwinden.

Wer noch immer nicht überzeugt ist, möge folgende Geschichte lesen. Ich bin im Rahmen eines multireligiösen Dialogforums in verschiedene Projekte unter den Muslimen auf Mindanao involviert. Sie versuchen dort, sogenannte »Ummah« aufzubauen, die sollen so etwas ähnliches werden, wie die »Kleinen christlichen Basisgemeinden«, die auf den Philippinen so erfolgreich arbeiten. Während meiner Diskussionen mit den muslimischen Führern habe ich auch mehr über die Geschichte von Abu Sayyaf erfahren, eine sehr erhellende Geschichte.

Als die Truppen der UdSSR Afghanistan besetzt hielten, nützte die CIA ihr Netzwerk: Auf Mindanao wurden unzufriedene junge Muslime für den Kampf gegen die Russen rekrutiert. Sie wurden gut ausgebildet, ausgerüstet und nach Afghanistan geschickt, um dort die lokale Guerilla im Kampf gegen die Russen zu unterstützen. Einer der wichtigsten Führer des Widerstandes, auf den sie dort trafen, war der ebenfalls von der Amerikaner rekrutierte Osama Bin Laden. Den jungen Kämpfern aus dem pazifischen Raum wurde versprochen, wenn es gelänge, die afghanischen Muslime von den Besatzern zu befreien, würden die USA ihnen helfen, auf Mindanao und andern südphilippinischen Inseln einen eigenen muslimischen Staat zu errichten.

Die Wirklichkeit sah dann allerdings anders aus. Ihr Schicksal war dem der »Kuratong Balele«-Bande nicht unähnlich. Auch sie ließ man nach getaner Arbeit einfach stehen. Sie mußten entdekken, daß sie nur für imperialistische Interessen mißbraucht worden waren. Man hatte sie einfach weggelegt wie einen alten Hut, nur ging diesmal die Rechnung nicht so einfach auf. Die Abu Sayyaf-Gruppe und deren inzwischen wie Pilze aus dem Boden gewachsenen Ableger haben den Kampf an der Heimatfront aufgenommen.

Ein altgedienter Kämpfer und Vietnam-Veteran der US-Army, der mich manchmal besuchen kann, wenn ihn seine schlimmen

Erinnerungen nicht schlafen lassen, meinte dazu einmal: »Der philippinischen Armee wird es nicht gelingen, die Abu Sayyaf-Leute zu fangen. Die haben wir trainiert.«

Der US-Imperialismus braucht den Krieg und wird immer wieder Krieg erzeugen, direkt oder indirekt. Der Golfkrieg des Jahres 1991 ist für mich das beste Beispiel. Die USA, Großbritannien, andere europäische Regierungen und Japan kannten Saddams Pläne seit langem. Schließlich hatten sie ihn mit vereinten Kräften technologisch und militärisch aufgerüstet. Saddam war naiv. Sie machten ihn glauben, daß sie nicht intervenieren würden, sollte er Kuwait überfallen. Ein britischer Konzern hatte alle Verträge für den Wiederaufbau und die Modernisierung des Telefonnetzes in Kuwait unter Dach und Fach, bevor die Iraker die ersten Telefonleitung gekappt hatten.

Die US-Wirtschaft war auf dem Weg in die Rezession, also brauchte sie Auftrieb, und dafür ist Krieg immer noch das beste Heilmittel. Zerstören, um wieder aufbauen zu können, und die damit beauftragten Firmen werden immer die besten Wahlhelfer für die Auftraggeber sein, das weiß man inzwischen. Mal sehen, ob die Rechnung auch diesmal aufgeht.

Wenn ich George W. Bush neben Toni Blair stehen sehe und zuhören muß, wie sie über Frieden und Freiheit faseln, werde ich sehr zornig, zornig vor allem über den Mißbrauch der Begriffe Frieden und Freiheit, zornig auch über all das Leiden, all die Ausbeutung, Unterdrückung, über all das Töten, über die Armut und das Elend, aber alles, was im Namen dieser so genannten »Freiheit« verursacht und über schuldlose Menschen gebracht wird. Ich war nie gewalttätig, das ist nicht mein Verdienst, sondern einfach meine Art. Aber ich kann Menschen verstehen, die zur Gewalt greifen, wenn sie zuschauen müssen, wie ihre Welt vor ihren Augen zerbombt und zertreten, die Zukunft ihrer Kinder zerstört wird.

Ich habe die Verzweiflung in den Augen so vieler Arbeiter und Slum-Bewohner in Lateinamerika und Asien gesehen und mich oft über ihre Geduld und Demut gewundert. Die meisten waren gute Christen und haben ihren Haß unterdrückt und nicht in Gewalt münden lassen. Die meisten Muslime, die ich kenne, sind ebenso friedliebende Leute, die keine Gewalt wollen. Aber wenn Menschen, Menschengruppen, ganze Völker immer wieder mit dem Rücken an die Wand gedrückt und mißbraucht werden, werden sie sich eines Tages wehren.

Solange die Amerikaner in dem naiven Glauben leben, daß sie Friedenskämpfer sind und das Gute in die Welt bringen, während ihre Regierungen die USA längst zum Weltmeister in Unterdrükkung und Ausbeutung gemacht haben, solange wird Amerika Monster erzeugen und den mißbrauchten Menschen jeden Grund für Rebellion und Revolte geben. All diese frömmlerische, christliche Rhetorik von Frieden und Gewaltlosigkeit versucht nur, die Wahrheit zu verschleiern.

Für mich ist das Schlimmste an den Ereignissen des 11. September 2001, die Tatsache, daß die Opfer vergebens gestorben sind. Ihr Tod wäre sinnvoll gewesen, wenn er die Mächtigen und Reichen in Amerika und mit ihnen das ganze Volk der USA zu einer echten, tiefen Gewissenserforschung gebracht hätte. Aber nichts geschah. Die Administration, ihre Handlanger und Unterstützer in den Wirtschafts-Lobbys benutzten diesen unverzeihlichen Gewaltakt als Vorwand, um neue Kriegsgreuel zu rechtfertigen, zu begehen, noch mehr mißbrauchte Opfer und damit noch mehr Terroristen zu produzieren.

Irgendwie tun mir diese naiven, ja kindischen Menschen in den USA leid, denn dieser Krieg wird erst dann enden, wenn die Supermacht, wenn das neue Imperium endlich aufhört, der ganzen Welt seinen Willen aufzuzwingen, sie in die Opferschale seiner Gier zu werfen.

Biographische Notizen
Theodorus van Loon: Geboren 1946 in den Niederlanden. 1972 an der Katholischen Universität von Utrecht als Pastoraltheologe promoviert. 1972/1973 als Fabriksarbeiter in Chile. 1974 von Kardinal Alfrink zum Ständigen Diakon geweiht. 1974 bis 1978 pastorale Arbeit in Peru. Von 1978 bis heute als Diakon der Diözese Infanta auf den Philippinen tätig. Liest Kirchengeschichte und Katholische Soziallehre am Socio-pastoral Institute in Manila.

Schlusswort: Mit roten Zahlen zum roten Planeten

In der aus allen Nähten platzenden indischen Finanzmetropole Bombay, oder, wie diese stinkende, lärmende Hafenstadt heute alt-neu genannt wird, in Mumbai, trafen einander im Jänner 2004 mehr als 100.000 überwiegend junge Menschen wirklich von allen Enden der Erde, von jenen Enden der Erde, von denen auch in diesem Buch die Rede war. Sie trafen einander, um im Rahmen des 4. Weltsozialforums, das bisher immer im brasilianischen Porto Allegre getagt hatte, gegen das herrschende System der Ausbeutung und die Politik der USA zu protestieren und um neue Strategien zu entwickeln. In Porto Allegre wurde vor Jahren ein Slogan erfunden, der auch über dem heurigen Treffen schwebte und der bedacht und angestrebt werden sollte, wie die indische Autorin Arundhati Roy betonte: EINE ANDERE WELT IST MÖGLICH, und das heißt wohl, daß die Mehrheit der Menschen sich nicht mehr dem Diktat des US-Empires zu unterwerfen habe, sondern daß Widerstand angesagt ist.

»Es ist nicht mehr genug, beim Weltsozialforum über eine bessere Welt zu reden. Wir müssen sie schaffen«, so die indische Schriftstellerin Roy, »und das muß heute damit beginnen, daß wir auch im Irak nicht den Widerstand gegen die Besatzung unterstützen, sondern zum Widerstand werden.« In dieselbe Kerbe schlug auch die iranische Friedensnobelpreisträgerin Schirin Ebadi. Sie erklärte: »Afghanistan und der Irak sind im Widerspruch zum internationalen Recht besetzt, das muß ein Ende haben, genauso wie die Kriegsverbrechen, die Rußland in Tschetschenien täglich verübt.«

Die Flötentöne von einer Befriedung und Demokratisierung des Nahen und Mittleren Ostens sind längst verklungen, auch wenn George W. Bush jun. nicht müde wird, seine Entschlossenheit im Kampf gegen den Terror zu betonen. Nach der sich immer länger hinziehenden Quälerei um eine Normalisierung in den zerbombten Ländern Afghanistan und Irak, den wachsenden Zahlen an Toten auch auf seiten der Besatzer – im Jänner 2004 war bereits die Zahl 500 toter GIs überschritten –, schaut der amerikanische Strahlemann plötzlich ziemlich alt aus und wird mehr und mehr zum Ziel von Spott und Hohn, gerät in Witzkolumnen und Kabarettprogramme. Dabei war doch alles so werbewirksam inszeniert: Der Nichtsoldat George W. zwängte sich in eine Fliegeruniform, um auf einem US-Kriegsschiff, wie es heute scheint, doch etwas übereilt, den Sieg über den Irak zu verkünden. Militärisch mag die Übermacht Wirkung gezeigt haben, aber das kann doch nicht alles gewesen sein! Das begreifen auch immer mehr US-Bürger, wenn die Särge mit den toten jungen Männern und Frauen nach Hause kommen, und die Sicherheitsmaßnahmen in Sachen »Terrorismus« langsam unerträglich werden, man sich im »land of the free and the home of the brave« nicht mehr frei bewegen kann. Auch der andere Wahlwerbegag, jener mit dem Plastiktruthahn im Kreise seiner Soldaten am Thanksgiving-Day, ist nicht so recht angekommen. Nicht einmal die letztendliche Verhaftung des »Oberschurken« Saddam Hussein, den man, eher einem Sandler als einem stolzen Diktator gleichend, aus einer Erdhöhle holte und den Kameras der internationalen Presse vorführte, hat die Leute so richtig hinter dem Ofen hervorgelockt, notabene die Umstände seiner Auffindung und Verhaftung nicht so ganz klar geworden sind. Eher hat man sich schon bald die Frage gestellt, wie es denn sein kann, daß man Saddam Hussein zum Kriegsgefangenen erklärte und ihn damit unter den Schutz der Menschenrechtskonvention stellte, während Hunderte afghanische mehr oder weniger Taliban-Kämpfer immer noch ohne jeden Rechtsschutz in den Käfigen von Guantanamo schmachten.

Zwischendurch, eigentlich gänzlich ohne Echo der Weltöffentlichkeit, ist etwas ganz anderes geschehen. Noam Chomsky, Regierungsberater aus der Clinton-Zeit, hat in der August-Nummer 2002 der Zeitschrift »Le monde diplomatique«, deren deutsche Ausgabe der TAZ-Berlin beiliegt, geschrieben, daß das US-Außenministerium im Juni 2002 den Begriff »Rogue-States«, also »Schurken-Staaten« aus seinem diplomatischen Wortschatz gestrichen und durch den Begriff »States of concern«, also in etwa »besorgniserregende Staaten« ersetzt habe, weil diese Bezeichnung ein »flexibleres Vorgehen« ermögliche – was immer das nun bedeuten mag.

Jedenfalls waren George W. damit die begeistert und oft gebrauchten Schimpfkanonaden und Drohgebärden gegen die »Schurken-Staaten« abhanden gekommen. Er mußte sich wohl neue Ziele stecken und dabei griff er weit aus – und möglicherweise ins Leere. Die großspurig verkündete Rückkehr zum Mond, um dann von dort aus eine bemannte Mars-Mission zu starten, liegt sowohl bei der amerikanischen NASA als auch bei der europäischen ESA längst in den Schubladen – und auf Eis. Außerdem stellt sich die Frage nach dem öffentlichen Interesse, also auch nach jenem der amerikanischen Wählerinnen und Wähler, die längst andere Sorgen haben. Die Mondlandung von Neil Armstrong am 20. Juli 1969 verfolgten trotz der nächtlichen Stunden mehr als 600 Millionen Menschen weltweit, während die letzte US-Mondmission nur drei Jahre später den US-Medien nicht einmal mehr eine Live-Übertragung wert gewesen war – mangels Zuseherinteresse. Aber die Fragen nach der Machbarkeit, der Finanzierbarkeit und dem tieferen Sinn einer solchen Aktion interessieren den immer hilfloser agierenden Präsidenten nicht wirklich. Dabei liegen, zumindest was die Finanzierbarkeit angeht, die Karten offen auf dem Tisch: Das Budgetdefizit der USA betrug im Jahr 2003 374 Milliarden US-Dollar und wird für 2004 auf etwa 400 Milliarden Dollar geschätzt. Die Auslandsverschuldung ist auf 40 Prozent des BIP geklettert und dürfte bereits höher liegen, als die Schulden aller Entwicklungsstaaten zusammengenommen.

Wie also ein solches Weltraumunterfangen finanzieren, ohne zu stehlen? Die Antwort auf diese Frage wird aber, ob so oder so, nicht Herr Bush jun. oder seine Freunde zu geben haben, denn Pläne wie diese reichen ja weit in eine Zukunft, die von den NEOCONS, wie Gerd Bacher die Clique um George W. bezeichnet hat, nicht mehr bestimmt werden wird. Die Wissenschaftler der Weltraumbehörde beginnen aber schon jetzt laut aufzuschreien, denn das berühmte Weltraumteleskope Hubble, das bis jetzt die spektakulärsten und schärfsten Bilder aus dem Weltall zur Erde gefunkt und den Wissenschaftlern zu neuen Erkenntnissen über die Geschichte des Universums verholfen hat, soll dem Sparstift zum Opfer fallen, das heißt nicht mehr versorgt und gewartet werden. Das Riesenfernrohr soll sich selbst überlassen bleiben, was bedeuten würde, daß es seine Arbeit in spätestens drei oder vier Jahren einstellen wird.

Wenn es also dazu käme, daß die USA bereits die eigenen heiligen Kühe zu schlachten beginnen, kann man sich vorstellen, was das für die eben erst im Mumbai eingeforderte und mehr denn je notwendige internationale Solidarität heißen würde. Nur bei einem kann man sicher sein: für Kriege wird es immer genug Geld geben, ob mit oder ohne den roten Planeten. Und so ist das Säbelrasseln gegen Staaten wie Syrien zum Beispiel zwar etwas leiser geworden, aber noch immer nicht verklungen. Mit scharfen Tönen wird die syrische Regierung nach wie vor aufgefordert abzurüsten, alle Massenvernichtungswaffen unschädlich zu machen und sich umgehend von den Golan-Höhen zurückzuziehen. Der syrische Staatschef gab sich allerdings nicht unterwürfig, sondern redete Klartext und meinte, Syrien sei zur Vernichtung der Waffen bereit, allerdings erst in dem Augenblick, in dem Israel sein chemisches, biologisches und atomares Potential aus dem Verkehr gezogen habe. Und darauf wird die Welt wohl noch lange warten müssen.

Inzwischen geht der Bombenterror im Irak weiter, wird die Kluft zwischen den Schiiten, Sunniten und Kurden tiefer, die antiamerikanischen Aktionen militanter, und niemand weiß, wohin das alles noch führen wird: die amerikanischen und englischen Besatzer wohl am allerwenigsten, notabene in den USA Präsidentenwahlen anstehen, was kaum zu einer Beruhigung der Weltlage beitragen wird.

Trotz allem gibt es noch immer Stimmen der Hoffnung, und die kommen nicht nur von »unten«, wie aus Mumbai, sondern auch von oben, von UNO-Generalsekretär Kofi Annan persönlich, der in seiner Neujahrsbotschaft 2004 zum Kampf gegen Armut, Hunger, Krankheit und Ausbeutung aufgerufen hat: »Ja, wir müssen den Terrorismus bekämpfen. Ja, wir müssen die Verbreitung tödlicher Waffen verhindern. Aber laßt uns auch ›Ja‹ sagen zur Entwicklung der Welt. Laßt uns Hoffnung in das Leben jener Menschen bringen, die an der Ungerechtigkeit leiden. Ohne Entwicklung und Hoffnung auf Gerechtigkeit wird es keinen Frieden geben.«

In seiner Ansprache erinnerte Kofi Annan an die Versprechen, zu denen sich die Staatengemeinschaft noch im September 2000 bekannt hatte: die Zahl der Armen zu halbieren, jedem Kind eine faire Ausbildung und medizinische Versorgung zu garantieren und allen Menschen den Zugang zu sauberem Wasser zu ermöglichen. Und er meinte zu der sich inzwischen weiter verschlechternden Versorgungssituation der Mehrheit der Weltbevölkerung: »Um diese Ziele zu erreichen, brauchen wir nur einen Bruchteil dessen, was diese Welt für Waffen und Kriege ausgibt. Wir haben unsere Versprechen nicht gehalten, sondern uns von einer neuen Flutwelle des Krieges forttreiben lassen. 2004 muß das anders werden! Es muß ein Jahr werden, in dem die Gezeiten sich umzuwenden beginnen.«

Mit diesem Aufruf zu einer, wie es im Moment ausschaut, Trotzdem-Hoffnung, möchte ich meinen Schlußpunkt in diesem Buch setzen und daran erinnern, daß nicht nur in Washington und anderen Machtzentren Geschichte geschrieben wird, sondern daß alle, vor allem aber die Bürgerinnen und Bürger der reichen Industrienationen, mitverantwortlich dafür sind, was in dieser Welt geschieht. Der Blick müßte sich eher dorthin richten, wo Menschen gemeinsam und solidarisch zu neuen Ufern in Richtung GERECHTIGKEIT, FRIEDEN UND BEWAHRUNG DER SCHÖPFUNG aufbrechen, als fasziniert dorthin zu starren, wo – auch unter dem demokratischen Mäntelchen – Menschenrechte noch immer mit Füßen getreten werden.

Dolores M. Bauer, 19. Jänner 2004

EINE LITERATURLISTE FÜR LESERINNEN UND LESER, DIE ZUM THEMA USA WEITERLESEN MÖCHTEN

Atlas der Globalisierung. Hrsg. v. Le Monde. 2. Aufl. TAZ, 2003.

Avnery, Uri u. a.: *Bomben auf Bagdad – nicht in unserem Namen.* Homilius, 2003. Ed. Zeitgeschichte 7.

Brzezinski, Zbigniew: *Die einzige Weltmacht. Amerikas Strategie der Vorherrschaft.* 7. Aufl. S. Fischer, 2003.

Busse, Sabine: *Europa blickt auf Amerika – und umgekehrt? Die Neue Transatlantische Agenda als Grundlage einer effektiven Partnerschaft.* Europa Union / VVA, 2003. Münchener Beitr. z. Europ. Einigung 10.

Chomsky, Noam: *Hybris. Die endgültige Sicherung der globalen Vormachtstellung der USA.* Europa Verlag Hamburg / KNO, 2003.

Chomsky, Noam: *Wirtschaft und Gewalt. Vom Kolonialismus zur neuen Weltordnung.* Klampen, 2001.

Emmerich, Klaus: *Atlantische Scheidung. Driften Europa und Amerika auseinander?* Molden, 2003.

Empire Amerika. Perspektiven einer neuen Weltordnung. Hrsg. v. Speck, Ulrich / Sznaider, Natan. DVA/VM, 2003

Hamilton, Daniel S.: *Die Zukunft ist nicht mehr, was sie war: Europa, Amerika und die neue weltpolitische Lage.* Robert Bosch Stiftung, 2002.

Identität und Fremdheit. Eine amerikanische Leitkultur für Europa? Hrsg. v. Gellner, Winand / Strohmeier, Gerd. Nomos, 2001.

Kagan, Robert: *Macht und Ohnmacht. Amerika und Europa in der neuen Weltordnung.* Siedler / VVA, 2003.

Mittmann, Beate / Priskil, Peter: *Kriegsverbrechen der Amerikaner und ihrer Vasallen gegen den Irak und 6000 Jahre Menschheitsgeschichte.* 4., aktualis. u. erw. Aufl. AHRIMAN-Verlag, 2002.

Sanders, Tom: *American Exodus.* Betzel, 2001.

Sardar, Ziauddin / Davies, Merryl Wyn: *Woher kommt der Haß auf Amerika?* Klampen / PRO, 2003

Steiner, George: *Errata. Bilanz eines Lebens.* dtv / KNO, 2002.

Die Vereinigten Staaten von Amerika. 19. Aufl. Hrsg. v. Adams, Willi P. S. Fischer, 2003. Fischer Weltgesch. 30.

Verenkotte, Clemens: *Die Herren der Welt. Das Amerikanische Imperium.* Droemer Knaur / VVA, 2003.

EINE LISTE VON NGO'S FÜR MENSCHEN, DIE BEREIT SIND, SICH ZU ENGAGIEREN

ATTAC
1050 Wien, Margaretenstraße 166, Tel.: 01/54 641-430
http://www.attac-austria.org

Südwindagentur
1080 Wien, Laudongasse 40, Tel.: 01/405 55 15
http://www.oneworld.at/swagentur

Wiener Institut für Entwicklungsfragen und Zusammenarbeit
1040 Wien, Möllwaldplatz 5/3, Tel.: 01/713 35 94
http://www.vidc.org

Mexiko Plattform Österreich
1190 Wien, Rudolfinergasse 6/8, Tel.: 01/942 77 04
http://www.oneworld.at/mexiko-plattform

Österreichische Forschungsstiftung für Entwicklungshilfe
1090 Wien, Berggasse 7, Tel.: 01/317 40 10
http://www.oefse.at

Guatemala Solidarität Österreich
1180 Wien, Währingergürtel 75/6, Tel.: 01/990 12 71
http://www.guatemala.at

Entwicklungshilfe-Klub
1020 Wien, Böcklingstraße 44, Tel.: 01/720 51 50
http://www.eh-klub.at

Solidarität mit Lateinamerika
1010 Wien, Deutschmeisterplatz 2, Tel.: 01/313 39-225 oder -296
http://www.sol-steiermark.at

Welthaus Diözese Graz-Sekau
8010 Graz, Grabenstr. 39, Tel.: 0316/32 45 56
http://graz.welthaus.at

Internationale Institut für den Frieden
1040 Wien, Möllwaldplatz 5/2, Tel.: 01/504 64 37

Ludwig Boltzmann Institut für Lateinamerikaforschung
1090 Wien, Schlickgasse 1, Tel.: 01/310 74 65-16

Dachverband aller österreichisch-ausländischen Gesellschaften
c/o BM:BWK
1014 Wien, Freyung, Tel.: 01/53 120-2870
http://www.dachverband-pan.org

Horizont 3000
1040 Wien, Wohllebengasse 12–14, Tel.: 01/50 30 003
http://www.horizont3000.at

Österreichisches Nord-Süd-Institut
1040 Wien, Möllwaldplatz 5/3, Tel.: 01/505 44 92
http://www.nordsued.at

Ludwig Boltzmann Institut für Menschenrechte
1010 Wien, Hessgasse 1, Tel.: 01/42 77/27 420
http://www.univie.ac.at/bim

QUELLENNACHWEIS

Die Unterlagen dieses Buches sind vor allem die vielen Tonbandkassetten, die ich von meinen Reisen mitgebracht habe und die nur zum Teil in verschiedenen Radio-Sendungen (»Im Brennpunkt«, »Aufbrüche«, »Radio-Kolleg«, »Journal-Panorama« etc.) veröffentlicht worden sind. In diesem Zusammenhang möchte ich es nicht versäumen, mich bei meinen diversen Vorgesetzten zu bedanken, die mir diese Reisen ermöglicht haben.